国家社会科学基金重点项目"数字乡村建设驱动城乡共同富裕的机制、效应与路径研究"（项目编号：22AJY025）

田祥宇　等著

新时代乡村建设理论与实践

The Theory and Practice of Rural Construction in the New Era

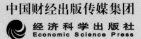

中国财经出版传媒集团

经济科学出版社

Economic Science Press

·北京·

图书在版编目（CIP）数据

新时代乡村建设理论与实践／田祥宇等著．－－北京：
经济科学出版社，2024.1
ISBN 978 - 7 - 5218 - 5617 - 0

Ⅰ.①新… Ⅱ.①田… Ⅲ.①农村－社会主义建设－
研究－中国 Ⅳ.①F320.3

中国国家版本馆 CIP 数据核字（2024）第 027069 号

责任编辑：杜　鹏　胡真子
责任校对：王苗苗
责任印制：邱　天

新时代乡村建设理论与实践

XINSHIDAI XIANGCUN JIANSHE LILUN YU SHIJIAN

田祥宇　等著

经济科学出版社出版、发行　新华书店经销
社址：北京市海淀区阜成路甲 28 号　邮编：100142
编辑部电话：010 - 88191441　发行部电话：010 - 88191522
网址：www. esp. com. cn
电子邮箱：esp_bj@ 163. com
天猫网店：经济科学出版社旗舰店
网址：http：//jjkxcbs. tmall. com
固安华明印业有限公司印装
710 × 1000　16 开　15 印张　260000 字
2024 年 1 月第 1 版　2024 年 1 月第 1 次印刷
ISBN 978 - 7 - 5218 - 5617 - 0　定价：118. 00 元

前　　言

　　乡村建设既包括乡村生产生活和基础设施方面的硬件建设，也包括乡村公共服务体系方面的软件建设，是乡村振兴的基础和关键，也是建设农业强国的主要内容和重要抓手，对于实现中国式现代化和共同富裕具有重要意义。党的十八大以来，以习近平同志为核心的党中央高度重视乡村建设，对做好乡村建设作出重要战略部署。2020 年 10 月 29 日，在党的十九届五中全会上，习近平总书记首次强调实施乡村建设行动，深化农村改革，实现巩固拓展脱贫攻坚成果同乡村振兴有效衔接。① 此后，在多次会议上，习近平总书记都提及乡村建设的要求。习近平总书记在党的二十大报告中指出，统筹乡村基础设施和公共服务布局，建设宜居宜业和美乡村，为新时代乡村建设提供了根本遵循。② 国家先后出台多项政策鼓励支持引导乡村建设行动，特别是依托乡村振兴战略全面加强乡村建设取得积极成效，带动乡村产业绿色转型、乡风文明传承、乡村治理水平和居民生活幸福指数的有效提升。

---

　　① 中华人民共和国农业农村部. 贯彻落实党的十九届五中全会精神全面推进乡村振兴 [EB/OL]. http：//www. moa. gov. cn/xw/zwdt/202011/t20201126_6357045. htm.
　　② 高举中国特色社会主义伟大旗帜　为全面建设社会主义现代化国家而团结奋斗——在中国共产党第二十次全国代表大会上的报告 [EB/OL]. https：//www. gov. cn/zhuanti/zggcddescqgdbdh/sybgqw. htm.

　　乡村建设的重点在加强农村基础设施和公共服务体系。聚焦农业农村基础设施短板弱项，加强农村基础设施建设，抓好重点基础设施项目建设，加强农村基础设施投资公平性测度，创新农村基础设施投融资机制，推动政府投资和金融社会资本联动投入乡村建设，对于带动基础产业发展、畅通城乡经济循环、稳住经济大盘具有重要作用。农村地区的金融资本投入有助于完善农村公共服务体系，普惠金融是实现城乡共同富裕、提升农村公共服务水平、夯实农村金融发展、增强农村金融可持续发展能力的重要路径。普惠金融旨在让农民平等地享受农村金融服务，强调在促进经济增长的同时有效缓解农村地区的经济贫困现象，进而实现农村经济包容性增长，农村地区普惠金融的发展能够在经济上助推农民生活水平和农民幸福感的快速提升（齐红倩和李志创，2019）。推进乡村建设，同时应契合数字中国建设的机遇，以数字化赋能乡村建设。数字乡村是乡村振兴的战略方向，也是乡村建设的重要内容。根据《中国数字经济发展报告（2022年）》中的数据，中国农业数字经济渗透率由2017年的6.5%上升至2021年的9.7%。农业数字经济的快速发展将很好地助力乡村建设行动，充分发挥信息化对乡村建设的驱动引领作用，促进农业增效、农村发展、农民增收。

　　本书从农村基础设施建设、公共服务体系建设、农民收入水平提升和数字乡村建设四个方面对新时代乡村建设理论逻辑和实践探索进行阐述，从农村基础设施建设和公共服务体系入手，沿着"理论逻辑分析—发展现状研究—农村基础设施投资—农村基础设施管护—农村普惠金融风险控制—农民收入与幸福感提升—数字乡村建设探索"的思路，分析新时代乡村建设现存问题，并提出相应的对策建议，以期实现农民收入的提升和农民满意度的提高，增强农民的幸福感和获得感。在此基础上，分析数字化技术对乡村建设的促进作用，以数字化引领乡村建设高质量发展，助力农业农村现代化。

　　本书共分为七章，第一章是绪论，第二章是乡村建设理论逻辑，第三章是农业基础设施投资，第四章是农村基础设施管护，第五章是农村普惠金融风险控制，第六章是农民收入与幸福感，第七章是数字乡村建设前沿探索。本书的部分理论研究成果已经先后发表在《经济问题》《山西财经大学学报》《宏观经济研究》等学术期刊上。本书的撰写也得到了我的团队和研究生的大力支持。博士生董丹琪和张琪睿（第一章），博士生叶晓羽（第二章），冯娟娟副教授、博士生褚靖铭、硕士生吴蕊（第三章、第四章），博士生张舒雅、尉嘉琦和褚靖铭（第五章），尤亮副教授、硕士生李晶音和姜佳静（第六章、第七章）等团队成员参与了本书的撰写。

田祥宇

2023 年 8 月

目　录

| 第一章 |

绪　论

第一节　研究背景

　　党的十九届五中全会强调，要把乡村建设摆在社会主义现代化建设的重要位置。这意味着中国的乡村建设进入一个崭新的阶段。新时代乡村建设要坚持数量服从质量、进度服从实效，因地制宜、分类实施，合理确定乡村建设目标和具体任务，牢牢抓住乡村建设行动重点，着力加强农村基础设施建设和农村金融服务高质量发展，推动城乡基础设施布局衔接和功能互补、形成全民共建共享的新时代乡村公共服务格局；要压实责任、细化措施、强化考评，加快汇聚乡村建设行动合力，努力建设生态宜居美丽乡村，明确乡村建设的未来发展方向和方针政策，为加速建设新时代美丽乡村提供思想指引。党的二十大报告进一步强调，统筹乡村基础设施，以普惠金融高质量发展助力提升农村公共服务水平，建设宜居宜业和美乡村。

　　全面推进乡村振兴、加快建设农业强国，是党中央着眼全面建成社会主义现代化强国作出的战略部署，要铆足干劲，抓好以乡村振兴为重心的"三农"各项工作，大力推进农业农村现代化，为加快建设农业强国而努力奋斗。要瞄准"农村基本具备现代生活条件"的目标，组织实施好乡村建设行动，完善农业支持保护制度，健全农村金融服务体系，提高农村基础设施完备度、金融服务便利度、人居环境舒适度，让农民就地过上现代文明生活。

农民收入增长是满足人民美好生活需要的必要前提和基本保障。2022 年中央一号文件提出要接续全面推进乡村振兴，确保农业稳产增产、农民稳步增收，增加农民收入已成为未来实现小康社会向共同富裕社会顺利转型的基本前提。

然而，新时代乡村建设还存在一些亟待解决的问题，主要包括城乡发展差距较大、基础设施薄弱、数字乡村建设滞后、农民收入水平有待提升等。新时代乡村建设在缩小城乡发展差距、加速基础设施建设和普惠金融以及提升农民收入水平方面具有重要作用。数字乡村既是社会经济发展的新模式，也是乡村未来发展的新形态，随着数字技术日臻完善，我国乡村建设展现出新的活力。数字乡村建设是农村基础设施建设、农村普惠金融体系建设及农民收入增长的新动力。数字乡村建设强调在完善乡村数字基础设施的基础上利用信息与数字技术实现农业生产模式重构与乡村发展效能提升（张岳，2023）。乡村建设问题的研究对于推进新时代乡村发展、农业农村现代化、乡村全面振兴和城乡融合发展具有重大意义。

第二节　研究意义

新时代乡村建设是乡村振兴的重要内容。党的二十大报告对"全面推进乡村振兴""建设宜居宜业和美乡村"作出一系列重要部署，强调"加快建设农业强国，扎实推动乡村产业、人才、文化、生态、组织振兴"。农村基础设施建设和农村普惠金融体系完善对于提升农民收入和幸福感具有重要作用，数字赋能乡村建设对于推进乡村振兴和农业农村现代化具有重要意义。

一、理论意义

全面建设社会主义现代化国家，应将乡村建设摆在重要位置，需要加强农村基础设施和农村普惠金融体系建设，缩小城乡发展差距，提高农民收入水平。近年来，乡村建设取得了显著成效，乡村面貌发生了深刻变化，然而农村基础设施建设公平性程度较低，公共服务质量和普惠金融发展水平仍有待提高，与农民日益增长的美好生活需要存在一定差距。高质量发展农村普惠金融、提升基础设施建设公平性可以更好地支持农民创新创业、助推农村基础设施产业发展、促进农民消费升级和改善农村公共服务水平。本书从农村基础设施和农村公共服务两个方面剖析新时代乡村建设的理论内涵，基于农村基础设施投资公平性理论和公共服务供需理论，构建新时代乡村建设的逻辑体系，以期从理论层面为推进新时代乡村建设、实现乡村振兴提供指导。

《数字乡村发展战略纲要》提出，数字乡村是伴随网络化、信息化和数字化在农业农村经济社会发展中的重要应用。建设数字乡村有利于缩小城乡"数字鸿沟"，全面助力乡村振兴战略目标的实现。本书通过对数字乡村概念界定和战略意义分析，梳理总结建设发展历程及相关成果，剖析数字乡村研究前沿、现状和热点，为实现新时代乡村建设、缩小城乡发展差距、实现共同富裕提供新思路和新方法。

二、现实意义

农村基础设施是促进农村经济社会持续健康发展的重要支撑，是推进乡村振兴的重要基础。我国农村基础设施投资的公平性较低，具体表现为基础设施投资区域发展不平衡、管护机制不健全。本书基于现状分析，从基础设施投资和基础设施管护两方面入手，通过明晰基础设施投资的内涵，分析其存在的主要问题，提出针对性的对策建议，助推农村基础设施投资效率提升；从县乡政府、村委会、村民和专业化组织等多元化主体入手，建立农村基础设施长效管护机制，进而促进农民增收，缩小贫富差距，实现区域协调发展。

健全农村普惠金融体系，促进农业经济可持续增长是助力乡村振兴战略的现实需要。农村地区经济发展水平相对落后，普惠金融体系建设不健全、金融机构网点不足、农民贷款门槛高、金融服务手续烦琐、发放及还款机制设置不合理。农村普惠金融发展存在信息不对称、逆向选择、道德风险等多方面影响因素，针对农村金融服务现存问题和风险，本书以普惠金融融资和风险相关理论为立足点，深入剖析农村普惠金融风险影响因素和控制机制，不断提升农村金融服务质量，补齐农村普惠金融体制短板，构建农民平等共享金融服务的格局，助推乡村全面振兴。

"三农"问题的核心是农民问题，农民问题的核心是收入问题，促进农民收入持续增长是乡村建设的中心任务。在中国城乡收入差距较大、区域发展不平衡背景下，农民人均可支配收入增速放缓、人均消费支出逐年攀升，对农民的幸福感造成了负面影响。本书进一步探讨农民收入与幸福感提升问题，从农民的实际需求出发，探索农民收入水平促进幸福感提升的具体实现路径，以期稳步推进改革建设，夯实乡村振兴战略实施基础，建设宜居宜业和美乡村。

数字乡村建设既是乡村振兴的战略方向，也是建设数字中国的重要内容，更是解决"三农"问题的历史机遇和时代要求。本书通过对数字乡村的概念进行界定，分析当前背景下数字乡村建设的战略意义，对相关政策文件和建设成果进行系统梳理，从生产、生活、生态三个方面剖析乡村数字化转型，以期激发乡村振兴内生动力、推进数字乡村建设，实现"数字"落地、"乡村"起飞。

第三节　技术路线

本书首先构建新时代乡村建设的理论逻辑；其次对农村基础设施建设的薄弱点和普惠金融体系现存风险及控制机制进行分析，从基础设施投资、基础设施管护和农村普惠金融风险控制三方面入手，构建新时代乡村建设的分析框架；再次以农民收入水平和幸福感提升作为乡村建设的落脚点，重视发挥数字乡村作用；最后缩小城乡差距和数字鸿沟，实现乡村振兴目标。技术路线如图 1 - 1 所示。

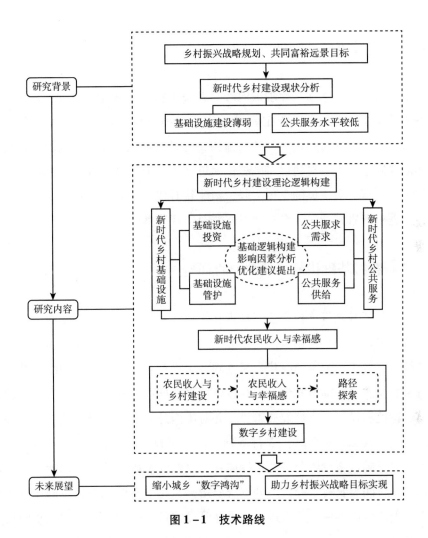

图 1-1　技术路线

第四节　研究内容

本书分为七章，分别为绪论、乡村建设理论逻辑、农村基础设施投资、农村基础设施管护、农村普惠金融风险控制、农民收入与幸福感、数字乡村建设前沿探索。主要研究内容包括以下六部分。

一、乡村建设基础理论与逻辑研究

本书运用文献综述法梳理国内外学者关于农村基础设施建设、农村普惠金融建设相关研究成果，界定基础设施建设和农村普惠金融建设的理论内涵，剖析新时代乡村建设在基础设施和农村普惠金融两方面面临的内在机遇与外部挑战；分析乡村建设基础理论演进脉络；梳理新时代农村基础设施建设与农村普惠金融建设的逻辑关联，构建新时代乡村建设理论与实践逻辑框架，为进一步研究新时代乡村建设实践奠定理论基础。

二、农村基础设施投资公平性研究

主要包括基础设施投资公平性现状探析、基础设施投资公平性测度评价及基础设施投资公平性影响因素研究三个方面。其一，通过实地考察、资料收集等研究方法，分析新时代农村基础设施投资建设成效，运用综合分析法分析现阶段农村基础设施建设现存投资公平性问题，探究新时代农村基础设施发展特色和投资公平性发展趋势，并对国内外农村基础设施建设经验进行系统梳理。其二，对新时代农村基础设施建设投资公平性进行测度与评价。首先建立基础设施投资公平性指标体系，以农村基础设施的人均拥有量为衡量标准，对四类农村基础设施分别选取指标，建立新时代农村基础设施建设投资公平性指标体系；其次进行公平性测度评价，运用泰尔指数和集中指数测度等方法，综合测评新时代中国农村基础设施建设投资公平性。其三，对基础设施投资公平性的相关影响因素进行研究。运用面板数据模型分析新时代农村基础设施建设投资公平性的影响因素，定量分析新时代农村基础设施建设投资公平性、筹资公平性和享有公平性。

三、农村基础设施管护研究

主要包括农村基础设施管护的理论梳理及现状分析、农村基础设施管护典型案例探析、农村基础设施管护对策建议三方面内容。其一，对农村基础设施管护进行理论逻辑梳理及现状分析。乡村公共基础设施管护是推动乡村建设和经济发展的重要途径，是新型城镇化建设的重要保障。通过梳理总结农村基础设施管护现状，可发现农村基础设施管护存在治理监管、资金短缺等多方面的问题和短板。其二，农村基础设施管护典型案例分析。利用实地调研、访谈法和问卷调查法，归纳整理山西农村基础设施管护现状及存在的问题，通过个案分析，找出农村基础设施管护中存在的共性问题。其三，提出农村基础设施管护的对策建议。作者结合在典型案例中发现的问题提出具体的针对性对策建议。

四、农村普惠金融体系构建与风险控制机制研究

本章以农村公共服务中的普惠金融服务建设为例，首先，探究农村普惠金融体系建设和风险控制的理论意义、存在问题及风险控制机制，系统分析农村普惠金融服务信用风险的内涵及其特殊性，具体阐述普惠金融服务信用风险的生成机理；其次，运用博弈论中的囚徒困境理论，分析农村普惠金融服务的信任程度与农民信用风险之间的博弈关系；最后，构建以农村普惠金融机构、农民和中介担保组织为主体的"三维被迫诚信"管理控制机制，以期增强农村金融机构对农民的信任，降低农村普惠金融发展风险，助力提升农村普惠金融服务水平，深入完善多元化农村金融供给体系建设。

五、农民收入增长与幸福感提升作用机制研究

首先明确现阶段乡村建设存在城乡收入差距较大、经济发展成果城乡分配失衡，而农民幸福感相对较高的客观现实，在规避自然因素、社会因素异质性影响的前提下，运用 Probit 模型及无条件分位数回归，研究绝对收入对农民幸福感的影响；其次探索社会比较和收入渴望对农民幸福感的影响效应，并进一步分析两者在绝对收入影响幸福感中的中介效应和调节效

应；最后采用 Oaxaca-Blinder 非线性模型分解方法，分析特征效应和系数效应对不同群体间幸福感差异的贡献，进一步解析不同群体间幸福感差异的成因。

六、数字乡村建设前沿探索

首先通过可视化分析方法探索数字乡村研究前沿，运用 CiteSpace、VOS-viewer 和 SCImago Graphica 等软件对数字乡村相关文献进行突现可视化分析和高被引文献的分析，从整体上揭示数字乡村的研究前沿和研究现状；其次从生产、生活和生态三个维度，结合影响力较高的文献，对数字乡村现有研究领域进行细化分析，划分了研究的子主题；再次通过关键词聚类的方法对国内外数字乡村领域研究热点进行分析和比较；最后对数字乡村未来研究进行展望。

第二章

乡村建设理论逻辑

本章从百年乡村建设历史逻辑、乡村建设与乡村振兴的关系以及新时代乡村建设驱动共同富裕的实现路径三个维度诠释新时代乡村建设演进的基本脉络和理论逻辑；通过系统梳理中国共产党百年乡村治理的思想脉络，准确把握百年乡村建设的逻辑主线，从而深化党在乡村建设过程中取得的历史性成就和贡献的理性认识。正确理解乡村建设与乡村振兴之间的关系，有助于理解乡村建设的主要内容，增强新发展阶段农村现代化建设的方向性和前瞻性。厘清新时代乡村建设驱动共同富裕的实现路径，有助于推进乡村振兴，实现共同富裕，为创新并建立科学完善的政策体系提供保障。

第一节　乡村建设逻辑梳理

乡村建设是一个历史性话题。系统梳理中国百年乡村建设历史脉络，不难发现，中国共产党对乡村建设和发展的探索，在现实和历史交汇的长河中不断发展创新。百年中国乡村建设理论和实践大致可以分为新中国成立前的乡村建设、新中国成立后至改革开放前的乡村建设、改革开放后至党的十八大之前的乡村建设、党的十八大之后的乡村建设四个阶段（黄鑫权，2020）。

一、新中国成立前的乡村建设

20 世纪二三十年代，以梁漱溟和晏阳初等为代表的一批关注农村发展的知识分子发起了一场声势浩大、轰轰烈烈的乡村建设运动，开启了中国乡村建设探索的历史先河。这一时期的乡村建设，主要通过乡村组织改造、经济建设、平民教育来推进。梁漱溟主张"从中国传统文化出发，通过文化的改造和完善"达到改造社会组织结构的目的，从而"解决农村的问题，进而解决中国的发展问题"，这一思想在他的代表作《乡村建设理论》（1937）中也有具体体现。他分析了乡村建设运动的缘起，"因为近几十年来的乡村破坏，中国文化不得不有一大转变，而有今日的乡村建设运动"，阐明其意义在于"救济乡村""创造新文化"，而农民是乡村建设的主体，乡村组织为乡村建设提供了重要的条件保障，"由农业引发工业"是农村经济建设的主要路径。晏阳初主张"把科学理论与农村实际结合起来办教育的科学方法与态度""以农民为主要对象，将平民教育作为农村建设和发展的重要任务"。

20 世纪三四十年代的乡村建设重点围绕农民问题和土地问题展开，这一时期以费孝通为代表的中国老一代社会科学家通过"实地调查"的方式，试图"了解中国乡村'社会变迁'过程"，《江村经济》（1939）和《乡土中国》（1948）是费孝通的代表作，成为"人类学实地调查和理论工作发展中的一个里程碑"，"对于今后的中国农村社会研究具有极大的启发和指导作用"。费孝通主张以乡村社会经济变迁、中国传统乡村社会结构和国民性格为重点，"尝试性地回答了'作为中国基层社会的乡土社会究竟是什么样的社会'的问题"。此外，还涌现了一批在中西方学术界有巨大反响的经典著作，如《一个中国村庄》（杨懋春，1944）、《祖荫下》（许烺光，1944）、《金翼》（林耀华，1947）等，标志着这一时期的乡村研究进入社会学与人类学交叉研究阶段。

与此同时，中国共产党先后在广大农村地区建立了海陆丰、井冈山等农村革命根据地，领导广大农民开展了一系列土地革命，彻底改变了乡村内部的社会结构，满足了广大贫苦农民的根本需求，得到了农民的广泛支持和拥护（唐任伍等，2021）。在农村革命根据地建设过程中，以毛泽东和瞿秋白为主要代表的中国共产党人把马克思主义的普遍原理和中国革命的具体实践相结合（邓运山，2012），提出了丰富的关于乡村改造的思想和主张，如毛泽东在《湖南农民运动考察报告》（1927）中对湖南湘潭、湘乡、衡山、醴陵、长沙五县的农民运动进行考察，肯定了农民运动的进步性和必要性。《湖南农民运动考察报告》是无产阶级及其政党领导农民革命斗争的纲领性文件，在历史的关键时刻，进一步指明了革命的方向，促进了伟大的农村革命运动的不断发展。瞿秋白先后在《向导》《新青年》等杂志上发表多篇文章，支持毛泽东领导的湖南农民运动，热烈赞扬广东、湖南的农民运动是"全国农民运动的先锋"。

新中国成立前的乡村建设并未真正形成对于"乡村建设"的总体认识，但是这些知识分子和社会学家对于乡村建设理论与实践的探索是对我国乡村建设发展的一次伟大尝试，为后来的乡村建设发展提供了宝贵理论和实践经验。

二、新中国成立后至改革开放前的乡村建设

新中国成立是中国共产党百年乡村治理的历史分水岭（周立，2022）。这一时期的乡村建设坚持"一化三改造"的总路线：首先是农业合作化运动，这也是中国共产党在过渡时期乡村建设的重要内容之一，通过合作化道路完成小农经济改造，使之成为社会主义集体经济（崔友平等，2021）。其次是关于"以城市建设为中心，城市领导农村的城乡二元建设模式"（罗志刚，2022）。党的七届二中全会提出，工作重心应由乡村转向城市，城乡必须兼顾，必须使城市工作和乡村工作紧密地联系起来。最后是工业和农业的关系是农业为工业的发展提供基本保障，确定了"逐步实现社会主义工业化"的基本要求（戚振宇和李金叶，2021）。

以此为基础，这一阶段的乡村建设研究呈现出以下特点：一是对国外特别是苏联乡村建设经验的借鉴，例如，《苏联的社会主义农业》（1950）

等作品着重介绍了苏联社会主义农业经济建设的发展情况,《德国农业现阶段发展的道路》(1950)、《美国农业中垄断资本的统治》(1956)以及《美国农业的发展和问题》(1962)等作品详细描述了美国和欧洲国家农业、乡村的建设情况。二是对人民公社化运动中党的领导核心作用的阐述,例如,《谈农村人民公社党委领导问题》(苗培诠,1962)等作品分析了党的领导是乡村运动取得胜利的根本保证。三是对工业、农业关系的分析,例如,《发展农业生产和发展工业生产的关系》(方昌,1956)等作品系统阐述了工农业作为两大物质生产部门如何在国民经济发展过程中保持高速的扩大再生产以改善人民群众物质生活水平并进一步巩固工农联盟。

三、改革开放后至党的十八大之前的乡村建设

改革开放是新中国成立后乡村建设的一大转折点。这一时期的乡村建设以农村经济改革为中心,以人民公社体制的解体和家庭联产承包责任制的确立为标志,逐步探索由让农民"站起来"到逐步实现"富起来"的农村改革道路,中国乡村建设进入新阶段。

在这一时期,学界关于乡村建设的研究也步入新的历史阶段,研究成果主要集中在以下几个方面。

首先是整理、汇编和出版 20 世纪初以来我国乡村建设的历史资料,重现了梁漱溟、晏阳初、卢作孚等提出的乡村建设理论。例如,《梁漱溟与山东乡村建设》(1991)、《梁漱溟全集》(1~8卷)(1989~1993年)和《梁漱溟传》(1993)从不同角度再现了当年乡村建设运动的过程;《晏阳初全集》(1~3卷)(1989)、《教育与社会发展——晏阳初思想国际学术研究会论文集》(1991)整理了晏阳初"平民教育"的理念和乡村改造运动的文献;《卢作孚年谱》(2002)、《卢作孚书信集》(2003)重现了卢作孚关于乡村建设的思想和理论,一方面是对思想文化遗产的保护,另一方面也为现代我国乡村建设的发展奠定了理论基础。

其次是基于党中央关于乡村建设的方针路线政策,对乡村建设模式进行的研究,取得了丰硕的理论成果。樊平的《乡村基层组织建设知识》

（2006）从乡村基层组织的角度剖析了建设社会主义新农村的路径。贺雪峰的《新农村建设与中国道路》（2006）和《乡村的前途》（2007）以"社会主义新农村建设"为背景，提出了"重建乡村生活方式，提高农民的主体地位和文化感受力"的"关于中国乡村发展道路的新方案"。陈锦晓在《中国乡村建设道路探索研究》（2009）中探讨和展望了我国百年乡村建设中存在的问题和发展模式。除此之外，《扎实稳步推进社会主义新农村建设》（李炳坤，2005）、《乡村社会民主法治建设理论与实践》（刘颖，2011）、《努力推进新型工农城乡关系的构建》（邢和明，2011）等也是这一时期的代表作。

四、党的十八大之后的乡村建设

乡村在中国式现代化建设中的地位愈发重要，乡村建设不断演进创新。为了适应党中央关于乡村建设发展战略的转变和乡村建设实践的发展，学界也兴起了新的研究热潮，主要成果包括以下几个方面。

（一）有关美丽乡村和新农村建设的探索

唐珂（2015）在《美丽乡村建设理论与实践》中以"美丽乡村"为时代背景，阐述了美丽乡村的基本内涵。王春光（2016）在《超越城乡：资源、机会一体化配置》、黄渊基和匡立波（2017）在《城市化进程中的"美丽乡村"建设研究——基于城乡一体化视角的分析》、陈锡文（2017）在《以新型城镇化与新农村建设双轮推进城乡一体化》中阐述了新时代城乡一体化对于乡村实现高质量发展的重要意义。《农业生态环境与美丽乡村建设》（唐洪兵，2016）、《生态农业与美丽乡村建设》（朱再，2016）、《美丽乡村规划建设理论与实践》（徐文辉，2016）等系统分析了农业生态环境对于美丽乡村建设的重要意义。此外，方明（2016）、刘民（2016）、杨文圣（2018）等从村民自治和人才培养等角度分析了新农村建设的逻辑。这些成果均以美丽乡村和新农村建设为切入点，系统分析了乡村建设中的农业经济建设、涉农技术普及、乡村生态环境、村民自治制度等对美丽乡村和新农村建设的驱动作用，指出了乡村建设需要遵循的规律，为新时代乡村建设提供了重要的理论基础。

（二）精准扶贫方略助推乡村建设发展

基于"精准扶贫"实践背景，学界展开了深入的研究。黄渊基（2017）在《精准扶贫与乡村建设的理论和实践》中以湘西北乡村为案例，从理论和实践两方面分析了精准扶贫和乡村建设的关系，探讨了乡村建设的经验。鲁可荣（2017）在《精准扶贫与乡村再造——基于云南禄劝实践的反思》中总结了云南省禄劝县20多年扶贫项目的实施经验，探索出精准扶贫应该采取多元主体"合作共治"的综合贫困治理模式，依托乡村知识和本土资源，精确瞄准贫困农民生产生活需求，通过发掘和整合乡村的价值资源，因地制宜地开展以发展为导向的精准扶贫，实现村民的"美好生活"愿望和村落的可持续发展。徐琳和樊友凯（2017）在《乡村善治视角下精准扶贫的政治效应与路径选择》中从乡村治理的视角，探究了精准扶贫政策的实施与乡村治理的关系，提出扶贫实践中多元主体的参与和乡村社会内生力量的激活有利于改善乡村社会治理力量不足的困境，促进乡村善治。管前程（2018）在《乡村振兴背景下精准扶贫存在的问题及对策》中系统阐述了精准扶贫对"解决乡村贫困问题"进而为实现"乡村振兴"奠定坚实的基础。慕良泽（2018）在《中国农村精准扶贫的三重维度检视及内在逻辑调适》中提出精准扶贫战略的持续实施与精准脱贫目标的按期实现，需要找准对精准扶贫内在逻辑张力进行调适的"标准"和"共通点"，畅通上下联系，培养内生性动力，在调适中达到最大程度的耦合，以此获得精准扶贫的最大合力并实现扶贫成效的最大化。这些成果为解决"三农"问题、推动"乡村振兴"战略的实施提供了一种创新性的理论指导和实践探索思路。

（三）总结改革开放以来我国乡村建设的经验

改革开放以来，乡村发展问题受到学者的广泛关注。贺雪峰（2009，2013，2018）在《村治的逻辑》《新乡土中国》《乡村治理40年》中探讨了中国乡村的变迁，讨论了中国乡村治理的区域差异，从农民和行动单位的角度理解自上而下的乡村政策实践的过程、机制与后果。此外，《中国乡村治理四十年变迁与经验》（马池春和马华，2018）、《改革开放 40 年来中国乡村社会的治理变革与秩序建构》（尹广文，2018）等作品也深入探究和总结了改革开放以来中国乡村治理体系的变迁，并提出了一系列关于进一步加强乡村建设的政策建议。黄宗智在《中国的新型小农经济》《中国的新型正义体系》《中国的非正规经济》中以中国新型小农经济、正义体系和非正规经济为切入点，以对中国现实的关怀为主轴，系统阐述了中国明清以来农村经济社会发展与正义体系的变迁，探寻了中国小农经济的发展出路和符合中国农业实际的长远发展道路，认为中国新型的正义体系是一个结合古代"中华法系"、革命传统中"调解机制"和"西方引进的形式主义个人权利法律"的产物，分析了半工半耕的小农家庭与非正规经济之间的关系以及非正规经济在经济发展中发挥的重要作用，提出了关于中国农村经济的思考和未来可持续发展的建议。

党的十八以来，乡村建设问题的研究不断深入，为新时代乡村建设提供了理论与实践指导，已然成为社会主义经济发展问题研究的主旋律之一。

第二节　乡村建设与乡村振兴的关系

乡村是中国人民血脉所在和中国社会发展根系所在，农村工作、乡村建设历来被党中央高度重视。随着中国特色社会主义进入新时代，党中央先后提出"加强新农村建设""美丽乡村建设""乡村振兴战略"等新时代乡村发展目标，体现了不同时期、不同发展阶段的目标重点。在新时代中国特色社会主义思想的指引下，应强化发展乡村振兴、优化农村建设并提高农村经济水平有机统一，实现中华民族的伟大复兴。

一、内涵与边界："乡村振兴"和"乡村建设"的理论认知

（一）乡村振兴内涵界定

农业、农村、农民关乎国家发展命脉。实现中华民族的伟大复兴，需要

走中国特色社会主义乡村振兴道路，全面实施乡村振兴战略。党的十九大报告中首次提出实施乡村振兴战略，要求坚持农业农村优先发展，加快推进农业农村现代化。党的二十大报告提出要全面推进乡村振兴，并进一步指出要加快建设农业强国，扎实推动乡村产业、人才、文化、生态和组织振兴。

乡村振兴战略是一个内涵丰富、领域广泛的综合性战略。乡村振兴的二十字方针是"产业兴旺、生态宜居、乡风文明、治理有效、生活富裕"，是乡村振兴战略丰富内涵的体现。"产业兴旺"是解决乡村一切问题的前提，产业发展不起来，乡村振兴就缺乏根基；"生态宜居"是乡村振兴的内在要求，体现了广大农民群众对建设美丽家园的追求；"乡风文明"是乡村振兴的紧迫任务，满足农民的精神需求，让农民"既过上好日子，又活得有面子"；"治理有效"是乡村振兴的重要保障，实现乡村治理能力和治理水平现代化，让乡村既充满活力又和谐有序；"生活富裕"是乡村振兴战略的根本。可见乡村振兴的内涵十分丰富，它不单是指农村经济的振兴，而是包括农村经济、社会、文化和生态文明在内的全面振兴，既包括农村经济的振兴、社会的振兴、文化的振兴，也包括乡村治理体系的创新和乡村生态文明的进步。

乡村振兴作为"三农"工作发展进程中具有里程碑意义的重大战略，是在社会主要矛盾发生转化的时代背景下着眼农业、乡村、农民发展全局作出的重大决策部署，"是工业化和城镇化发展到一定阶段后推进农业农村现代化的必然选择，是决胜全面建成小康社会进而全面建设社会主义现代化强国的一项重大战略任务，是做好新时代'三农'工作的重要指针"，担负着民族复兴的重要使命。

（二）乡村建设内涵界定

经过几代人的接续奋斗，中国乡村的面貌、中国农民的命运发生了翻天覆地的变化。全面建成小康社会之后，我国开启了全面建设社会主义现代化国家的新征程，乡村建设步入历史新时代，乡村建设的内涵也在这一过程中不断深化、完善和创新。

党的十九届五中全会首次提出实施乡村建设行动，这不仅是我们党在新发展阶段对如何全面振兴乡村作出的时代回答，也是对建党百年乡村建设思想的历史传承和延续。会议审议通过的《中共中央关于制定国民经济和社会发展第十四个五年规划和二〇三五年远景目标的建议》，提出"实施乡村建设行动"，把乡村建设作为"十四五"时期全面推进乡村振兴的重点任务摆在了社会主义现代化建设的重要位置。"乡村建设行动"的首次提出，充分展现了"十四五"时期我国"三农"工作的着力点，即"在城乡基础设施的协调性和公共服务水平的均等化上铆足劲、做足功，用好乡村建设空间，形成城乡大市场互补互促的国内大循环，加快构建新发展格局"。2021年、2022年中央一号文件着重对实施乡村建设行动作出具体部署，乡村建设制度框架和政策体系逐步形成。在此基础上，新时代乡村建设的内涵可以概述为以下两个方面。

1. 农村基础设施建设

基础设施建设涵盖农业生产性基础设施、农业生活性基础设施、生态环境建设基础设施、农村社会发展基础设施等多个方面的建设。实施乡村建设行动，要求全面改善乡村硬件基础设施，增强城乡基础设施的协调性，用整体性、一体化思维合理规划城乡建设空间布局，加快推动城乡一体化发展。一方面，加强传统基础设施建设，加快补齐目前存在的突出短板，重点抓好农村交通运输、农田水利、农村饮水、乡村物流、宽带网络等基础设施建设。另一方面，推进新型基础设施建设，为农村经济社会数字化转型发展提供有力支撑。在乡村建设行动中，对于水、电、路、气、通信、广播电视等传统基础设施，应加快推动提档升级，逐渐形成布局合理、城乡互通的基础设施体系，满足农村居民对高质量农业生产、高品质美好生活的现实需要。

2. 乡村公共服务水平

新时期全面提升农村基本公共服务水平，要求持续优化农村公共服务供给，建立城乡公共资源均衡配置机制，提高农村公共服务的有效供给数量和质量，健全基本公共服务体系，提高公共服务水平，增强均衡性和可及性。要切实解决与农村居民利益直接相关的问题，增强公共服务在城市、县城、小城镇和农村之间的同步性，推进城乡基本公共服务标准统一、制度并轨，推动城乡基本公共服务均等化。而农村普惠金融建设旨在通过完善金融基础设施，提高金融服务的可得性，实现以较低成本提供较为便捷的金融服务。新时期全面推进农村普惠金融建设，有助于拉动农村经济增长，缓解城乡收入不均衡现状。强化农村普惠金融建设可以从以下三方面着手：其一，稳妥扩大农村普惠金融改革试点，聚焦服务乡村振兴重点领域和薄弱环节，推动金融资源更多向农村倾斜；其二，优化涉农金融供给体制机制，提高农村普惠金融服务水平，强化农村金融环境建设，降低融资成本；其三，充分挖掘乡村区域化需求，创新农村金融服务产品和服务模式，规范两权抵押贷款业务，加大对"三农"发展的有效支持。

二、乡村振兴与乡村建设关系

推进乡村振兴和乡村建设，是推动我国经济发展的重要保障。党的十八大以来，以习近平同志为核心的党中央坚持把解决好"三农"问题作为全党工作重中之重，举全党全社会之力推进乡村振兴，促进农业高质高效、乡村宜居宜业、农民富裕富足，使乡村面貌焕然一新。同时，农村基础设施和公共服务体系不健全，往村覆盖、往户延伸存在薄弱环节，与农民群众日益增长的美好生活需要还有差距。党中央直面乡村建设面临的新形势新挑战，党的十九届五中全会作出实施乡村建设行动的重大战略部署，强调把乡村建设摆在社会主义现代化建设的重要位置，把乡村建设行动纳入乡村振兴体系。因此，乡村振兴战略为新时代乡村建设提供了坚实的战略支撑；乡村建设是实施乡村振兴战略的重要任务，是国家现代化建设的重要内容，也是助力中国伟大复兴的必然选择。

乡村建设行动与乡村振兴一脉相承，在不同的阶段面临不同的主题和任务。从2006年中央一号文件要求扎实推进"社会主义新农村建设"，到2013年全国开始稳步推进"美丽乡村建设"，再到党的十九大提出实施乡村振兴战略，这都是我们党推进乡村建设的战略性举措。可以说，有"乡村振兴"必然强调"乡村建设行动"，"乡村建设行动"旨在实现"乡村振兴"。因此，乡村建设行动与乡村振兴战略两者在本质属性和最终目的上具有一致性，两者一脉相承、融合发展。

（一）乡村振兴为乡村建设提出总体要求

乡村振兴属于战略层面的部署，对乡村建设提出了总体要求，乡村建设是措施层面的抓手，在乡村振兴战略的指引下，通过措施层面的乡村建设内容，能够生成更具体的乡村建设和发展的政策内容以及举措方案，驱动着乡村建设内容进一步丰富，最终达到推动乡村建设升级的效果。2018 年中共中央、国务院发布的《中共中央国务院关于实施乡村振兴战略的意见》明确指出，实施乡村振兴战略是决胜全面建成小康社会、全面建设社会主义现代化国家的重大历史任务，是新时代"三农"工作的总抓手，要推动农村基础设施提档升级，加快推进城镇基础设施和公共服务向农村延伸。党的十九大报告在"实施乡村振兴战略"部分明确提出"产业兴旺、生态宜居、乡风文明、治理有效、生活富裕的总要求"。《乡村振兴战略规划（2018－2022年）》围绕产业兴旺、生态宜居、乡风文明、治理有效、生活富裕五个方面提出了乡村建设 22 项重点指标，明确了 7 个方面 59 项重点任务，部署了 82 项重大工程、重大计划、重大行动。中共中央、国务院《关于做好2023 年全面推进乡村振兴重点工作的意见》，从加强村庄规划建设、持续加强农村基础设施建设、提升基本公共服务能力方面对乡村建设作出全面部署。

（二）乡村建设是乡村振兴的重要抓手

现代化生活离不开良好的水电路网气等基础设施，离不开高质量的金融、教育、医疗、就业和社会保障等基本公共服务。随着乡村振兴战略的逐步推进，乡村的发展基础和发展条件得到了一定改善，农村基础设施建设不断完善，基本公共服务不断发展，农民的物质生活和精神生活都得到了显著提升，城乡差距缩小，城乡关系得到重塑。

从基础设施层面看，党的十八大以来，各地区各部门认真贯彻党中央、国务院决策部署，把公共基础设施建设重点放在农村，持续改善农村生产生活条件，乡村面貌发生巨大变化。在推动乡村振兴战略的实施进程中，乡村建设着力于乡村道路畅通工程、供水保障工程、数字乡村建设发展工程等，综合基础设施体系的完善使农村的生活性基础设施、生产性基础设施等的保障水平大幅提升，乡村的规划与建设不断完善，城乡基础设施一体化格局逐渐形成，从而进一步推动乡村振兴战略，形成以城带乡、城乡一体、良性互动、共同繁荣的新格局。

从公共服务层面看，在推动乡村振兴的过程中，伴随着城乡公共服务制度的一体化设计、一体化实施，公共服务供给的内容和标准逐渐统一，乡村公共服务获得高质量发展，城乡基本公共服务得到均衡发展。农村地区的金融、教育、医疗卫生、就业和社会保障向城市看齐，通过高效精准提供优质公共服务，加快优质金融、医疗、教育和社会保障资源扩容与城乡均衡布局，使得城乡公共服务配置差距缩小，城乡之间长期形成的"机会不平等"现象得到根本缓解。其中，农村普惠金融建设持续改善广大农村群众生产生活，有效弥补不平等的城乡地区收入差距。《中国普惠金融发展报告（2023）》[①] 提出，金融支持是乡村振兴的必要条件，但现有的金融体系对于满足乡村主体的多种金融需求、形成市场的良性竞争等还有很多困难，建立"双重目标"的乡村金融生态有望破解乡村金融的一系列难题。利用技术手段将金融资源高效配置到乡村经济社会发展的重点领域和薄弱环节，运用人工智能技术深挖涉农群体的多样化金融需求，赋能乡村产业兴旺；利用大数据、卫星遥感、人工智能等技术，智能识别环保型农业项目和有利于改善农村生态环境的项目，引导金融资源更加精准、高效地灌溉农村绿色领域，促进乡村生态宜居；将金融融入社会治理，通过建立线上线下结合的金融信息交互体系，更好地普及金融知识、展现乡村风貌，带动乡村乡风文明；为银、政、企架起沟通桥梁，有效整合各方优势资源，助力提升农村民生服务的便利化、精细化水平，打通与政务、社保、医疗等领域的数据共享渠道，建立统一的服务入口，实现水电、燃气、供暖等公共缴费事项的一站式办理，支持乡村生活富裕。

---

① 中国普惠金融研究院. 中国普惠金融发展报告（2023）［EB/OL］. 2023. http：//www.cafi.org.cn/.

第三节　新时代乡村建设驱动共同富裕的逻辑与政策保障①

党的二十大从战略和全局高度描绘了中国特色社会主义事业的光明前景和美好未来。中国式现代化是全体人民共同富裕的现代化，需要坚持以人民为中心的发展思想，让发展成果更多更公平地惠及全体人民。实现共同富裕的最大难点和障碍在于发展不平衡、不充分，当前中国社会中最大的发展不平衡是城乡发展不平衡，最大的发展不充分是农村发展不充分。虽然中国历史性地解决了绝对贫困问题，但农村的发展任务最艰巨最繁重。这就决定了破解新时代的社会主要矛盾、更好地满足人民美好生活需要以及实现全体人民共同富裕，需要进一步推进乡村建设，落实乡村振兴战略。党的十九届五中全会作出实施乡村建设行动的重大部署，强调把乡村建设摆在社会主义现代化建设的重要位置，把乡村建设行动纳入推进乡村振兴范畴。党的二十大报告提出要全面推进乡村振兴，并进一步指出要加快建设农业强国。因此，分析乡村建设何以驱动共同富裕，探寻这种驱动作用的阶段性特征，探讨在中国式现代化情境下乡村建设的中国特色和数字乡村的赋能作用，设计乡村建设驱动共同富裕的政策保障体系，对于实现第二个百年目标具有重要的启示意义。

一、乡村建设驱动共同富裕的理论逻辑

从全面建成小康社会到扎实推动共同富裕，是中国特色社会主义现代化的战略选择。建党百年，国家历史性地解决了绝对贫困问题，实现了从低收入国家到中等偏上收入国家的跨越，从让一部分人先富起来开始迈向共同富裕的新征程。改革开放以来，以乡村建设促进农民农村共同富裕最终推动全体人民共同富裕，不仅在实践中具有必要性，而且在理论上具有可行性。自

① 田祥宇. 乡村振兴驱动共同富裕：逻辑、特征与政策保障［J］. 山西财经大学学报，2023，45（1）：1－12.

党的十八届五中全会以来，党中央实施精准扶贫脱贫方略以彻底解决农村贫困问题，农村的脱贫攻坚实践实质上就是乡村建设发展问题，而打赢脱贫攻坚战，全面建成小康社会，为促进共同富裕创造了良好条件。加强基础设施建设、发展农村公共服务、提高农民收入是乡村建设的三个重要维度，也是乡村建设驱动共同富裕的三个维度。基于这三个维度探索乡村振兴驱动共同富裕的理论逻辑，与逐步实现共同富裕目标的历史进程是相辅相成的，可为进一步探究乡村建设驱动共同富裕的关键因素提供理论支撑。因此，在推动农村基础设施建设、促进城乡均衡发展中夯实共同富裕的现实基础，在促进农村基本公共服务均等化中补齐共同富裕的关键短板，在提高农民收入以扩大中等收入群体中优化共同富裕的实现路径，是乡村建设驱动共同富裕的理论逻辑。

（一）在推动农村基础设施建设、促进城乡均衡发展中夯实共同富裕的现实基础

实现共同富裕是全体人民的共同期盼。党的十九大报告指出，进入新时代，我国社会主要矛盾已经转化为人民日益增长的美好生活需要和不平衡不充分发展之间的矛盾。因此，实现共同富裕目标的关键在于城乡共同富裕，在于促进城乡均衡发展，合理控制和缩小城乡差距。

国家统计局的数据显示①，2021 年我国人均国内生产总值已经突破 1.2 万美元，接近高收入国家的门槛水平。但是，必须清楚地认识到，由城乡差距导致的收入差距仍将是我国共同富裕面临的最大挑战。虽然近年来我国城乡居民收入相对差距持续缩小，但并未从根本上改变农村发展长期落后于城市发展的现状。2022 年半年度城镇和农村居民人均收入情况的数据表明②，2022 年上半年我国城乡居民人均可支配收入之比仍然高达 2.55。③ 第七次全国人口普查结果显示，当前我国仍有 5 亿人居住在乡村，如果这部分群体的

---

① 国家统计局. 中华人民共和国 2021 年国民经济和社会发展统计公报［EB/OL］. http：//www. stats. gov. cn/sj/zxfb/202302/t20230203_1901393. html.

② 国家统计局. 全国居民人均收入情况［EB/OL］. https：//data. stats. gov. cn/easyquery. htm? cn = C01&zb = A0A01&sj = 2022.

③ 城乡居民人均可支配收入之比数据由笔者整理计算所得。

发展问题不解决，全体人民的共同富裕也就无法真正实现。

共同富裕只能在推动城乡均衡发展和农村充分发展中逐步实现。更好地满足 5 亿农村居民日益增长的美好生活需要，是实现共同富裕的内在要求。城乡均衡发展与实现共同富裕是辩证统一的关系。乡村建设是共同富裕的必要条件，共同富裕是乡村建设的最终目标。推动农村基础设施建设，尤其推进以物联网、大数据、云计算、区块链等数字技术嵌入为表征的数字农村基础设施建设，能够全方位赋能新时代乡村建设，促进城乡融合发展，不断拓宽农民增收渠道，全面改善农村生产生活条件，促进社会公平正义，有利于增进农民福祉，让农民走上共同富裕的道路。

（二）在促进农村普惠金融服务水平提升、扩大农村中等收入群体中优化共同富裕的实现路径

国家统计局在一项调查公报中将月收入低于 2000 元以下的调查对象界定为低收入群体。2019 年的抽样调查数据显示，我国仍有 40% 以上的人群平均月可支配收入在 1000 元左右，属于低收入群体，而这部分低收入群体主要分布在农村地区。[①] 2020 年发布的中国住户调查数据显示，2019 年农村收入最低的 20% 家庭年人均可支配收入为 4263 元，收入中间偏下的 20% 家庭年人均可支配收入 9754 元，这 40% 的家庭平均月可支配收入在 1000 元以下。另外，处于中间收入的 20% 家庭年人均可支配收入 13984 元，收入处于中间偏上的 20% 家庭年人均可支配收入 19732 元，这 40% 的家庭平均月可支配收入在 1000～2000 元。[②] 也就是说，当前仍有 80% 的农村家庭属于低收入群体。如何推动这一庞大的低收入群体迈向中等收入行列，这是实现共同富裕目标过程中不容忽视的重大课题。

《中华人民共和国国民经济和社会发展第十四个五年规划和 2035 年远景目标纲要》强调，健全农村金融服务体系，将"乡村振兴金融服务行动"列入新一轮农村改革推进工程；2022 年中央一号文件《中共中央、国务院

---

①　怎么看"6亿人每月收入1000元"［EB/OL］. https：//www. chinanews. com. cn/gn/2020/06 - 22/9218700. shtml.

②　《2020 中国住户调查主要数据》。

关于做好 2022 年全面推进乡村振兴重点工作的意见》提出，强化乡村振兴金融服务；党的二十大报告指出，要着力解决好人民群众"急难愁盼"问题，健全基本公共服务体系，提高公共服务水平，增强均衡性和可及性，扎实推进共同富裕。普惠金融作为一种创新的金融服务，强调金融服务可得性及地域和空间的广覆盖密度（刘海巍和徐立峰，2022），旨在为低收入群体提供金融支持，是服务乡村振兴的有效抓手。

普惠金融服务乡村振兴，直面乡村产业不发达、农民收入低下、城乡发展不均衡等重要问题，为切实提高农民收入、推动农村庞大的低收入群体迈向中等收入行列、扩大中等收入群体提供了可能性。新时代乡村建设要求以经济建设为中心，从多维度拓宽农民增收渠道。通过加强基础设施建设和农村普惠金融体系完善，支持农村中小微企业发展，增加农民就业机会，是促进农户家庭增收的重要手段（孙同全，2022）。打通城乡要素流通渠道，发展服务农产品深加工业和"互联网＋农业"，引导企业技术和服务重心下沉到农村，打通农产品产业链的上下游，缩短农产品流通链条，就可以把更多的就业机会和加工增值收益留在农村，在提高农民经营性收入的同时，也能增加农民工资性收入。农民特别是小农户以可负担的成本获取农村金融机构的融资服务，能够有效解决生产生活中资金不足的问题，使农业生产能够及时进行，有了足够的投入资金，自然能提高农户家庭的经济收入水平。此外农户有了投入资金，可以引入先进的生产技术投入农业生产，提高生产效率与农业产量，切实增加农村低收入群体的收入，提高农民的主观幸福感，促进全体人民共同富裕。

二、乡村建设驱动共同富裕的政策保障

从党的十九届五中全会首次提出实施乡村建设行动，到 2021 年、2022 年中央一号文件着重对实施乡村建设行动作出具体部署，乡村建设制度框架和政策体系逐步形成，再到党的十九大提出"实施乡村振兴战略"，到二十大强调"全面推进乡村振兴"，我国农村建设和发展取得了举世瞩目的成就。然而，现阶段乡村建设推进中的城乡要素市场交换壁垒（李实等，2021）、

农村基础设施落后（魏后凯等，2021）、农村地区社会保障和公共服务普遍较弱（魏丽莉和张晶，2018）等问题依旧严峻。这些问题不仅是乡村建设推进过程中需要重点解决的问题，也是实现共同富裕道路上需攻克的主要难题，以习近平新时代中国特色社会主义思想为指导，坚持农业农村优先发展，把乡村建设摆在社会主义现代化建设的重要位置，顺应农民群众对美好生活的向往，创新并建立科学完善的乡村建设有关政策体系是有效解决上述难题的重要保障。

（一）构建新型农村基础设施政策体系，提高农村公共服务水平

公共服务不均是造成收入和生活水平不均的重要原因（叶兴庆和殷浩栋，2019），通过持续加大对欠发达地区农村基础设施建设的倾斜力度，提高农村公共服务水平，能够有效降低低收入群体的生活负担，促进农村经济社会发展和农民稳定增收。其一，进一步增加农村基础设施建设的财政资金投入力度，补齐欠发达地区基本公共服务短板。通过加大对欠发达地区农村教育、医疗、养老等事业发展型基础设施的财政投入力度，逐步拉平与发达地区的差距。通过强化数字新型基础设施建设过程中的财政与专项资金投入，补齐乡村数字新基建短板，为乡村数字治理转型赋能。通过加强农村生态环境建设投入，以乡村生态振兴增加农村居民的幸福感和获得感。其二，推进农村基础设施建设的金融服务政策实施，以多维融资方式提升农村基建水平。必要的金融服务政策作为财政政策倾斜的必要补充，是提升农村基建水平的重要保障。为此，地方政府通过积极推进与政策性、开发性金融机构的合作，探讨农村基建项目合作的具体方案，拓宽农业基础设施建设投资渠道（张红宇等，2009），不断完善农村普惠金融体系，持续提升农村基本公共服务水平，缩小城乡发展差距。

（二）创新农村产业融合支持政策体系，促进农民持续稳定增收

农村产业融合指农林牧副渔等第一产业的细分产业与第二、第三产业中的细分产业形成的社会生产的产业间分工在农村实现内部化（苏毅清等，2016）。农村三产融合有利于开辟新市场和重塑新市场结构，对缩小城乡差

距、加快农业农村现代化发挥着重要的作用（万宝瑞，2019）。然而，受限于当前三产融合主体缺乏核心竞争力、融合利益联结机制不健全等因素的制约（朱信凯和徐星美，2017），扎实推进共同富裕、实现农民持续稳定增收是一个关键，而推进农村三产融合相关支持政策的创新是保障农民持续增收的重要抓手。其一，充分发挥产业政策和财政政策在推动农村三产融合中的引导作用，鼓励社会资本积极培育和发展乡村产业融合新业态（胡皓然和韦洪发，2022）。其二，着力推动乡村户籍、集体资产产权等相关制度与政策的创新，促进城乡间要素高效循环。坚决贯彻"全面放宽"和"全面取消"落户限制的改革政策以消除户籍壁垒，促进人力资本要素的城乡流动。通过加快土地流转，建立完善的交易平台，促进城乡间生产要素自由流动（洪名勇和张安琪，2022）。通过完善农村金融融资渠道，促进资金要素的自由流动。

第四节　本章小结

百年中国乡村建设理论和实践大致可以分为四个阶段：新中国成立前的乡村建设、新中国成立后至改革开放前的乡村建设、改革开放后至党的十八大之前的乡村建设、党的十八大之后的乡村建设，无论在革命战争年代，还是在改革建设时期，乡村建设始终在我们党实现农村现代化过程中承担了重要的历史使命。在新的历史时期，党中央深刻洞悉乡村建设面临的新形势新挑战，把乡村建设摆在社会主义现代化建设的重要位置，把乡村建设行动纳入推进乡村振兴范畴。乡村振兴战略为新时代乡村建设提供了坚实的战略支撑，而乡村建设是实施乡村振兴战略的重要任务，是国家现代化建设的重要内容，也是助力中国式现代化实现的必然选择。进一步推进乡村建设，落实乡村振兴战略，进而驱动共同富裕，并探讨在中国式现代化情境下乡村建设的中国特色和数字乡村的赋能作用，提出乡村建设驱动共同富裕的政策保障体系，构建新型农村基础设施政策体系，提升农村普惠金融服务水平、创新农村产业融合支持政策体系，促进农民持续稳定增收，对于实现第二个百年目标具有重要的启示意义。

| 第三章 |

农村基础设施投资*

本章基于对农村基础设施投资公平性的理论分析，探讨农村基础设施投资的现状与问题，结合国外案例探究对我国农村基础设施投资发展的启示，采用泰尔指数和集中指数测度中国农村基础设施投资的公平性，针对农村基础设施投资过程中的筹资公平、投资公平、享有公平各环节影响因素进行针对性分析，对其作用机理进行考察，最后提出改善中国农村基础设施投资的对策建议。

第一节　现行政策与研究现状

一、农村基础设施投资的现行政策

当前，我国发展不平衡不充分问题在乡村较为突出，主要表现在：农产

　＊ 本章部分内容来源于：田祥宇，冯娟娟．构建农村基础设施投资公平性的政策保障机制研究［M］．山西经济出版社，2022.

　冯娟娟，弓剑芳，田祥宇．中国农村基础设施投资公平性测度与评价［J］．宏观经济研究，2019（2）：143 – 160.

　田祥宇，李沛玥．我国农村基础设施投资公平性影响因素研究——基于享有公平的视角［J］．宏观经济研究，2016（11）：142 – 151.

　田祥宇．日韩农业基础设施建设融资经验及其对我国的启示［J］．管理现代化，2010（5）：58 – 60.

　笔者对相关内容进行了修改和更新。

品阶段性供过于求和供给不足并存，农业供给质量亟待提高；农民适应生产力发展和市场竞争的能力不足，新型职业农民队伍建设亟须加强；农村基础设施和民生领域欠账较多，乡村环境和生态问题比较突出，乡村发展整体水平亟待提升；国家支农体系相对薄弱，农村金融改革任务繁重，城乡之间要素合理流动机制亟待健全；乡村基层党建存在薄弱环节，乡村治理体系和治理能力亟待强化。实施乡村振兴战略，是解决新时代我国社会主要矛盾、实现"两个一百年"奋斗目标和中华民族伟大复兴中国梦的必然要求，具有重大现实意义和深远历史意义。

《中共中央　国务院关于做好 2022 年全面推进乡村振兴重点工作的意见》指出，充分发挥农村基层党组织领导作用，扎实有序做好乡村发展、乡村建设、乡村治理重点工作，推动乡村振兴取得新进展、农业农村现代化迈出新步伐。2022 年 11 月 28 日，中共中央办公厅、国务院办公厅印发《乡村振兴责任制实施办法》（以下简称《办法》）。《办法》就实行乡村振兴责任制的总体要求、落实乡村振兴部门责任、落实乡村振兴地方责任以及如何强化考核监督等方面作出规定，对全面推进乡村振兴落地见效具有重要意义。

二、农村基础设施投资的研究现状

随着乡村振兴战略的实施，政府对农村基础设施的投入不断增加，农村基础设施投资的区域差异性也日益突出。农村基础设施投资对促进农业经济增长和社会发展具有关键的作用和影响，对农业全要素生产率具有显著的溢出效应（邓晓兰和鄢伟波，2018），但中国农村基础设施投资的地区差距较大（赵伟等，2017）。测度与评价中国农村基础设施投资公平性可以为中国农村基础设施投资进一步明确发展趋势和目标要求，对完成精准扶贫的战略任务、促进乡村振兴战略的有效实施具有重要的理论和现实意义。因此，构建一个符合中国国情且满足农民生产生活需求的农村基础设施投资公平性评价体系尤为重要。

由于政府是农村基础设施投资的主要供给主体，农村基础设施投资公平性的决定因素在于政府对农村基础设施投资供给的公平性（张琴，2010；赵哲，2011）。石京等（2006）从利益分配角度分析公平性问题，研究发现，投资不发达地区更易得到社会认可，从而提高投资公平性。公共品供给制度主要包括政府、市场和自愿三方面机制，主要供给系统会随着不同时期和不同基础条件下市场状况的变化而变化（樊丽明和石绍宾，2006）。实现社会福利和人均福利最大化是宏观调控的主要目的，从而实现相对均衡的空间分布，因此，选取空间数量和空间质量两类指标进行分析（林康等，2009），但部分影响公平性的因素尚未考虑，研究不够全面。在公共品的需求研究方面，杨朗等（2005）借鉴福利经济学的效益补偿机制，通过分析公众参与的影响评估道路设施投资的公平性。对于农村基础设施投资，最有效率最公平的公共品是能够满足农民需求的公共产品，农村基础设施投资向贫困地区倾斜符合国家战略要求和农民内生需求，从而有利于提高农村基础设施投资的公平性（朱玉春和唐娟莉，2009；朱玉春和王蕾，2014）。综上所述，中国农村基础设施投资对促进乡村社会经济发展具有显著正向影响。关于农村基础设施投资公平性的评价方法和评价体系已经有大量研究，但研究体系的构建缺乏相应的理论基础，因此评价农村基础设施投资公平性的指标体系仍有待进一步探究。此外，基于不同收入群体分析农村基础设施投资的公平性问题为本章提供了测度公平性的一个新视角。

第二节　农村基础设施相关概念界定与理论逻辑

一、农村基础设施投资相关概念界定

（一）农村基础设施投资

1. 农村基础设施内涵及分类

农村基础设施是为发展乡村生产和确保农民生活而提供的公共服务设施的总称，可划分为生产和生活服务设施，包括交通、邮电、农田水利、供水和供电、商业服务、园林绿化、教育、文化和卫生服务等方面，是各项农业

和乡村事业发展的基础和保障，也是农村经济体系的重要组成部分，与农村经济发展相互协调、相互统筹、相互配合。

随着中国改革开放和社会经济发展，农村基础设施投资表现出多元化。依据中国农村基础设施不同属性特征可进行不同分类。根据农村基础设施涵盖范围可分为狭义和广义基础设施。狭义农村基础设施包括农田电力、乡村交通运输和水利等生产性基础设施。广义农村基础设施的概念更加宽泛，还包括文化、教育、医疗、垃圾处理及面源污染治理等生活性基础设施。根据农村基础设施的公共物品属性特征，可分为纯公共物品和准公共物品基础设施。

本书根据农村基础设施的作用主体将农村基础设施划分为乡村生活性、农业生产性、乡村社会发展和生态环境建设四类基础设施。其中，乡村生活性基础设施主要包括乡村的饮水、电力、道路、沼气等方面；农业生产性基础设施主要包括农业电力、农田水利和交通运输等方面；乡村社会发展基础设施主要包括乡村的义务教育、卫生、文化基础设施等方面；生态环境建设基础设施主要包括自然保护区和湿地的建设和保护、防护林工程体系、种苗工程建设、天然林资源保护、退耕还林等方面。农村基础设施分类如表3-1所示。

表3-1 农村基础设施分类

分类	包含类型	可选变量
乡村生活类	乡村道路 饮水安全 乡村沼气 乡村电力	等外公路里程 农业用电量 农业用水总量 乡村投递路线
农业生产类	现代化农业基地 生产工具 农田水利建设	农业机械总动力 农业有效灌溉面积 农业除涝面积 水库总库容量
乡村社会发展类	乡村义务教育 乡村文化 乡村卫生	乡村幼儿园园数 村卫生室数 乡村电话年末用户数 乡村文化站

续表

分类	包含类型	可选变量
生态环境建设类	天然林资源保护 自然保护区保护建设 防护林体系 湿地保护和建设 种苗工程建设 退耕还林	农业水土流失 乡村自然保护区面积 乡村造林总面积 乡村防护林面积

2. 农村基础设施投资内涵

经济活动中的投资具有较为丰富的内涵，《经济大辞典》对投资进行了不同的界定。金融卷中对投资的定义是：经济主体以获得未来收益为目的，预先垫付一定量的货币或实物，以经营某项事业的行为。然而，工业卷则认为，投资是经营盈利性事业时预先支付的一定量的资本或其他实物。在理论经济学中，投资就是购买在未来使用并且用于生产的物品。而从财务的角度看，投资意味着购买有价证券或其他资产，以期在未来获得正向现金流。总之，无论投资于实体经济，还是将资金通过金融渠道流向实体经济，投资就是在未来将货币转化为资本的过程，把可用于消费的闲置资金投放到具有发展前景的部门，以获取未来更大价值的一种经济活动。

农村基础设施建设的投资主体主要是各级地方政府，兼有少量民间资本。农村基础设施投资的主要融资方式包括 PPP 模式、BOT 模式和 PFI 模式等（惠恩才和赵军蕊，2014；王阳和张朕，2016）。中国政府努力推动农村基础设施投资相关的金融措施，促进财政支农与农村金融形成有效的相互补充效应，在鼓励创新农村金融体系建设的基础上促进商业性金融积极参与农村基础设施建设，在国际鼓励民间资本参与基础设施投资建设的背景下，通过 PPP 融资模式加强政府与社会的合作。目前，对于农村基础设施投资主体的研究都处于模式探索阶段。本书研究的农村基础设施投资主体是政府，并以最终农户对农村基础设施投资的可得性分析农村基础设施投资公平性问题。

（二）农村基础设施投资公平性

1. 公平性界定

公平是一种反映人与自然、人与人之间关系的社会现象。学者们往往基于不同的社会历史条件，从不同角度和逻辑层次上对公平进行理解和分析。随着社会生产力的不断发展，公平在不同的历史环境以及研究领域中被赋予不同的内涵。

中国传统文化对公平的解释包含了平等权利的要求和资源配置两个方面，在我国传统文化中，公平是公正与平等的反映，是一种用于稳定社会关系、促进人际关系和谐的手段。

西方思想家梭伦认为，要实现公平就要做到不偏不倚，公平的作用在于调整社会关系，处理平民与贵族之间的矛盾，避免出现贫富分化（洋龙，2004）。而柏拉图把公平等同于正义，所谓正义，就是给每个人以合适的报答，并且最好的平等是"合乎比例的不平等"。亚里士多德继承并发展了柏拉图的公平观，认为公正要做到数量相等和比值相等，数量相等就是要做到每个人有相同的数目和容量，比值相等则是按比例分配事物（李纪才，2009）。卢梭描述了公平的内涵与外延，并对公平和平等作出了区分，认为平等虽然是公平的重要内容，但公平的实现应以法律为基础，努力缩小贫富差别，公平并不是绝对的、事实上的平等（宋圭武和王渊，2005）。随着贫富差距逐渐不断扩大，诸多经济学家对如何界定公平和实现公平进行了相关研究，并出现了具有代表性的马克思主义公平观、福利经济学公平观和罗尔斯公平观等诸多公平性理论。

经济学中的公平指收入分配的相对平等。公平是人们愿意与当地居民分享可以获得的服务（Margolis，1977），但农村基础设施具有与农业、乡村、农民相关的特定属性。基础设施投资兼具服务属性和公共属性，可以为农村地区提供便利的公共服务（Rosenstein，1943）。公共服务一般由政府、市场或私人提供，而农村基础设施投资具有典型的公共物品属性，一般由政府提供，因此，将公平定义为农村居民对农村基础设施的可得性和等同性，即：

一方面农民可以获得农村基础设施投资所带来的服务；另一方面同一经济水平的农民所获得的基础设施需求的数量和质量是接近的。

综上所述，公平是一个具有不同维度的历史性概念，它与社会生产力具有紧密联系，在不同的社会制度下，公平具有其特定的表现形式与内涵，反映了当时的社会背景之下人们对利益均衡分配的诉求。在我国社会主义市场经济环境中，初次分配与再分配环节都对公平提出了一定要求，因而需要在这两个层次实现公平：一方面要求建立公平的市场竞争机制，经济活动的参与主体要尊重市场经济规律，提高市场效率；另一方面表现为在再分配环节更加注重公平，处理好公平与效率的关系。

本章重在研究农村基础设施投资的公平性问题，需要对公平的内涵和判断依据作出界定。首先，明确什么是公平，并且如何为公平的实现确定一个标准。本章所认为的公平不是简单的均等和平均主义，或是仅仅消除人与人之间在物质享有方面数量与质量等各个方面的差异。公平应该是一种价值判断，是一种在利益分配不合理时的补偿机制，由此来调节社会中利益分配的不平衡，实现整个社会福利水平的提高，对社会活动中的每个参与主体在承担相应的义务后都要做到平等对待，不偏袒任何一方。其次，明确要实现哪个阶段的公平，我国农村基础设施供给包含了筹资和投资两个环节，筹集资金方面采取了以政府供给为主体、鼓励社会资本参与的手段，涉及了初次分配与再分配两个阶段的公平。建立公平的市场竞争环境，鼓励多元化投入，是实现公平的第一步；合理的资金去向，精准的投资政策，完善的监督机制，是实现公平的保障；公平的资金来源与政策偏向，可以有效提升农户对农村基础设施享有公平的程度。

2. 农村基础设施投资公平性界定

结合农村基础设施的公共产品属性，农村基础设施投资的公平性主要体现在享有公平，即可得性公平（王玉婷和赵伟，2016）。对中国农村基础设施公平性的评价需考虑平等性和差异化原则。第一，需要坚持所有地区和个人在农村基础设施投资中享有的权利是平等的；第二，需要认识到不同地区的经济发展水平不同、自然环境特征不同，农村基础设施投资建设的水平也不尽相同。因此，需要在目前中国农村基础设施投资现状的基础上对较低的农村基础设施投资的地区设计提供相应的政策补充机制，以提高中国农村基础设施投资的公平性。

所谓农村基础设施投资的公平性，即在机会均等的基础上，实现人人享有、普遍受益的公平。核心内容包括：以农户需求为导向，以农户满意为准则，建立在差异补偿原则基础上，实现东中西部地区协调发展的投资公平；实现农村基础设施投资公平，取决于筹资渠道的多样性和投资方向的精确性，确保资金来源的公平和投资政策的公平两个主要方面，在充分考虑农户需求的基础上，实现享有公平。

二、农村基础设施投资公平性影响因素的理论基础与逻辑框架

（一）农村基础设施投资公平性影响因素的理论基础

改革开放以来，国家为促进经济发展提出"效率优先，兼顾公平"的发展原则，社会经济得到快速发展，农村基础设施投资的整体水平也得到大力提升。但在"效率优先"的发展原则下，中国农村基础设施投资存在显著的区域不平衡和投资不均衡问题，导致农村基础设施投资的公平性水平不同，进而使不同农村地区之间发展水平差距逐渐加大，农村居民收入差距不断扩大，严重制约了乡村社会经济的发展。

由于农村基础设施具有"公共物品"属性，其非竞争性和非排他性的特征使其在建设上主要依赖于政府和社会资本投融资来完成（戈国莲和刘磊，2022），相对于其他类型的财政支出，地方乡村的建设支出在国家财政支出中所占的比重较低，在投资上基本靠国家的补助和地方的财政资金，而且资金的管理权限大都集中在上级部门（毛世平等，2021）。冯娟娟等（2019）测度与评价了农村基础设施投资的公平性，得出中国农村基础设施投资存在较大的不公平，其中区域间不公平是主因。在资金、人才、技术有限的前提下，我国采取了优先发展东部的策略。但随着东部地区经济发展水平的提高，东部地区投资的边际效益逐步递减，优先发展东部地区的投资倾向对于提高经济总量的作用在逐渐衰退，且造成了中西部地区的农村居民的收入水

平相对于东部地区差异过大，贫困问题日益突出。从经济发展水平、城镇化水平、人均财政收入、财政分权和乡村人口密度等方面来看，东中西部的农村地区都表现出不同的发展水平，因此从我国东中西部三个地区去选取代表性的城市进行对比分析，对于揭示影响农村基础设施投资公平的主要因素具有重要分析意义。

如前所述，影响我国农村基础设施公平性投资的因素可分为经济因素和社会因素。地方 GDP 和财政收入是影响公平性投资的基本方面，但农村基础设施投资水平不一定与经济发展正相关。社会因素的影响明显弱于经济因素的影响，对政绩的考虑、乡村人口密度是社会因素中影响较为显著的具体方面。

由我国农村基础设施投资现状以及影响投资公平性的因素可知，经济发展水平、财政收入、财政分权、乡村人口密度以及城市化水平等宏观因素，以及与农户个体家庭特征、村庄特征、农业收入特征、农业组织特征相关的微观因素，都会在一定程度上和不同方面制约农村基础设施投资公平性的实现。

1. 宏观制约因素分析

从宏观层面来看，本章认为财政收入与财政分权、经济发展水平、乡村人口密度和城市化水平是影响农村基础设施投资公平性的主要因素。

由于农村基础设施建设资金主要来源于中央和地方政府的财政资金，地方政府财政收入状况以及中央政府对地方政府的财政分权在一定程度上制约了农村基础设施投资公平的实现。根据近些年我国对农业的财政资金投入比例，虽然国家财政支农水平从 2007 年到 2016 年有所提高，但农村基础设施建设资金仍然面临财政资金短缺问题，中央政府与地方政府如何处理在农村基础设施投资方面的事权与财权问题是提高公平性的关键。同时，如何对财政资金进行合理配置，作出正确的投资决策，确定合理的资金流向，对公平性的实现不可或缺。

在经济发展水平和地理特征方面具有差异的东中西部地区对农村基础设施的需求也不同，如何做到精准投资、因地施策、确定合理资金去向是实现投资公平的重要手段。例如，有效灌溉面积与水库数量在东、中、西部三个地区发生了变化，与西部地区相比，东部地区表现出数量先多后少的特征，这与东部地区的产业结构和发展动力等有关。在除涝面积投资上，东部和中部地区除涝面积远远高于西部地区；而对于水土流失治理，无论是总量还是人均，西部地区的水土流失治理面积最高。这除了与投资额度有关系之外，还与各地区之间的地理因素有关。

我国二元非均衡城乡供给经济结构的现象明显，政府对基础设施投资更多偏向于城市，因此，研究乡村人口密度和城市化水平对实现农村基础设施投资公平具有一定意义。由于本章所界定的公平不是数量上的优势，而是利益的补偿，乡村人口密度充分考虑了乡村面积与人口，因而可以体现不同地区的差异性。除此之外，我国正处在城镇化发展的关键时期，以缩小城乡差距和实现乡村振兴为目的的农村基础设施投资，对公平的实现也有一定的积极作用。

2. 微观制约因素分析

从微观层面来看，本章所考虑的几项制约因素与农户自筹资金投资基础设施以及享有公平密切相关。

由于不同农户之间存在一定的个体和家庭差异，因而在农户自我筹集资金投资农村基础设施的意愿和对农村基础设施需求方面也略有不同。就农户教育水平和收入而言，往往受教育水平较高以及收入水平较高的地区，农户对自我筹集资金投资农村基础设施有较高的积极性。自20世纪80年代以来，我国出现以华西村模式、珠三角模式以及温州模式等为代表的新农村建设模式，村庄特征也成为农村基础设施投资是否公平的一个制约因素。本章所考虑的农民收入主要是农户的涉农收入，农业收入越高，表明该地区农业越发达，愿意留在乡村的人口数相应较多，对基础设施的需求相对较高。

乡村集体经济组织是具有特殊性质的经济组织，具有投资主体和沟通渠道的双重身份。一方面，乡村集体经济组织不仅可以充分了解农户需求，投资部分区域性农村基础设施，从而避免因信息不对称而造成的公平缺失，而且可以作为农户参与农村基础设施自筹资金投资的渠道，根据自身需求投资基础设施，自己管理，最终自己受益，实现最终投资的公平性。例如，大型机械可以减少人力的投入，加快耕种，但是其不可分性和投资门槛，加上大型机械不适用于分散的农地和小块经营的农地的特点，农户需要自筹资金，自我服务，将其置于集体产权之下，在村庄的小范围内实现享有公平。另一方面，乡村集体经济组织是政府了解农户需求的一个重要渠道，充分发挥乡村集体经济组织的沟通桥梁作用，可以增加政府对农户需求的了解，从而提高政府对农村基础设施的投资效率，实现投资公平性。

（二）农村基础设施投资公平性影响因素的逻辑框架

随着我国乡村振兴战略的不断推进，整体来看，国家对农村基础设施的投资趋于完善，但从区域来看，地区之间在资金总投入和投资偏向性上具有显著差异性。为了深入探讨农村基础设施投资公平性的影响因素及对策建议，本章基于筹资公平、投资公平和享有公平三个角度。严宏等（2017）认为，农村基础设施供给应该通过"有效市场 + 有为政府"建立"政府主导、市场基础、第三方推动、农户参与"的多主体参与机制，只有提高投资农村基础设施资金的使用效率，才会保障农村基础设施投资公平的实现，进而实现地区间公共基本服务均等化（刘天琦，2017）。然而，仅从筹资方式的角度研究农村基础设施投资公平性太过于单一，本章基于筹资公平—投资公平—享有公平的理论逻辑框架，拟从三个角度全方位研究农村基础设施投资公平性。基于当地经济发展状况、财政支农和乡村人口特征的视角，探究该地区实现公平的制约因素，由于用于建设农村基础设施的财政支出过去忽视的效率得到重视，关注的重点由过去的扩大规模与总量变为规模与效率同步提高，而这一过程需要政府从财政支出的立法和管理两个角度共同加大对农村基础设施建设财政支出的投入力度（曲彦，2016），因此，将财政支农视为影响农村基础设施投资公平性的关键因素，据此进一步提出促进农村基础设施投资公平的对策建议和优化路径。本章的逻辑框架如图 3 - 1 所示。

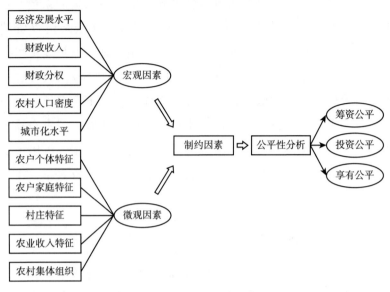

图 3 - 1   逻辑框架

第三节   农村基础设施投资国内现状与国外经验

一、中国农村基础设施投资的现状与问题

（一）中国农村基础设施投资的发展现状

改革开放以来，中国进行了大量农村基础设施投资与建设，并已经初步形成规模。本书从农户可得性角度分析，农村基础设施投资的特征主要体现在规模和区域差异方面。中国农村基础设施投资主要由中央和各级地方政府的财政支出提供，因此，本章选择财政支农支出作为衡量农村基础设施投资和建设的总体衡量指标。

由图 3 - 2 可以看出，国家财政支农支出①随着时间推移不断增加，在

_____

①   国家财政用于农业支出的统计数据从 2007 年开始变更为农林水事务支出数据。

2007～2020年增长近8倍，到2020年达到23 948.46亿元，且在2021年略有下降，表明国家对农业、乡村和农民问题的重视程度逐渐提高，即对农村基础设施的投资也在不断增加。

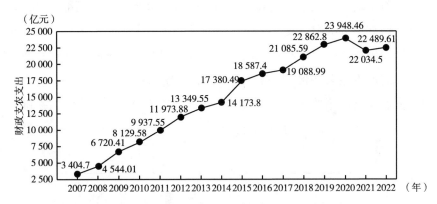

图3-2　2007～2022年财政支农支出情况

资料来源：中华人民共和国国家统计局年度数据——2007～2022年财政支农支出。

由图3-3可以看出，东、中、西部地区的财政支农支出在2007～2021年也逐年增加，其中，西部地区财政支农支出逐渐超过东部地区，成为全国最高，中部地区最低，显示出我国对于西部地区发展的政策倾斜。西部地区的财政支农支出也一直处于较高水平。由于东、中部地区的人口数量较多，

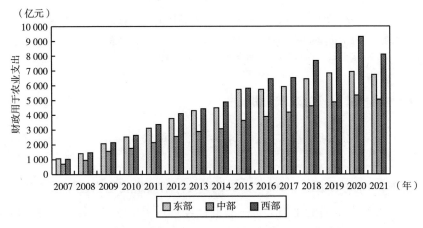

图3-3　2007～2021年东、中、西部地区财政支农支出情况

资料来源：中华人民共和国国家统计局年度数据——2007～2021年财政支农支出。

因此，西部地区的人均农村基础设施拥有量更多，也表明国家对西部地区农村经济发展的政策倾斜。

由图3-3和图3-4可以看出，2007~2021年东、西部地区财政支农支出的绝对数量较高，且财政支农支出相对比例明显高于东、西部地区，表明东、中、西部地区的财政支农支出比例差异较大，主要是由于这些地区在对农村基础设施投资的中央和各级地方政府政策制度的实施重点上也存在较大差异，从而产生显著的区域差异性。由图3-4可以看出，东、中、西部地区财政支农支出比例的增长速度均表现出同步减缓趋势，表明农村基础设施投资受经济发展因素的制约和影响。

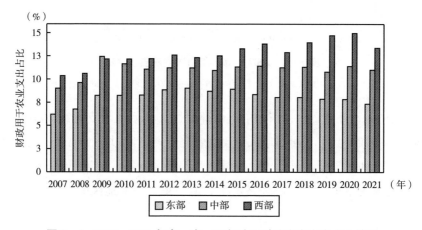

图3-4 2007~2021年东、中、西部地区财政支农支出占比情况

资料来源：中华人民共和国国家统计局年度数据——2007~2021年财政支农支出；中华人民共和国国家统计局年度数据——2007~2021年地方财政一般预算支出。

1. 生活性基础设施现状分析

用电是农村居民的基本生活需求。本章选取农村用电量这一指标分析乡村生活性基础设施的投资现状。

由图3-5可以看出，2007~2021年农村用电量表现出逐年增长的趋势，这与财政支农支出的变化趋势是一致的，经过近10年时间实现了翻倍增长，但是由于2020年起农村用电量统计口径改为"农林牧渔业用电量与农村居民生活用电量"，因此出现了断崖式下跌，但2021年依旧实现了农村用电量的增长。农村生活性基础设施的投资逐渐增长体现出 2007～2015 年农村居民对生活性基础设施的需求逐渐增加。

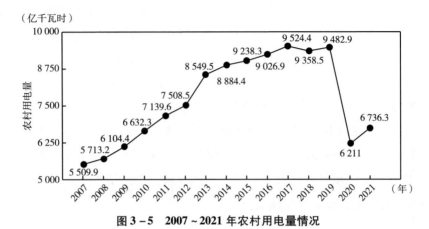

图 3 - 5　2007～2021 年农村用电量情况

资料来源：2008～2022 年历年《中国农村统计年鉴》。

由图 3 -6 可以看出，东、中、西部地区农村用电量占比保持在稳定水平，2020 年后由于统计口径改变发生了较大的变化，但是 2021 年依旧保持稳定，不同区域表现出较大的差异性，东部地区农村用电量占比远高于中、西部地区。考虑经济、人口、社会发展等相关因素，中、西部地区人均农村用电量明显低于东部地区。由此可知，生活性基础设施表现出显著的区域差异。

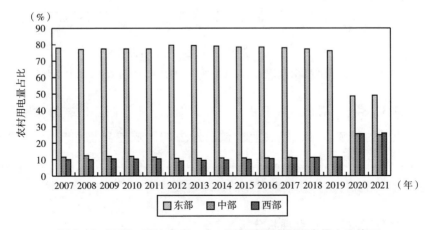

图 3 - 6　2007～2021 年东、中、西部地区农村用电量占比情况

资料来源：2008～2022 年历年《中国农村统计年鉴》。

2. 生产性基础设施现状分析

生产性基础设施主要包括对农业经济增长影响较大的农业机械、水利建设、交通运输等农业生产类基础设施。中国农业目前处于由传统农业向现代农业转型时期，机械化程度对农业生产具有重要作用和影响，本章选取农业机械总动力这一指标分析乡村生产性基础设施的投资现状。

由图 3 - 7 可以看出，2003 ~ 2022 年农业机械总动力总体上呈现逐年增加的趋势，但在 2016 年有小幅度下降。这与财政支农支出的变化趋势也是一致的，但农业机械总动力的增长趋势明显大于农村用电量的增长趋势，这表明 2003 ~ 2022 年财政在农业生产性基础设施投资的增长速度要快于农村生活性基础设施投资的增长速度。

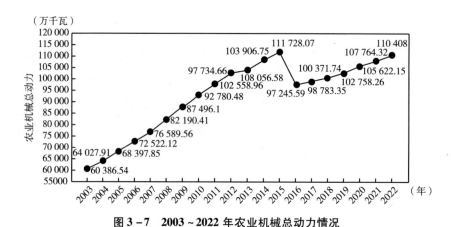

图 3 - 7　2003 ~ 2022 年农业机械总动力情况

资料来源：中华人民共和国国家统计局年度数据——2003 ~ 2022 年农业机械总动力。

由图 3 - 8 可以看出，农业机械总动力在东、中、西部地区的差异小于农村用电量的区域差异，但农业机械总动力的区域差异仍然较大。其中，东、中部地区的农业机械总动力占比变化趋同，且占比有所下降，这表明西部地区近年对农村生产性基础设施的投入较大。

3. 社会发展基础设施现状分析

社会发展基础设施主要包括乡村教育、文化、卫生等相关领域的基础

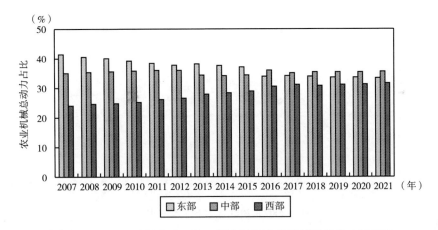

图 3 - 8　2007 ~ 2021 年东、中、西部地区农业机械总动力占比情况

资料来源：中华人民共和国国家统计局分省年度数据——2007 ~ 2021 年农业机械总动力。

设施，此部分基础设施对农村居民的日常生活影响较大。在农村经济发展实践过程中，社会发展基础设施是农村居民日常生活中需求程度最高的基础设施。随着社会主要矛盾的转化和农村居民生活的逐渐改善，农村居民对教育、医疗卫生、文化等方面农村基础设施的要求程度越来越高。本章选取乡镇文化站这一指标对乡村社会发展基础设施的投资现状进行分析。

由图 3 - 9 可以看出，2007 ~ 2021 年乡镇文化站数量呈现先增长后下降的倒 "U" 型趋势，而 2011 ~ 2015 年的变化则趋于稳定，不同于财政支农支出的变化趋势。可能是由于乡镇文化站数量是一个存量指标，随着 2006 ~ 2015 年农村基础设施投资的不断增加，乡镇文化站基本能满足农村居民的文化生活需求，因此，其数量趋于稳定。但是，随着互联网的普及，农民获得文化知识的渠道越来越多，接触的文化产品也越来越丰富，造成 2014 年以来乡镇文化站的数量逐年下降。

由图 3 - 10 可以看出，东、中、西部地区的文化站数量差异较小，但东、中部地区在 2006 ~ 2008 年逐渐增加，2009 年以后变化不大，西部地区乡镇文化站数量占比较高，可能是由于区域政策差异性，西部地区对社会发展基础设施投资具有滞后性。

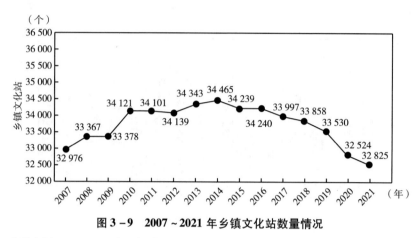

图 3 - 9 2007 ~ 2021 年乡镇文化站数量情况

资料来源：2008 ~ 2022 年历年《中国农村统计年鉴》。

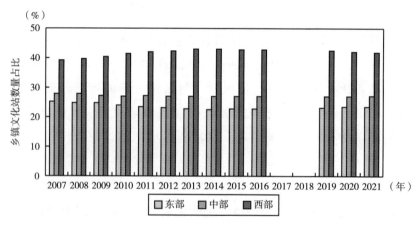

图 3 - 10 2007 ~ 2021 年东、中、西部地区乡镇文化站数量占比情况

资料来源：2008 ~ 2022 年历年《中国农村统计年鉴》（其中，2017 年、2018 年数据缺失）。

4. 生态环境建设基础设施现状分析

生态环境建设基础设施主要包括自然保护区建设、湿地保护、防护林造林、水土流失治理等受自然环境因素影响较大的基础设施。本章选取水土流失治理这一指标来分析中国生态环境建设基础设施的投资现状。

由图 3 - 11 可以看出，2003 ~ 2021 年，水土流失治理面积呈现逐年增加的趋势，然而在 2013 年出现明显下降，后又呈现出增加趋势，可能是 2013

年在生态环境建设方面的政策改革导致的。

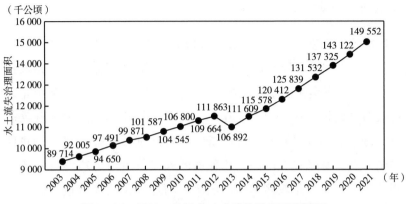

图 3 – 11　2003 ~ 2021 年水土流失治理面积情况

资料来源：中华人民共和国国家统计局年度数据——2003 ~ 2021 年水土流失治理面积。

由图 3 - 12 可以看出，西部地区水土流失治理面积较大，主要是由于该区域多荒滩荒漠，气候环境和自然条件相对较差，水土流失情况较为严重，因此，水土流失治理情况会表现出显著的区域差异性。

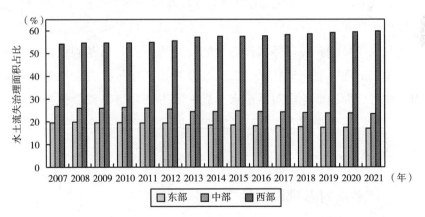

图 3 – 12　2007 ~ 2021 年东、中、西部地区水土流失治理面积占比情况

资料来源：中华人民共和国国家统计局年度分省数据——2007 ~ 2021 年水土流失治理面积。

（二）中国农村基础设施投资所存在的问题

综上所述，中国农村基础设施投资整体呈现显著规模化增长趋势，但同时也存在区域投资差异和投资内部不均衡等问题。

1. 农村基础设施投资区域差异

农村基础设施投资表现出显著的区域分布不均。农村基础设施投资在各地区、各省份之间的差异性较大①，国家和地方政府的财政投资是农村基础设施投资的主要资金来源渠道。在经济条件良好的地区，可以利用充足的资金进行农村基础设施投资建设，在经济不发达的西部地区由于财政资金困难而难以进行能够满足农村居民需求的农村基础设施投资建设，并且会进一步加剧对农村基础设施的破坏。各地区人口数量与人均农村基础设施拥有量相关。在人口数量较多的地区虽然人均基础设施拥有量较低，但农村基础设施的利用效率会得到显著提高，从而有利于提高农村基础设施投资的公平性。

2. 农村基础设施投资内部不均衡

农村基础设施投资呈现内部不均衡。不同区域对农村基础设施具有差别化的投资决策，区域地方政策对农村基础设施投资的类型和目标具有显著影响。虽然中央和地方各级政府一直致力于提高农村基础设施投资，但由于不同地方政策目标和导向等因素的影响，导致各类农村基础设施投资失衡的状况。东部地区对交通状况、医疗、教育、文化等社会发展基础设施投资相对充裕，而西部地区对防治水土流失等生态环境基础设施投资更加充裕，这体现出不同类型农村基础设施在不同区域之间具有差别化的投资公平性需求。

二、国外农村基础设施投资的经验与启示

针对我国农村基础设施发展滞后的现状，政府提出大力加强以农田水利为重点的农村基础设施建设，切实加大投入力度，加快建设步伐，尽快改变

---

① 2021年北京市乡村人均拥有农业财政支出是1.82万元，而河南省乡村人均拥有农业财政支出是0.23万元，差距达9倍。

农村基础设施长期薄弱的局面。虽然造成我国农村基础设施薄弱的原因多种多样，但最主要的原因还是农村基础设施建设资金不足。日本和韩国是我国的近邻，地理位置与自然气候相似，农业及农村与我国基本情况相近，都具有人口密度大、耕地面积小、一家一户分散经营的特点。分析总结日本、韩国在农村基础设施投资领域积累的经验，对解决我国农村基础设施建设资金不足问题以及推进社会主义新农村建设具有重要的借鉴意义。

（一）日本农村基础设施投资的主要经验

日本属于人多地少的国家。然而，经过第二次世界大战后 60 多年的发展，日本农业已经实现了现代化，农村基本上实现了城镇化。居民户籍、社会保障、公用服务实现了城乡一体化，农民的收入水平基本与城市居民相当。这些成绩的取得很大程度上得益于日本政府对农村基础设施建设的资金支持。

1. 财政是农村基础设施建设的主要资金来源

日本历届政府对农业都非常重视，国家财政对农业的支持力度和保护程度是所有发达国家中最高的。在财政对农业的投资中，农村基础设施建设占据了较大的比重。日本政府通过强化财政预算，农业投资在财政预算中所占份额不断增加。仅 1990～1995 年，财政用于农业的预算支出增加了 37%，其中，强化农村基础设施建设的支出就增加了 175%。农业基本建设预算占农业预算的比重由 1990 年的 29.5% 提高到 1995 年的 49.1%。1993～2002 年实施的总投资规模为 41 万亿日元的"第四个土地改良长期计划"，主要用于农田水利、道路建设、国土保护、防灾、开垦和农地开发等农村基础设施建设。政府对农田水利建设项目的投资，依照工程性质和规模大小，由国家、地方政府和农民共同负担，且以国家和地方政府负担为主。只要经过一定审批程序并达到一定标准，中央财政即会承担其全部投资的 50% 左右，都道府县财政和市町村财政还要分别承担 25% 和 15%，农户自身仅负担剩余的一小部分。2001 年日本国会相继通过了《农林渔业金融公库法部分修正法》《农业者年金基金法部分修正法》《土地改良法部分修正法》《农林中央金库法》《农业协同组合法部分修正法》。根据修改后的法律，实施农业经营改善计划的生产者可缓交所得税和法人税，农协以实物出资形式成立公司时可免交房地产取得税和特别土地保有税。另外，日本还通过制定《农业投入法》，在中央财政预算中设立"农业现代化资金"项目，强化财政对农业的投入，通过水利、道路、电力的建设，巩固农业参与市场经济的物质基础，改善农业生产条件。

2. 农业政策性金融机构提供了充足的信贷资金

为了支持农业的发展，日本建立了以日本农林渔业金融公库为核心的农业政策性金融组织体系。1945 年，日本政府依据《农林渔业金融公库法》设立的农林渔业金融公库主要负责为农村基础设施建设提供政策性信贷支持。1958 年以前，其贷款主要委托其他金融机构发放。1958 年以后开始直接发放贷款，其中一部分通过农协转贷给借款人。农林渔业金融公库为生产性基础设施建设提供的贷款利率较低，年利率为 3.5% ~ 8.2%，融资偿还期较长，一般为 10 ~ 45 年。仅 2001 年日本农林渔业金融公库就向符合条件的法人提供了 4 025 亿日元的融资，用于农村基础设施建设，发展农业生产。日本农林渔业金融公库资金主要来源于邮政储蓄和邮政简易保险。

（二）韩国农村基础设施投资的主要经验

第二次世界大战后，韩国在迅速推进工业化和城市化的进程中工农业发展严重失衡，造成农村和农业发展严重滞后，农村问题十分突出。韩国政府和学者们基于国情和农情，经过科学论证，于 20 世纪 70 年代初开始实施"新乡村运动"，通过政府投资、乡村配套和银行信贷等多种形式实施对农村基础设施的全面建设和改造，达到了改善农业生产条件、缩小城乡之间差距的目的，实现了农业和农村的现代化。

1. 以财政补贴带动民间资金投入

20 世纪 70 年代初到 80 年代，韩国政府在全国开展了以"三大运动"（增产运动、勤俭运动、邻保运动）和"四大事业"（生产基本建设事业、增加收入事业、环保事业、思想教育事业）为主要内容的"新乡村运动"。在"新乡村运动"中，韩国政府将加大对农村基础设施的投入作为一项重要内容，增加了大量公路、电力供应、搞农田基本建设、兴修水利，推广农业机械化、电气化，大力增加农业外收入。"新乡村运动"一开始，就把"勤勉、自助、合作"作为基本精神，用这种精神极大地调动了农民团结起来、自力更生、改造家园的积极性。此后，政府制定了一系列扶持"新乡村运动"的政策措施，鼓励农民"勤勉、自助、合作"，自己动员起来，投资投劳改善环境，建设新乡村。

"新乡村运动"的第一步是在1970年免费发给全国33 267个村庄每村335袋水泥和500千克钢筋，用于村庄建设。政府确定包括道路硬化、农田水利设施建设等若干项目，由村民讨论选择最急需的项目。根据第一年各村对水泥的利用情况，政府把全国3万多个村庄分成三个等级：自立村、自助村和基础村。对前两者第二年继续提供免费物质援助，对自立村的援助物资增加到每村500袋水泥和1吨钢筋，对基础村则停止一年物资援助，从而激发村庄之间的竞争力。那些被划为基础村的村民受到很大触动，开始学习先进村庄。1973年全国有1/3的村庄是基础村，到1978年基础村全部转化。与此同时，韩国"新乡村运动"组织开展过"城乡姊妹联系""农产品直销"等活动。鼓励机关、学校、企业、专家、教授、艺术家、明星等到乡村兴建住宅区。这样一方面为当地乡村农民住宅建设提供了样板示范，另一方面也为当地乡村建设筹集了资金。1971～1980年投入"新乡村运动"的资金结构中，村民自发投资的现金、物质、劳动力占49%，政府提供的水泥和钢筋占51%。可以说，政府资金吸引的农村资金、社会资金和劳动力，共同推动了韩国的新农村建设。

2. 借助合作信用的信贷支持

韩国于20世纪50年代中期起开始建立农业金融体系，先后设立了农业银行、农村信用组合、农业组合等机构。1958年依据《农业银行法》将农业银行改为国家专业银行，1961年将其改为农业协同组合信用事业部门（农协），1976年又成立了水产业协同组合信用部门（水协）。这两个系统均是以合作信用为基础的农村金融机构，并成为韩国农业信贷的主要渠道。韩国政府认识到单纯依靠民间资金难以满足农村基础设施建设需要，便主动参与农业金融活动，明确规定要把邮政储蓄作为其农业政策性金融机构的重要资金来源。政府推行新乡村金库建设，在每个村庄和城市的洞（社区）建一个金库，每个金库平均配备 100 万韩元，将放贷重点放在支持公共设施上；同时，建设村级信用合作社，采用高息揽储（年息 6%）、低息放贷（年息 3% ~4%，银行为 10%）的办法，支持农民扩大生产规模，中间缺口由财政补贴到农协。具体方法是以政府财政资金支持农协和水协，用以增加农田水利和土地改良事业的投资，使农协和水协成为以合作信用为基础同时政府又高度控制的，既从事一般农业信贷活动又开展政策性金融业务的农业金融机构。韩国农业协同组合中央会作为农业合作社（即农协）的中央机构，得到政府的大力支持，实际上充当了政府政策性金融机构的角色。它与日本农业合作社的一个重要不同之处在于，它的全国系统不是自下而上逐级联合形成的，而是自上而下由政府推动、层层建立的。政府对农业发放的低息政策性贷款，90% 以上是通过中央会及各级农协转贷给农民的。这些举措给"新乡村运动"注入了生机和活力。

（三）对我国农村基础设施投资的启示

1. 政府财政投入应该作为融资的主渠道

与农业直接生产部门相比较，农村基础设施资本存量具有建设周期长、初始投资额相对较大、资金周转慢和投资回收期长的特点。特别是一些大型的建设项目，如果没有政府的投入和补贴，分散的单个农业生产者是很难做到的。我国应借鉴日本的做法，将农村基础设施投资纳入公共财政预算，建立长期稳定的投资渠道。在构建公共财政框架体系过程中，把农村基础设施支出作为公益性支出的重点，加大投入力度，同时调整国家基本建设投资结构，将对农业的投资单独核算，考核对农业投入的落实情况。国家预算增加的基本建设支出优先用于农业，重点加强高标准农田建设和小型农田水利配套设施建设，以改善农业生产条件。相应地，要对中央、省、县、乡镇等各级政府在农村基础设施供给中的责任进行明确划分。

2. 构建完善高效的政策性信贷体系

从日韩的经验可以发现，在政府财力有限的情况下，农业政策性金融作为国家财政的延续，对增强农村基础设施建设投资、提高农业综合生产能力、促进农村经济的良性发展具有重要作用。从我国实际情况看，中国农业发展银行作为唯一的农村政策性金融机构，1998 年后其业务仅局限于粮、棉、油的收购，未能有效地为农村基础设施建设提供有效的信贷支持。为此，要借鉴日韩的做法，重新构建我国的农业政策性金融体系，通过农业政策性金融机构对农业基础设施的发展提供大量的政策性信贷资金，为缓解资金短缺对农村基础设施建设的制约、推动农村基础设施的发展起到积极作用。

3. 强化政府投资对民间投资的引导作用

长期以来，我国的投资一直是政府引导性投资，政府行为对民间投资的引导作用很强。因此，政府要在强化自身农村基础设施方面投入行为的同时，引导民间资本向农业产业的多领域投放。在这方面，政府投入要强调外部性和公共性，企业投入则要注意私人成本和收入之间的平衡，并给其一定的利润空间。结合目前部分行业产能过剩的情况，我国可以借鉴韩国经验，通过政府政策引导和企业参与的形式，将钢材和水泥等物质材料直接投入改善农业生产、改善农民生活的建设，增强城市和工业对农业的支持和反哺作用；同时，调整部分工业行业的产品品种结构，在不增加扩大投资规模的情况下，适当进行技术更新和工艺改造，根据农业和农民需要生产更多的产品，包括拖拉机、收割机、农用汽车等农业机械设备，以及农民住房建筑、装饰材料和价廉物美的生活文化用品。在农村基础设施建设中，政府应该运用以奖代补等多种形式，调动农民自觉参与兴修农田水利、改土改田的积极性，建立农民投工投劳的劳动积累机制，激发全社会和农民共同关注农业、发展农业的热情。另外，针对那些具有营利性的农村基础设施，国家也可以利用税收和补贴等优惠措施以市场化的方式，吸引民间资金的投入。

4. 完善我国农业基础地位立法保障

日韩的成功经验表明，完善的法律法规是农业投入政策得以实现的根本保证。没有健全的法律法规，农业投入的对象、投入的规模、投入的目标就无章可循，必然出现财政投入的随意性、易变性和不稳定性，导致投入效益低下。政府财政投入不仅不能起到支持和保护农业发展的作用，而且容易给我国农业发展带来波动。为此，我国应该把农业投资纳入法治化管理轨道，制定完善的农业投资法律保障制度，尽快完善相关法律法规，以保证政府财政投入政策的实施，保持对农村基础设施投资的稳定增长，确保农业的健康发展。

第四节　农村基础设施投资公平性测度与评价

一、农村基础设施投资公平性测度方法

（一）泰尔指数

泰尔指数（Theil 指数）是衡量个人或地区间收入差距的指标，泰尔指数越高表示越不公平，取值范围为（0，1），一般认为泰尔指数值大于 0.4，则存在较大的不公平，其计算公式为：

$$T = \sum \frac{x}{\sum x} \ln\left(\frac{x/\sum x}{y/\sum y}\right) \tag{3-1}$$

其中，T 表示泰尔指数；x 表示泰尔指数以 x 为权重进行计算，y 表示对公平性度量对象的测量指标。此公式可按区域进一步分解为区域间差异（B_r）和区域内差异（W_r），具体表达式为：

$$T = \sum_r \sum_i \frac{N_{ri}}{N} \ln\left(\frac{N_{ri}/N}{Y_{ri}/Y}\right)$$

$$= \sum_r \frac{N_r}{N} \left[\sum_i \frac{N_{ri}}{N_r} \ln\left(\frac{N_{ri}/N_r}{Y_{ri}/Y_r}\right)\right] + \sum_r \frac{N_r}{N} \ln\left(\frac{N_r/N}{Y_r/Y}\right)$$

$$= W_r + B_r \tag{3-2}$$

其中，i 表示某一区域内的各省份；r 表示东、中、西部三个地区；Y_{ri} 表示 r 区域第 i 省的农村基础设施拥有总量；Y_r 表示 r 区域农村基础设施拥有总量；Y 表示全国农村基础设施拥有总量；N_{ri} 表示 r 区域第 i 省乡村人口数；N_r 表示 r 区域乡村人口数；N 表示全国乡村人口数；B_r 表示各区域之间农村基础设施投资差异；W_r 表示同一区域内部各省农村基础设施投资的差异；T 表示农村基础设施投资公平性总体差异。将中国农村基础设施投资划分为生活性、生产性、社会发展和生态环境四类，在每类农村基础设施设置 4 个典型因素，在最终加权过程中对所有影响因素的泰尔指数值计算均值。

（二）集中指数法

集中指数法一般用于公共卫生系统测度健康不平等，世界银行推荐使用集中指数法测量不同社会经济条件下卫生服务体系的公平性，本章将其引入农村基础设施投资公平性研究的领域中，利用该方法测量不同经济水平（以地域分布作为衡量标准）地区农村基础设施投资的公平性，取值范围为 $[-1,1]$，指数值越接近 0 说明农村基础设施投资公平性程度越高，指数绝对值越接近 1 说明农村基础设施投资公平性程度越低（弓剑芳，2018）。集中指数的计算公式为：

$$C = 2Cov(x,h)/m \qquad (3-3)$$

其中，x 表示按区域分布给予的相关秩，取值范围为 $[0,1]$；h 表示按区域分布分组后组内农村基础设施拥有量的均值；m 表示总体农村基础设施拥有量的均值。

由于各指标的量纲不同导致 16 个指标不具有可比性，因此，需要采用各指标数量占总量的比例的方式对农村基础设施拥有量进行标准化。

$$H_j = \sum_{i=1}^{16} \left(\frac{Y_{ij}}{Y_i} \middle/ \frac{N_j}{N} \right) \qquad (3-4)$$

其中，H_j 表示第 j 个省份的农村基础设施相对拥有量；i 表示第 1～16 个指标；j 表示第 1～31 个省份；Y_{ij} 表示第 j 个省份第 i 个指标的绝对量；Y_i 表示第 i 个指标的总量；N_j 表示第 j 个省份的乡村人口数；N 表示全国乡村人口数。用均值表示农村基础设施拥有量的平均水平。

二、构建农村基础设施投资公平性评价体系

农村基础设施投资的公平性评价指标主要包括两方面的指标：一是分区指标的选取；二是农村基础设施投资指标的选取。

（一）分区指标的选取

根据已有文献，我国地理分区可以分为六大行政区划、七大自然地理分区和四大经济区域。

1. 六大行政区划

从 1949 年全国先后设立六大行政区（华北、东北、西北、华东、中南和西南）到 1954 年正式改为中央直辖方式，东北地区都是一个独立的区域，包括辽宁省、吉林省、黑龙江省和内蒙古自治区。

2. 七大自然地理分区

七大自然地理分区分为华东、华北、华中、华南、西南、西北、东北。其划分依据有三个：一是中国自然地理区划方面众多专家多年的科研成果；二是全国高校地理专业师生普遍使用的《中国自然地理》教材；三是根据长期以来中学地理教材《中国地理》编写中形成的共识，东北区域包括黑龙江省、吉林省、辽宁省和内蒙古自治区东部。

3. 四大经济区域

四大经济区域的划分依据是我国不同区域的社会经济发展状况，同时根据《中共中央、国务院关于促进中部地区崛起的若干意见》《国务院发布关于西部大开发若干政策措施的实施意见》以及党的十六大报告的精神等，我国国家统计局于 2011 年发布《东中西部和东北地区划分方法》，将我国的经济区域划分为东部、中部、西部和东北四大地区，其中东北地区包括辽宁省、吉林省和黑龙江省。内蒙古自治区属于西部地区。

由于国家统计局的统计口径一般按照地域分布分为东部、中部、西部三个地区，根据以上分析，为了数据的可得性，本章仅按照东部、中部、西部三个地区进行地域分区，不包括东北地区，即辽宁省、吉林省和黑龙江省。具体如表 3－2 所示。

表 3－2　　　　　　　　　　　　地域分布

地区	包括省份
东部	北京、天津、河北、江苏、上海、浙江、福建、山东、广东、海南
中部	山西、安徽、江西、湖北、湖南、河南
西部	内蒙古、广西、重庆、四川、贵州、云南、西藏、陕西、甘肃、青海、宁夏、新疆

资料来源：《国家统计年鉴》。

（二）农村基础设施投资指标的选取

农村基础设施投资指标的选取以人均拥有的农村基础设施量为衡量标准，农村基础设施是为保障农民生活和发展乡村生产提供的所有公共服务设施的总称，按照中国新农村建设的标准，将农村基础设施分为四大类：农业生产性基础设施、农业生活性基础设施、生态环境建设基础设施、乡村社会发展基础设施。

1. 农业生产性基础设施

农业生产性基础设施主要包括建设乡村现代化设施、农田水利设施等，根据国家统计局的相关统计指标，本章选取农业机械总动力来表示乡村现代化设施建设的水平，选取有效灌溉面积、除涝面积、水库总容量来表示农田水利等设施的拥有量。

2. 农业生活性基础设施

农业生活性基础设施主要包括农民日常生活所需的乡村道路、电力、沼气、饮水等基础设施，根据国家统计局的相关统计指标，选取等外公路、农村用电量、农村用水总量、农村投递路线四个指标来表示乡村道路、电力、沼气、饮水等基础设施的拥有量。

3. 生态环境建设基础设施

生态环境建设基础设施主要包括与生态环境有关的自然资源保护类的基础设施，如退耕还林、防护林体系、湿地的保护和建设等，根据国家统计局给出的相关指标数据，选取水土流失治理、自然保护区面积、造林总面积、防护林当年造林面积四个指标来衡量生态环境类基础设施的拥有量。

4. 社会发展基础设施

社会发展基础设施主要是指促进农村社会事业发展的基础设施，包括义务教育、医疗卫生、科技化水平、文化基础设施等，根据国家统计局给出的相关指标数据，选取农村电话年末用户数、农村卫生机构数、农村幼儿园数、农村文化站个数来分别表示科技、教育、医疗、文化等方面基础设施的拥有量。

中国农村基础设施投资公平性评价指标体系如表 3 - 3 所示。

表 3 - 3　　　　　　　中国农村基础设施投资公平性评价指标体系

项目		指标
农村基础设施拥有量	生态环境建设	水土流失治理面积
		自然保护区面积
		造林总面积
		防护林当年造林面积
	生产性基础设施	农业机械总动力
		有效灌溉面积
		除涝面积
		水库总容量
	生活性基础设施	等外公路里程
		农村用电量
		农村用水总量
		农村投递路线
	社会发展基础设施	农村幼儿园数
		农村卫生机构数
		农村电话年末用户数
		农村文化站个数

三、农村基础设施投资公平性测度结果与评价

(一) 泰尔指数测度结果

针对每个评价指标，计算 2007～2016 年的泰尔指数、区域间差异以及区域内差异。测度结果如表 3－4 所示。

表 3－4　　　　　　　　　**2007～2016 年泰尔指数测度结果**

项目	2007 年	2008 年	2009 年	2010 年	2011 年	2012 年	2013 年	2014 年	2015 年	2016 年
泰尔指数	0.440	0.440	0.430	0.360	0.360	0.360	0.410	0.320	0.520	0.530
区内差异贡献	0.880	0.890	0.880	0.760	0.790	0.790	0.720	0.750	0.770	0.770
区间差异贡献	0.310	0.340	0.350	0.300	0.280	0.270	0.280	0.250	0.230	0.230

由表 3－4 可看出，总体泰尔指数在 0.32～0.56，而一般认为总体泰尔指数高于 0.4 就存在着较大的不公平性。2007～2014 年总体泰尔指数下降，意味着农村基础设施投资的不公平性呈现下降的趋势，这表明农村基础设施投资的不公平性不断下降；而 2014～2016 年总体泰尔指数上升，表明整体农村基础设施投资不公平呈现上升的趋势。其中，东、中、西部内部投入差异较大，区域内的不公平性要大于区域间的不公平性，区域内不公平性大于区域间不公平性的原因可能是我国行政区域的划分留下的历史问题，如图 3－13 所示。

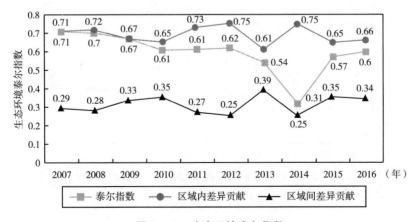

图 3－13　生态环境泰尔指数

资料来源：2007～2016 年中华人民共和国国家统计局统计数据。

由图 3 - 14 可以看出，2007～2016 年生产性基础设施投资的公平性维持在 0.27～0.3，波动性较小，且生产性基础设施投资公平性的区域间差异和区域内差异也波动较小。其中，生产性基础设施投资的不公平性主要来源于区域内差异。

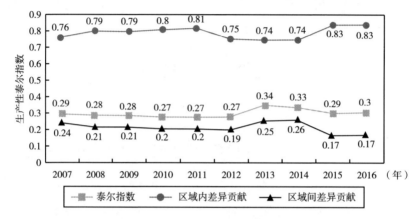

图 3 - 14　生产性泰尔指数

资料来源：中华人民共和国国家统计局。

由图 3 - 15 可以看出，生活性基础设施投资的泰尔指数值在 2007～2013 年逐渐增加，即生活性基础设施投资公平性在逐渐下降，2013～2016 年由

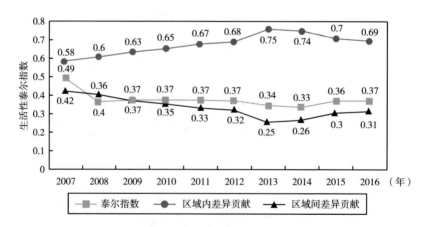

图 3 - 15　生活性泰尔指数

资料来源：中华人民共和国国家统计局。

0.75 下降到 0.69，说明生活性基础设施投资的公平性得到明显改善，可能是由于当年的政策影响。2009~2015 年，生活性基础设施投资公平程度变化不大。

由图 3 - 16 可以看出，社会发展的泰尔指数值在 2007~2016 年逐渐增加，社会发展基础设施投资的公平性在逐渐下降。2012 年、2015 年巨幅提升，2014 年小幅度下降，社会发展基础设施不公平性突升，区域内差异贡献明显。

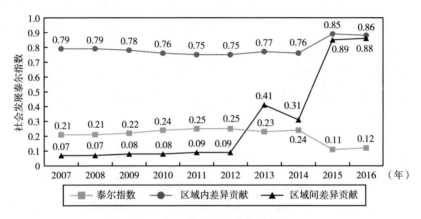

图 3 - 16 社会发展泰尔指数值

资料来源：中华人民共和国国家统计局。

从图 3 - 13~图 3 - 16 可以看出，总体上来讲，四大类农村基础设施投资的公平性存在较大差异。其中，社会发展类的农村基础设施投资最为公平，生活性基础设施投资的不公平性最为严重。生产性基础设施的投资公平性整体上不存在太大的变化，没有明显的升高或者降低趋势，表明 2007~2016 年在生产性基础设施的投资侧重方面没有发生大的变化。社会发展基础设施投资公平程度逐渐提高和改善，区域间差异和区域内差异差别不大，主要是由于中国在 2007~2012 年的相关政策特别注重教育、卫生、文化等社会发展类基础设施建设，数据结果表明，政策效应显著，从而降低了乡村社会发展基础设施投资的不公平性。生活性基础设施表现出的不公平性，需要政策的积极帮助来改善。

（二）集中指数测度结果

弓剑芳（2018）对东、中、西部地区给予相关秩，如表3-5所示。

表3-5　　　　　　　　　　　相关秩系数

项目	东部	中部	西部
相关秩	0.1	0.3	0.5

按东、中、西部进行划分，相关秩的大小表示靠近西部的程度，东部靠近西部的程度最小，中部靠近西部的程度次之。集中指数值为正值时，说明较多的农村基础设施倾向于西部地区；指数值为负值时，说明较多的农村基础设施倾向于投资在东部地区（弓剑芳，2018）。

根据之前的公平性评价体系，运用集中指数法计算分析公平性的结果，如表3-6所示。

表3-6　　　　　　　　　　集中指数测度结果

项目	总体	生态环境	生产性	社会发展	生活性
集中指数	0.079	0.240	-0.014	0.014	-0.019

表3-6中的集中指数测度结果，表明按照东、中、西部三个地区进行分组得出的农村基础设施投资的集中指数为0.08，这说明农村基础设施在东、中、西部地区之间的投资相对公平，地域对农村基础设施的投资公平性影响程度较小，指数为正值，表明农村基础设施投资略微偏向于西部地区。其中，生态环境建设集中指数值为0.24，远大于总体集中指数，表明生态环境建设类的基础设施受地域的影响比较大，这与东、中、西部地区地理特征和自然环境状况不同有关；生产性基础设施、社会发展基础设施和生活性基础设施在地域之间的差距较小，生产性基础设施和生活性基础设施的集中指数值为负数，说明这两类基础设施投资偏向于东部地区，越往东的地区生产性基础设施和生活性基础设施的投资越多；社会发展类基础设施的集中指数为正值，说明西部地区相对中西部来说社会发展类基础设施投资较多。综上所述，我国西部地区整体经济水平较差，国家对西部地区农村基础设施的投资更偏向于生态环境和社会发展类，根据全国农村基础设施拥有量，西部地

区在生态环境类基础设施和社会发展类基础设施建设水平略超东、中部地区，国家需要进一步投资生产性基础设施和生活性基础设施来推动西部地区发展。

第五节　农村基础设施投资公平性影响因素

一、筹资公平性的影响因素

（一）理论分析

农村基础设施一般属于准公共物品，具有投资体量大、投资回收周期长、投资回报率低等特点。这也意味着民间资本的投入需要在项目上经过较长时间的沉淀，导致资本逐利性决定的民间资本不愿投入低利润的乡村基建。因此，在以往的农村基础设施投资中，其建设资金往往依靠中央和地方的财政支持或者政府发行的专项贷款，虽然当前有部分民间投资进入农村基础设施建设，但由于其缺乏成熟标准的融资方式和运作机制，不能有效吸收社会上大量的闲散资金，所占投资比重低，难以形成规模，同时，由于基础设施建设的准公共物品性质，其不产生直接的经济效益，也难以得到银行信贷的支持，一旦缺乏资金来源，当地政府可能选择把投资任务转嫁给集体或者农户，农户对无国家投入的项目，一般积极性不高，因而也几乎不会投入，这就造成乡村基建融资渠道单一的问题，最终导致我国农村基础设施建设资金投入不足，而农村基础设施筹资可以缓解投资总量不足的情况。

农村基础设施筹资是由农村基础设施的需求所决定的，基础设施筹资公平是指各省份、各区域能够根据当地政府和社会机构以及农户的收入水平和支付能力进行资金的筹集，进而形成一个多元化、一体化的筹资体系，实现筹资渠道和筹资规模的相对公平。

本章认为，筹资公平重在筹资渠道的公平和筹资规模的匹配性。各省份、各区域有能力获取筹资渠道，且能够从相应筹资渠道中筹集到建设资金，这是筹资公平的重要标志，表明筹资这种行为是有效的，且在渠道上是相对公平的。如果某一省份、某一区域只能从单一的渠道获取资金，这在一定程度上表明它的筹资相对于其余省份、区域是不公平的，因为它形成了一种"他有我无、他多我少"的筹资体系，这种筹资体系相对于丰富多元的筹资体系，在筹资速度、筹资规模上具有弱势，不能及时满足农村基础设施的建设需求。而且在这个筹资体系中，政府资金的筹集和发放属于第一梯队，它是农村基础设施资金的重要来源和强势保障，对于大型基础设施和经济落后地区基础设施的建设起着举足轻重的作用。社会资本的筹集和发放属于第二梯队，由于社会资本要求一定的经济效益，因此它的逐利性较强，投资范围较窄，在各省份、区域的差异可能较大。农户自筹属于第三梯队，它是农村基础设施建设的最后保障，如果农户自筹都不能满足当地基础设施建设的需求，在一定程度上表明前两梯队失效，该地区的筹资体系相对于其余地区不公平。因此，本章可以通过调查农户参与基础设施建设供给意愿的情况在一定程度上反映该地区的筹资是否公平。

农户自愿供给农村基础设施的原因是多方面的。由于政府与农户之间是一种委托代理关系，这种关系的维护需要激励与约束机制，所以农户愿意参与农村基础设施投资（张维迎，1995）。在此观点影响下，钱文荣和应一逍（2014）发现，在家庭状况、个人经济等条件允许的情况下，大多数农户会选择投资建设农村基础设施。张文宏（2003）研究了社会资本对农户自愿筹资的影响。社会资本有利于社会内部实现高水平合作共赢、相互信任、获得集体福利，基于农户对社会资本可累积性的追求以及自我增强的需要，积累社会资本将推动农户投资农村基础设施，提高供给总量。部分学者认为，农户是理性的"经济人"，他们也会关注自己的投资成本收益，当他们投资农村基础设施所获得的收益大于"搭便车"所获得的收益，同时大于所付出的成本时，他们会愿意投资（吴理财，2004）。

农村基础设施作为一种公共物品，具有"俱乐部产品"的特征。农户作为"理性的经济人"（余佶，2006），"俱乐部产品"供给的特征适用于农户对农村基础设施的供给行为。农户参与农村基础设施供给与其行为偏好有关，同时，村集体公共选择制度的产生和其作用的有效发挥也对其产生重要影响。由于取消强制性制度外筹资方式，农户在农村基础设施供给行为以及供给项目选择上有了更大的自主性。农户对农村基础设施"俱乐部"式的自我供给行为与政府的供给机制之间存在重要区别（林万龙，2007）。影响农户参与农村基础设施供给行为的因素包括内在个体异质性以及外在环境两个方面。农户个体异质性指农民自身特征即家庭特征、收入水平、受教育水平等方面的异质性，农户参与农村基础设施供给的自愿程度、供给水平、方式上存在差异。外在环境指乡村现有农村基础设施水平以及政策环境，包括乡村民主程度、政策公平公开程度、农民受益程度、基础设施现状等。考虑农户特征数据的可获得性，本章采用问卷调查形式，研究农户自身特征对农户参与农村基础设施供给意愿的影响。

1. 个体特征

不同个体具有不同偏好，并基于这些不同特征在社会中扮演不同角色，又通过不同社会特征表现出来，如受教育年限不同、政治面貌不同、社会地位不同等，这些不同的社会特征作用于个体偏好影响农户对农村基础设施的供给行为。

已有研究发现，农户所扮演的社会角色作用于其个体偏好影响农户对农村基础设施的投资供给（周业安，2013）。不同个体的特征不同，对农村基础设施的需求也不同。由于农村基础设施的多样性和层次性，在不同时期，同一个体也需要不同的农村基础设施，且不同个体具有多元化需求。农户可在"理性行为"的指引下，根据自身需求选择自愿投资的水平和形式。因此，农户的个体特征影响农户的投资意愿。但也有少数研究不支持这一点，认为个体的年龄、性别、受教育程度、政治面貌等对农户参与农村基础设施投资没有显著关系。本章将通过农户的年龄、性别以及受教育年限，验证农户的这些个体特征是否会对农户参与农村基础设施投资产生影响。

2. 家庭特征

周业安（2013）认为，农户无论面临怎样不公平的社会环境，其对农村基础设施的供给水平、供给意愿是不变的。而这不仅受个体偏好的影响，还受个体所具有的资源禀赋的影响，农户由于具有的资源禀赋不同，对农村基础设施的投资意愿也会有不同的影响。农户作为"理性经济人",会考虑投资收益以及成本,但这一前提是农户在现有资源基础上的比较投资(郭红东等,2004)。因此,经济禀赋影响筹资意愿的抉择,而农户并不是独立的个体,家庭作为一个小组织,其整体收入以及支出都会影响经济禀赋进而影响农户的投资意愿。本章将用人均年收入来衡量家庭收入水平,同时验证家庭人口数是否会间接影响供给意愿。另外,本章探讨了农户的主要收入来源,研究是务农收入还是外出务工收入促进农户自筹。这可以利用以上经济禀赋来解释,外出务工收入多,则有利于帮助乡村建设,农户更愿意自筹;但从需求理论来分析,农户外出务工将远离家乡,对乡村生活所需和农村基础设施所需较小,不利于其主动自筹。因此,本章通过问卷调查形式,分析务农收入来源对农户自愿筹资的作用。

(二)数据来源及变量描述

1. 数据来源

本章采用问卷调查形式收集本节所需数据。调研分为两个阶段,时间为2018 年 1~3 月:第一阶段是预调研;第二阶段是正式调研。

第一阶段的预调研,委托第三方——问卷星进行初始问卷的发放和收集工作,初始问卷的问题选取依据是在五天内收回 53 份有效问卷。收回问卷后,小组成员对问卷的格式、题项等进行反复的讨论与修正,形成附录中的正式问卷。

第二阶段的正式调研,分别在东、中、西部地区内部按照经济发展水平即 2017 年各省份 GDP 总量为标准进行分层抽样。由于北京、天津、上海、重庆四个直辖市乡村数量较少,调查研究不具有代表性,所以调查问卷剔除了这四个直辖市。其中,东部地区包含 7 个省份,中部地区包含 6 个省份,西部地区包含 11 个省份,在每层内随机抽样,最终选取了东部地区的江苏省、中部地区的山西省和西部地区的甘肃省,然后分别在这三个省内部进行随机抽样,选取各省内部调研的农村地区,最后课题组成员到各地乡村发放问卷,向农户、村干部及政府相关工作人员现场发放问卷并收取问卷,问卷具体内容见附录。由于时间选取正是春节前后，因此，调查对象不仅包括乡村常住人口，也包括外出务工、上学、经商的农户。问卷针对农户、村干部及政府相关工作人员设置问题，调查农户基本信息、家庭情况、村基础设施现状以及筹资意愿等方面。我们共发放了 600 份问卷，去除无效问卷，最终获得 579 份问卷，其中，东部地区 179 份，中部地区 292 份，西部地区 108 份。

2. 农户对农村基础设施供给的自筹意愿

（1）分区域状况。由于我国东、中、西部存在地区差异，因此，为了数据的全面准确，本章调查对象也按地区进行划分，研究不同地区农户对农村基础设施的供给意愿。从农户自筹金额来看，自筹金额 200 元以下，东部地区占比最高，达到了 64.50%，超过了中部与西部地区，西部次之。自筹金额 800 元以上，中部地区最高，超过了东部地区。200～800 元之间，中部地区最高，占比 53.03%；西部地区次之，占比 27.15%；东部地区最低，占比 23.60%。总体来看，中部地区较东、西部自筹金额区间较高，更愿意自筹，西部地区次之，东部地区农户最不愿意投资农村基础设施。这与预期相反，东部地区经济发展水平高，农户收入要比中、西部地区多，但却不愿意投资农村基础设施。那么为什么会出现这种不合实际的现象？

一方面，东部地区经济发达，政府财政收入较高，现有基础设施建设相对更完善，东部地区农户认为农村基础设施投资应由政府来满足。另一方面，国家西部大开发战略给予西部地区农村基础设施更多的政府支持，同时西部地区较东、中部自身经济发展水平较差，农户收入较低，因此，对于农户自筹金额较少也在情理之中。运用经济学理论来解释，考虑非正式制度对该现象的影响。

一些现象在中、西部农村地区存在：经济越不发达的乡村，村民的凝聚力越强，村庄的整体文化，村庄习俗对农户投资供给影响更大；经济较不发达的村庄为了发展，村民更具有团结性，更有建设力量；而经济繁荣的村庄，农户之间凝聚力较差，以自我发展为主，这一因素构成了地区间农户参与投资意愿差异。

分区域农户参与农村基础设施供给意愿如表3－7所示。

表3－7　　　　　　　分区域农户参与农村基础设施供给意愿

项目	东部		中部		西部	
	频数（人）	频率（%）	频数（人）	频率（%）	频数（人）	频率（%）
不愿意自筹	6	3.50	0	0	5	4.60
200元以下	109	64.50	104	35.60	65	60.20
200～400元	19	11.20	70	23.97	16	14.80
400～600元	14	8.30	60	20.50	6	5.55
600～800元	7	4.10	25	8.56	7	6.50
800元以上	14	8.40	33	11.37	9	8.35

资料来源：问卷调查。

（2）变量描述。本章将农户愿意筹资金额分成不同等级，并将其作为因变量，对不同筹资金额等级进行赋值，"不愿参与自筹"赋值为0，自筹金额在200元以下、200～400元、400～600元、600～800元、800元以上分别赋值为1、2、3、4、5。本章将农户个体特征、家庭特征以及村庄特征作为因变量来验证其是否对农户参与农村基础设施投资供给有影响，如表3－8所示。

表3－8　　　　　　　变量的名称、含义和赋值

项目	名称	含义	赋值
因变量	自筹金额	农户对农村基础设施供给意愿	"不愿参与自筹"赋值为0，自筹金额在200元以下、200～400元、400～600元、600～800元、800元以上分别赋值为1、2、3、4、5
个人特征	性别	—	男＝1；女＝0
	年龄	—	实际年龄
	学龄	受教育年限	实际年限
家庭特征	家庭人口数	—	实际数值
	家庭收入水平	人均年收入	5 000元以下、5 000～10 000元、10 000～20 000元、20 000元以上分别赋值为1、2、3、4
	收入来源是否以务农为主	—	收入来源以务农为主＝1；以其他收入来源为主＝0
村庄特征	村庄距城镇的距离	—	实际数值

（三）实证检验

1. 模型选择

数据来源及变量描述统计了东、中、西部地区农户自筹意愿以及自筹金额，本章将用实证方法具体检验哪些因素影响农户参与水平。如表3－9所示，农户参与意愿的结构是离散型的，因此，下面假设农户参与意愿满足Logistic分布。由于农户参与意愿变量的定义与赋值具有等级次序的性质，故有序Logistic（Ordered Logistic）模型更能反映不同农户参与意愿差异的性质。此模型的前提是比率成比例假定（the proportional odds assumption），Brant检验显示数据不能拒绝比率成比例假定，样本数据具备应用有序Logistic回归的条件。因此，本章采用有序Logistic模型作为拟合上述截面数据的方法。

表3－9　　　　　　　　　　　　描述性统计表

项目	变量名	均值	最小值	25%分位数	中位数	75%分位数	最大值	标准误
个人特征	性别	0.654	0	0	1	1	1	0.476
	年龄	41.826	15	30	42	52	76	14.247
	学龄	7.933	0	5	8	10	19	3.985
家庭特征	家庭人口数	4.468	1	4	4	5	9	1.507
	家庭收入水平	2.292	1	1	2	3	4	0.100
	收入来源是否以务农为主	0.371	0	0	0	1	1	0.484
村庄特征	距离	13.794	1	3	5	12	300	32.079

资料来源：笔者汇编。

2. 估计结果

本章运用Stata 14.0软件对农户参与农村基础设施供给意愿的影响因素模型进行估计。从表3－10中可以看出，农户家庭人均收入水平以及农户收入来源对农村基础设施投资供给显著性明显，而农户个体特征及村庄特征的显著效果较小。

表 3-10   农户对农村基础设施供给参与意愿影响因素模型的

估计结果

项目	变量名	系数	t 值
个人特征	性别	-0.056	-0.072
	年龄	0.025	1.261
	学龄	0.196**	1.989
家庭特征	家庭人口数	-0.312*	-1.886
	家庭收入水平	0.692*	1.847
	收入来源是否以务农为主	-1.995**	-2.435
村庄特征	距离	0.630***	3.202

注：***、**、*分别表示在1%、5%、10%水平下通过显著性检验。
资料来源：问卷调查。

具体分析如下。

(1) 个人特征因素。从模型分析中可以看出，个体特征包括性别、年龄等，对农户参与意愿均没有显著影响。由于农户处在人情社会中，受熟人社会的影响，农户参与农村基础设施集体投资行为主要是为了获得更有利的生存环境，通过集体供给行为，经济地获取农村基础设施（钱文荣和应一逑，2014）。从这一角度看，农户与其他人之间的社会关联度将影响农户筹资意愿，而农户自身的性别、年龄特征对农户筹资意愿自然没有显著影响。而在农户个体特征中，农户受教育年限对农村基础设施投资供给有显著影响。一般来说，受教育水平高的人能够懂得农村基础设施对于农村经济发展的重要积极促进作用，同时，一般受教育水平高的人，收入水平较高，他们会选择提供农村基础设施供给。

(2) 家庭特征因素。模型估计结果显示，家庭收入水平、家庭人数与农村基础设施筹资意愿有显著关系。家庭收入高，农户才有能力主动投资农村基础设施这种公共物品；同时，收入水平越高，农户参与意愿越可能加强。从社会积累考虑，农户为了获得社会地位、提升声望，愿意付出一定经济来投资农村基础设施（钱文荣和应一逑，2014）。家庭人口数与农户自筹呈负向相关，家庭人口数越多，农户自筹意愿越低，人口数增多，农户家庭支出增多，将有限的资金用于农村基础设施投资的意愿不强，大多数农户还是会选择依赖政府。以务农为主要收入来源的农户，对于农村基础设施自筹意愿较低，这是由其经济资源禀赋决定的，务农收入较低，导致农户并没有过多的钱来支持农村基础设施建设。

二、投资公平性的影响因素

（一）理论分析

筹资是农村基础设施投资的起点，筹资公平为建设农村基础设施提供了资金保障，而在真正投资建设中，资金流向的合理、投资项目的决策对于农村基础设施投资公平的实现也不可或缺。资金流向的决策主要体现在两个方面：一方面是资金投向哪里，哪里需要重点扶持，即投资区域的选择；另一方面是投资哪一个项目，哪一个项目该地区急需，即投资结构的选择。我国农村基础设施投资存在区域差异、城乡差异，地区经济发展、财政收入、城镇化水平、乡村人口密度等（林振德和赵伟，2016；李萍萍等，2015）对农村基础设施投资公平性具有重大的影响。本章对影响资金投向公平性的因素作了具体分析，以使投资区域选择以及结构决策实现高效率。由于农村基础设施投资的公平性是指农村居民对农村基础设施投资的可得性和等同性，本章选用各地区人均农村基础设施投资额量化农村居民对农村基础设施投资的可得性，选用各地区人均国内生产总值量化各地区经济发展水平。因此，本章用各地区人均农村基础设施投资额与各地区人均国内生产总值的比值来衡量投资公平性。

影响农村基础设施投资公平性的因素是多方面的，既有历史与现实的原因，又有政策与非政策的原因，城乡二元结构体制、产业发展模式不均衡、决策与监督机制不合理、责任主体权利划分不清晰等都是造成农村基础设施投资不公平的原因。李志远等（2007）分别从财政体制、二元经济结构、区域经济差异、政府投资决策方式以及财政资金管理方式五个方面对影响农村基础设施投资的因素进行了理论分析。林振德和赵伟（2016）认为，除上述因素外，国家地区经济政策与农民收入水平也会影响农村基础设施投资的公平性。刘萍（2009）则从农村基础设施的供给与需求角度出发进行研究，发现自然条件、生态环境、农民文化程度以及乡村领导干部的素质也会影响农村基础设施的投资公平性。影响农村基础设施投资公平性的因素可以概括为经济水平、经济政策、财政体制、财政收入、城乡二元结构、投资方式与监督管理、农民收入、地理生态环境以及相关人员的文化素质等，这些不同因素的影响使农村基础设施投资呈现出不同的公平性。本章将从以下四个方面探究农村基础设施投资公平性的影响因素。

1. 地区财政实力

首先，基础设施的自然垄断性决定了基础设施投资具有大量的沉淀成本，投资的不可分割性又决定了基础设施投资必须是大规模的一次性投入，即基础设施的初始投资成本很大，这在一定程度上将一些中小规模的投资者拒之门外，也就形成了市场进入障碍，这一属性使得政府必须在农村基础设施投资中作为最主要的投资者。其次，基础设施具有消费过程中的非竞争性和非排他性，即基础设施为每个人提供相同的服务，不会因为个体享受权益而影响其他个体从中获得效用的大小。从市场投资角度来看，投资者是否决定进行一项投资取决于边际成本与边际收益的大小，只有边际收益大于边际成本才会进行投资。而在农村基础设施投资中，投资主体很难从投资中获得相应的效益。最后，农村基础设施不仅具有一般基础设施的特征属性，还有自身独特的属性。农村基础设施具有使用效率低效性和投资收益市场低效性，这些农村基础设施的投资额较大，而投资收益回收周期却相对较长，对于一般的商业资本投资者来说，农村基础设施的投资并没有很大的吸引力，私有投资者们的投资意愿并不高。因此，对于政府来讲，财政收入是政府进行财政支出的前提，没有财政收入也就没有财政支出，所以，若政府财政收入充足，农村基础设施的投资就相对充足，有利于投资总量的实现，而农民享用这些基础设施也就相对公平。因此，政府的财政收入在很大程度上影响着农村基础设施的投资水平。

2. 财政分权

财政分权是指中央政府赋予地方政府在税收管理和预算执行等方面具有

一定的自主权，任何一个国家的政府体系都分为若干级别，财政分权是中央政府通过权力分配达到区域经济协调发展的重要措施。财政分权赋予地方政府一定的自主权，使其能够更加自主和积极地参与社会管理。地方政府对本地区的经济、社会发展等情况有着良好的信息优势，这样的优势主要体现在对公共产品和服务的投资方面，财政分权使得地区政府能够提供更好的投资服务。农村基础设施作为基础设施投资的一大部分，财政分权对农村基础设施的投资有着正效应。地方政府会结合本地区的自然地理环境、人文特点、地区偏好等对农村基础设施进行投资。

3. 乡村人口密度

人口密度是指地区人口总数除以地区总面积。一般来讲，农村基础设施筹资与乡村人口和乡村土地面积应该呈现出一定的正相关关系，人口越多、土地面积越大，所需要的农村基础设施筹资就越多；乡村土地面积较大的地区所需要的农村基础设施较乡村土地面积较小的地区也多，乡村土地面积较大的地区所需要的道路公里数、电话线等农村基础设施则较大。本章所讨论的是影响农村基础设施筹资公平性的影响因素，所以单独的乡村人口和乡村土地面积不足以说明筹资的区域差异性，因此，将乡村人口与乡村土地面积两者结合起来，从人口密度的角度进行差异分析。

4. 城镇化水平

城镇化是指随着国家或地区经济结构的调整，其社会由以农业为主的传统乡村型社会向非农为主的现代城市型社会转变的过程，具体包括农业人口向非农业人口、农业活动向非农业活动的转变。我国正处在城镇化发展的关键时期，党的十八大明确提出，坚持走新型城镇化道路。一个地区的城镇化水平会影响该地区的农村基础设施投资，随着城镇化水平的提高，一方面乡村的各方面基础条件向城镇看齐；另一方面城镇化水平提高在一定程度上刺激了农村经济的发展，增加了乡村收入，进而政府财政收入增加，这样又间接提高了对农村基础设施的投资。

（二）数据来源及变量描述

1. 样本选择与数据来源

本章选取 2005～2016 年我国各省份的面板数据作为研究样本，在样本期间所有省份相应的"年度—省"样本共 336 个，研究了农村基础设施投资公平性的影响因素。具体涉及各省份的农村基础设施投资额、财政收入、财政支出、乡村人口、城镇人口、乡村土地面积等相关数据，数据来源于 2005～2016 年的《中国统计年鉴》及《中国乡村统计年鉴》等。本章对所有相关连续变量在 1% 及 99% 的水平上进行了 Winsorize 处理。

2. 变量定义

（1）被解释变量。投资公平性（Invest），选取各省份的人均农村基础设施投资额与人均国内生产总值（GDP）的比值作为被解释变量进行实证分析。

（2）解释变量。解释变量分别为各个地区的人均财政收入（FR）、财政分权比例（FD）、乡村人口密度（RPD）、城镇化水平（UL）。各个变量的定义见表 3－11。

表 3－11　　　　　　　　　　　　变量的定义

符号	名称	定义及计算方法
Invest	投资公平性	用各省份的人均农村基础设施投资额与人均国内生产总值（GDP）的比值表示
FR	财政收入	人均财政收入，用各省份地方财政收入与乡村人口的比值表示
FD	财政分权	用各省份的地方财政支出与中央财政支出的比值表示
RPD	乡村人口密度	用各省份的乡村人口与乡村土地面积的比值表示
UL	城镇化水平	用各省份的城市人口与该区总人口的比值表示

（3）实证模型。关于模型选择混合回归模型还是固定效应模型，通常选用 F 检验，该检验的原假设模型为混合回归模型，备择假设模型为固定效应模型，本章运用 Stata 14.0 软件对样本数据进行 F 检验，从检验结果显示，P 值为 0.0000，小于 5% 的显著性水平，所以拒绝原假设，接受备择假设，

即采取固定效应回归模型进行建模。关于模型是选择固定效应模型还是随机效应模型，通常选用豪斯曼（Hausman）检验。该检验原假设的模型为随机效应模型，备择假设的模型为固定效应模型。本章运用 Stata14.0 统计软件对样本数据进行豪斯曼检验，检验结果见表 3 – 12。从检验结果显示，P 值小于 0.05，所以拒绝原假设，接受备择假设，即采用固定效应回归模型进行建模。

表 3 – 12　　　　　　　　　　豪斯曼检验

原假设	卡方统计量	P 值
建立随机效应模型	143.07	< 0.0001

本章运用固定效应模型检验农村基础设施投资公平性，具体模型构建如式（3 – 5）所示：

$$Y_{it} = \alpha + \beta_1 FR_{it} + \beta_2 FD_{it} + \beta_3 RPD_{it} + \beta_4 UL_{it} + \mu_{it} \tag{3 – 5}$$

其中，$i = 1, 2, 3, \cdots, 28$；$t = 1, 2, 3, \cdots, 12$。

（三）实证检验

1. 描述性统计分析

模型涉及的相关变量其描述性统计如表 3 – 13 所示。第一，人均农村基础设施投资存在差异性，均值为 0.280，但最大值为 1.743，最小值为 0；第二，各地区的人均财政收入以及乡村人口密度差异性明显，其均值分别为 1.576、1.324，但标准差为 3.347、0.536，在所有变量中标准差的数值较大；第三，各个地区实行财政分权的政策差异性明显，其最大值为 0.406，最小值为 0.019，最大值为最小值的 21 倍左右；第四，各个地区城镇化水平差异性较小。

表 3 – 13　　　　　　　　　　描述性统计

变量	N	mean	sd	min	max	p50	p25	p75
Invest	335	0.280	0.344	0	1.743	0.163	0.116	0.249
FR	336	1.576	3.347	0.0860	19.68	0.550	0.273	1.046

变量	N	mean	sd	min	max	p50	p25	p75
UL	335	0.508	0.149	0.180	0.899	0.484	0.428	0.566
FD	336	0.151	0.087	0.0190	0.406	0.145	0.084	0.202
RPD	335	1.324	0.536	0.264	2.778	1.322	0.936	1.680

2. 单变量分析

相关性分析结果如表 3-14 所示，其中下三角列示的是 Pearson 相关性检验结果，上三角列示的是 Spearman 相关性检验结果。由相关性分析可知，财政收入、财政分权以及城市化水平与被解释变量投资公平性均存在显著关系，通过 Pearson 相关性检验结果表明，解释变量乡村人口密度与被解释变量投资公平性不存在显著关系；而通过 Spearman 相关性检验结果表明，解释变量乡村人口密度与被解释变量投资公平性在 5% 水平上显著，但财政分权对投资公平性不存在显著关系。所有变量系数均不大于 0.8，可能不存在多重共线性问题。

表 3-14   相关性分析

变量	Invest	FR	FD	RPD	UL
Invest	1	0.172 ***	0.081	0.133 **	0.308 ***
FR	0.152 ***	1	0.492 ***	0.068	0.567 ***
FD	0.117 **	0.219 ***	1	0.121 **	-0.144 ***
RPD	0.064	-0.044 ***	0.148 ***	1	0.038
UL	0.456 ***	0.729 ***	0.219 ***	-0.108 **	1

注：***、**、* 分别表示在 1%、5%、10% 水平下通过显著性检验。

3. 多重共线性检验

由多重共线性检验可知，解释变量城镇化水平、财政收入、财政分权和乡村人口密度的 VIF 值分别为 2.04、1.99、1.10、1.05，解释变量的 VIF 值均远小于 10，说明解释变量之间不存在多重共线性，如表 3-15 所示。

表 3 – 15　　　　　　　　　　　　　多重共线性检验

变量	VIF	1/VIF
城镇化水平	2. 04	0. 491161
财政收入	1. 99	0. 503584
财政分权	1. 10	0. 912246
乡村人口密度	1. 05	0. 948023
Mean VIF	1. 54	

4. 多元回归结果

虽然通过 F 检验、Hausman 检验，判定本章应选取固定效应回归模型，但为了使回归结果更加稳健，现分别采取混合数据最小二乘回归（OLS）、固定效应（FE）、随机效应（RE）估计方法进行回归，将三者的结果进行对比分析，回归结果见表 3 – 16。从表 3 – 16 中可以看出，采取固定效应模型建模的效果确实比其他两种方法好，且模型的拟合效果较好，大多数解释变量均在 99% 的水平上显著。

表 3 – 16　　　　　　　　　　　　　回归结果

变量	Invest		
	OLS	FE	RE
FR	− 0. 023 *** (− 3. 78)	− 0. 026 *** (− 4. 15)	− 0. 027 *** (− 4. 46)
FD	0. 364 * (1. 79)	0. 527 *** (2. 72)	0. 470 *** (2. 47)
RPD	0. 001 (0. 05)	0. 009 (0. 33)	0. 007 (0. 26)
UL	1. 408 *** (5. 72)	1. 405 *** (9. 04)	1. 444 *** (9. 44)
Constant	− 0. 214 * (− 1. 67)	− 0. 482 *** (− 6. 10)	− 0. 489 *** (− 5. 42)
N	335	335	335
adj. R^2	0. 486	0. 304	0. 304

注：***、**、* 分别表示在 1%、5%、10% 水平下通过显著性检验。

具体而言，除乡村人口密度（RPD）外，其余3个解释变量对我国农村基础设施投资公平性均有显著的影响，且从统计角度而言均在1%的水平下显著。从回归系数上来分析，人均财政收入（FR）、财政分权（FD）、城镇化水平（UL）回归参数分别为：−0.026、0.527、1.405。除人均财政收入，均与上述假设相一致。其中，财政分权、城镇化水平对我国农村基础设施投资公平性的影响呈正向促进作用，即地方财政支出占中央财政支出比重较大的地区，其农村基础设施的投资更加趋于公平；城镇化水平越高的地区，农村基础设施投资越公平。

人均财政收入对农村基础设施投资公平性呈现负向作用，虽然该结果与本章的预期相反，但这与农业弱质性相符。农业为弱质产业，其经营产生的利益远低于其他产业，因此，其缺乏增长和发展的竞争力。近年来，农业在国民经济中的占比持续下降，对国民经济增长的贡献逐渐减少，相反，第二、第三产业成为国民经济增长的支撑动力。因此，财政收入高的地区，农村基础设施投资公平性反而低。随着党的十九大成功召开，乡村振兴战略已经上升到国家的高度，提升到党和政府工作的重要议事日程上来，并相应地提出了具体工作要求，特别强调农业、乡村、农民"三农问题"始终是全党工作的重中之重。乡村振兴战略的落实，对于农村基础设施建设公平性有很大的促进作用。

三、享有公平性的影响因素

（一）理论分析

筹资环节和投资环节实现公平后，农村基础设施投资建设公平最终体现在农户享有公平方面，本章用农户对农村基础设施建设的满意度来衡量享有公平。农户对农村基础设施的满意度是对乡村所做各项投资项目的整个环节包括对筹资渠道、投资去向满意度等公平性衡量的标准。农户是农村基础设施的享有者，农户的满意度是衡量农村基础设施公平性的重要方面。

党的十九大提出乡村振兴战略，优先发展农业农村，建立健全发展体制机制和政策保障体系，进一步推进农业农村现代化建设。农村基础设施建设能够提高乡村生产效率，促进农村经济发展，是乡村振兴战略的重要内容。然而由于农村基础设施自身公共物品的特性，现在投资主要以政府投资为主。乡村无论劳动力还是技术水平、资金流动等都相对落后，受经济禀赋和自然条件的影响，农村基础设施投资规模小、质量低，完全满足不了农户需求，农户满意度低。这些都不利于乡村进一步发展。同时，现有的"自上而下"的投资决策、投资项目的选择有时并不合理，并没有真正满足农户的真实所需，这种投资是无效的、不合理的，应充分了解农户所需，让农户真正参与到农村基础设施投资建设中，提高农村基础设施供给效率，让农户加强对各个环节的监督，通过参与度的提高，提高农户满意度。因此，研究农户满意度，对于提高农村基础设施投资建设效率和提高整体公平具有重要的理论与现实意义。

（二）数据来源及变量描述

1. 典型案例基本情况描述

本章通过对山西省中西部两村的访谈调研，对山西省中西部两村的基本情况进行介绍，根据访谈内容归纳整理山西省中西部两村农户对农村基础设施的满意程度及影响因素，通过对个案的实地分析，找出农村基础设施享有公平性中存在的共性问题，为对策建议的提出奠定基础与方向。

N村位于山西省中部，全村现有村民1 489人（558户），25名村民代表，下辖5个村民小组。N村15岁以下人口约占总人口比例为20%，60岁以上人口约占总人口比例为19%，在劳动适龄人口中，务工人口约为90%，整体年龄结构呈现橄榄球型。N村面积900余亩，其中，耕地面积440余亩，农作物主要以玉米为主，播种面积380余亩。2020年，N村人均可支配收入约1.65万元，村庄生产以农业、养殖业为主，2020年农业产值约120万元，养殖业产值约300万元。

X村位于山西省西部，全村现有村民605人，6名村民代表。X村15岁以下人口约占总人口比例为6%，60岁以上人口约占总人口比例为33%，在劳动适龄人口中，务工人口约为21%，X村整体呈现老龄化趋势，村内老人占比较多。X村面积2 000余亩，其中耕地面积800余亩，干果经济林面积500余亩，退耕还林面积400余亩。X村农作物主要以玉米、小麦、高粱等粮食作物为主，年产值可达100万元左右，干果经济林主要以苹果树、梨树为主，由于产生的经济效益较差，目前干果经济林处于荒废状态。2020年，X村人均可支配收入为1万元左右，集体收入约30万元，其中转移支付约10万元。

2. 描述性统计

（1）案例描述性统计。本章共调查N村村民90人，其中，男性39人，女性51人，受访男女比例约为3∶4；受访村民年龄跨度较大，但大部分村民年龄在45～60岁；有超过一半的村民都接受过高中及以上的教育，占比达到56.7%，还有一小部分村民接受过小学与初中教育，占比达到43.3%；有90%的村民身体健康，10%的村民感觉身体状况良好；受访村民中有84人为普通村民，占比93.3%，而其余6人曾经或目前是村委会成员或者共产党员；家庭人口数量最小值为3，最大值为10，均值为4.567，表明大部分村民家中有4口以上的人；家庭年收入最大值为5，最小值为0，均值为3.334，表明村民中绝大部分人年收入都达到了3万元以上，占比90%，还有一小部分村民年收入3万元以下，占比10%；对（准）经营性设施的满意程度均值为4.123，最小值为3.5，表明大部分村民对村内的（准）经营性设施比较满意；对非经营性设施的满意程度最小值为3.625，均值为4.179，表明村民对非经营性设施比较满意；对非经营性设施的管护的参与意愿均值为4.218，表明大部分村民愿意参与对此类设施的管理维护，如表3－17所示。

表3－17 　　　　　　　　　　　　N村描述性统计

变量类型	变量名称	样本量（人）	均值	最大值	最小值	中位数	标准差
解释变量	性别	90	0.567	1	0	1	0.498
	年龄	90	53.1	72	32	50	11.43
	受教育程度	90	3.533	5	2	4	0.851

变量类型	变量名称	样本量（人）	均值	最大值	最小值	中位数	标准差
解释变量	身体状况	90	4.967	5	4	5	0.181
	社会经历	90	0.933	1	0	1	0.251
	家庭人口数量	90	4.567	10	3	4	1.793
	家庭年收入	90	3.334	5	0	3	1.142
被解释变量	对（准）经营性设施的满意程度	90	4.123	5	3.5	4.15	0.282
	对非经营性设施的满意程度	90	4.179	5	3.625	4.25	0.321

在对 X 村调查的 78 人中，男性 30 人，女性 48 人，男女占比为 5∶8；受访村民年龄在 35～84 岁，主要集中在 55～68 岁；有超过 1/2 的村民接受过初中或高中或中专教育，占比达到 58%，而还有 19.2% 的村民表示只接受过小学教育，22.8% 的村民未接受过小学及以上的教育；身体状况中位数为 5，表示大部分受访村民认为身体健康，有 20.6% 的村民认为身体状况良好；在受访村民中有 12 位村民目前或曾经担任过村委会工作人员或是共产党员；家庭人口数量最大值为 7，最小值为 2，中位数为 4，表明大部分村民家庭中都有 4 位及以上的成员；家庭年收入最大值为 3，最小值为 1，中位数为 1.5，其中，有 50% 的村民家庭年收入不足 1 万元，42% 的村民年收入在 2 万元左右，只有 7.69% 的村民年收入在 4 万元左右；对（准）经营性设施的满意程度最大值为 4.2，最小值为 3.3，表明大部分村民对目前的（准）经营性设施比较满意，同时也有一部分村民认为适中；对非经营性设施的满意程度最大值为 4.5，中位数为 4.25，表明村民对非经营性基础设施满意程度较高；对非经营性设施管护的参与意愿中位数为 4.167，表明村民比较愿意参与村内非经营性设施的管理维护，如表 3-18 所示。

表 3-18   X 村描述性统计

变量类型	变量名称	样本量（人）	均值	最大值	最小值	中位数	标准差
解释变量	性别	78	0.653	1	0	1	0.501
	年龄	78	61.96	84	35	63	10.77
	受教育程度	78	2.538	4	1	3	1.053
	身体状况	78	4.692	5	3	5	0.67
	社会经历	78	0.846	1	0	1	0.363
	家庭人口数量	78	4.192	7	2	4	1.628
	家庭年收入	78	1.577	3	1	1.5	0.635
被解释变量	对（准）经营性设施的满意程度	78	3.796	4.2	3.3	3.75	0.282
	对非经营性设施的满意程度	78	4.083	4.5	3.33	4.25	0.382

（2）变量描述。本部分将对各类基础设施的满意程度以及村民关于管护的参与意愿划分成不同等级，并将此作为因变量，对不同的满意程度与参与意愿进行赋值。在满意程度上，将非常不满意、比较不满意、一般、比较满意、非常满意分别赋值为 1、2、3、4、5，在参与意愿上，将非常不愿意、比较不愿意、一般、比较愿意、非常愿意赋值为 1、2、3、4、5。本部分将村民性别、年龄、受教育程度等作为因变量，以研究这些变量是否对村民满意度与管护参与意愿有影响，如表 3-19 所示。

表 3-19   变量的名称、含义和赋值

变量类型	变量名称	赋值
被解释变量	对（准）经营性设施的满意程度	将非常不满意、比较不满意、一般、比较满意、非常满意分别赋值为 1、2、3、4、5
	对非经营性设施的满意程度	将非常不满意、比较不满意、一般、比较满意、非常满意分别赋值为 1、2、3、4、5

续表

变量类型	变量名称	赋值
解释变量	性别	男 = 0，女 = 1
	年龄	实际年龄
	受教育程度	未受过教育 = 1，小学 = 2，初中 = 3，高中/中专 = 4，大专及以上 = 5
	身体状况	不健康 = 1，比较不健康 = 2，一般 = 3，良好 = 4，健康 = 5
	社会经历	普通村民 = 1，村干部/党员 = 0
	家庭人口数量	实际数值
	家庭年收入	将 1 万元以下、1 万 ~ 3 万元、3 万 ~ 5 万元、5 万 ~ 7 万元、7 万元及以上分别赋值为 1、2、3、4、5

（三）实证检验

1. 性别对农村基础设施满意度的影响

通过分析性别对农村基础设施满意度的影响可以发现，村民性别对经营性基础设施满意度无显著影响，两村经营性基础设施主要有电力设施、网络通信设施、邮政快递设施和供暖设施，属于村民的常用基础设施，无论男性女性，在日常生活中都会接触使用到这类设施，因此，对该类基础设施的满意度大抵相同。村民性别对准经营性基础设施满意度无显著影响。两村准经营性基础设施主要有供水排水设施、垃圾处理设施、灌溉设施与卫生室。这些设施主要由村委会进行管护，村民对该类设施满意度基本相同。村民性别对非经营性基础设施满意度有显著的正面影响。这是由于两村外出打工赚钱的村民中男性偏多，对非经营性基础设施的参与度比较低，满意度相对较低；而女性对非经营性基础设施的参与度较高，并且两村该类设施种类比较全面，基本能够满足女性村民生活的需要。因此，女性对非经营性基础设施满意度更高，如表 3 – 20 所示。

表 3 - 20　　　　　　　　　性别对农村基础设施满意度的影响

农村基础设施	村庄	性别	样本量（人）	系数	t 值
经营性农村基础设施	N 村	男	39	0.176	2.15
		女	51		
	X 村	男	30	0.136	1.52
		女	48		
准经营性农村基础设施	N 村	男	39	0.274	0.95
		女	51		
	X 村	男	30	0.05	0.63
		女	48		
非经营性农村基础设施	N 村	男	39	0.056	3.09 *
		女	51		
	X 村	男	30	0.026	2.63 **
		女	48		

注：*** 、** 、* 分别表示在1%、5%、10%水平下通过显著性检验。

2. 年龄对农村基础设施满意度的影响

通过分析年龄对农村基础设施满意度的影响可以发现，村民年龄大对经营性基础设施满意度有显著的负面影响。年龄越大的村民对这类设施的满意度越低。这是由于年长的村民对于网络通信设施与邮政快递设施不太关注且参与度不高，而对电力设施与供暖设施要求比较严格，与年轻的村民相比满意度会相对低一些，因此年龄对满意度有负面影响。村民年龄大对准经营性基础设施满意度有显著的正面影响。年龄越大的村民对该类设施越满意。年长的村民对灌溉设施和垃圾处理设施关注度较低，与年轻的村民相比满意度没有很大的差异；而年长的村民则对供水设施要求比较高，因为两村年轻的村民大多在外打工，对村内供水设施要求比较低，目前两村的供水设施状况良好，村委会的管护工作做得比较到位，因而年龄大的村民对此类设施满意度比较高。村民年龄大对非经营性基础设施满意度有显著的负向影响。年龄越大的村民对非经营性基础设施越不满意。这是由于 X 村道路以及照明设施、绿化设施等的管护主要是由村委会负责，但是村委会缺乏资金，所以管护效果比较差，同时由于年长的村民对此类设施的使用比年轻的村民更频繁，要求也会更高，因此，年龄大的村民满意度较低，这种效应在 X 村表现更为明显，主要是由于 X 村年龄偏大的村民更多，如表 3 – 21 所示。

表 3 – 21　　　　　　　　年龄对农村基础设施满意度的影响

农村基础设施	村庄	特征	样本量	系数	t 值
经营性农村基础设施	N 村	年龄	90	− 0.005	− 1.58 **
	X 村	年龄	78	− 0.002	− 3.36 ***
准经营性农村基础设施	N 村	年龄	90	0.006	− 1.58 **
	X 村	年龄	78	0.007	− 1.077 *
非经营性农村基础设施	N 村	年龄	90	− 0.008	− 2.04 *
	X 村	年龄	78	− 0.007	− 2.035 *

注：*** 、** 、* 分别表示在1%、5%、10%水平下通过显著性检验。

3. 受教育程度对农村基础设施满意度的影响

通过分析受教育程度对农村基础设施满意度的影响可以发现，村民受教育程度对经营性基础设施满意度无显著影响。由于这两类基础设施主要由各公司或者政府负责管护，接受上级主管部门的监督考核，村民大多对政府负责比较满意，与受教育程度并无多大关联。村民受教育程度对准经营性农村基础设施未通过显著性检验。这是由于两村垃圾处理设施、卫生室等准经营性基础设施主要由政府出资建设，外包企业和村委会进行管护，目前管护状况良好，村民对该类设施比较满意，因此村民受教育程度高对准经营性农村基础设施满意度未通过显著性检验。村民受教育程度高对非经营性基础设施满意度有显著的负向影响。由于两村非经营性基础设施产权与管护权主要归属于村委会，由于缺乏资金，整体管护情况较为一般，而受教育程度越高的村民对生活环境的认知会越高，因此，他们对道路是否干净、绿化是否美观、垃圾是否及时处理等涉及的非经营性基础设施要求会更高，所以与受教育程度较低的村民相比满意度会更低，如表 3 - 22 所示。

表 3 - 22　　　　　受教育程度对农村基础设施满意度的影响

农村基础设施	村庄	特征	样本量	系数	t 值
经营性农村基础设施	N 村	受教育程度	90	- 0.03	- 1.56
	X 村	受教育程度	78	- 0.057	- 0.32
准经营性农村基础设施	N 村	受教育程度	90	- 0.13	- 0.76
	X 村	受教育程度	78	- 0.12	- 0.31
非经营性农村基础设施	N 村	受教育程度	90	- 0.29	- 1.74 *
	X 村	受教育程度	78	- 0.054	- 2.27 **

注：*** 、 ** 、 * 分别表示在 1% 、5% 、10% 水平下通过显著性检验。

4. 身体健康状况对农村基础设施满意度的影响

通过分析身体健康状况对农村基础设施满意度的影响可以发现，村民身体健康状况对经营性基础设施满意度有显著的正面影响。身体越健康的村民对经营性基础设施的满意度越高。这是因为身体状况好的村民大多心情愉悦，即使此类设施存在一些问题，相比身体状况一般的村民来说他们更愿意包容这些小毛病，因此日常生活中对基础设施的满意度较高；因为 X 村目前暂无快递网点，收发快件地点距 X 村较远，村民较为不便，相比身体健康的村民来说，身体一般的村民不太愿意跑很远取快递，因此，身体健康的村民对该类基础设施的满意度较高。村民身体健康状况好对准经营性基础设施的满意度有显著的正面影响。由于两村卫生室只能提供一些基础的医疗服务，村民所能购买的药品主要是一些基本的药品，身体状况一般的村民则很难买到所需的药物，需要到村外买药，因此他们对卫生室的满意度较低。村民身体健康状况对非经营性基础设施的满意度有显著影响。这是由于身体健康的村民更愿意参与村庄内的非经营性基础设施，对非经营基础设施的满意度更高，身体状况一般的村民对非经营性基础设施的参与度较低，并且有的村民表示从未参与过，也不太了解，因此，身体健康对非经营性基础设施的满意度较为显著，如表 3 - 23 所示。

表 3 – 23   身体健康状况对经营性基础设施满意度的影响

农村基础设施	村庄	身体健康状况	样本量（人）	系数	t 值
经营性农村基础设施	N 村	不健康/比较不健康	0	0.644	4.26 **
		一般	0		
		良好	3		
		健康	87		
	X 村	不健康/比较不健康	0	0.147	2.2 *
		一般	9		
		良好	6		
		健康	63		
准经营性农村基础设施	N 村	不健康/比较不健康	0	0.354	2.76 **
		一般	0		
		良好	3		
		健康	87		
	X 村	不健康/比较不健康	0	0.153	2.61 **
		一般	9		
		良好	6		
		健康	63		
非经营性农村基础设施	N 村	不健康/比较不健康	0	0.569	3.18 ***
		一般	0		
		良好	3		
		健康	87		
	X 村	不健康/比较不健康	0	0.222	3.55 ***
		一般	9		
		良好	6		
		健康	63		

注：*** 、** 、* 分别表示在 1% 、5% 、10% 水平下通过显著性检验。

5. 社会经历对农村基础设施满意度的影响

通过分析社会经历对农村基础设施满意度的影响可以发现，村民社会经历对经营性基础设施满意度无显著影响。经营性基础设施产权多数不属于村委会，无论是普通村民还是村干部党员，对这两类基础设施的保护和使用都是相同的，因此，社会经历不会对此类基础设施产生显著影响。村民社会经历对于准经营性基础设施满意度无显著影响。两村的供水排水设施、垃圾处理设施等准经营性基础设施的管护权主要属于村委会，而村委会表示本村对该类设施管护支出较大，存在缺少长期管护资金的问题，村干部或党员也不能很好地解决缺乏资金这个问题，因此他们对该类设施的参与度也不高。所以村民社会经历与对此类设施的满意度基本相同。村民社会经历对非经营性基础设施满意度有显著影响。由于两村大部分非经营性基础设施产权归属于村委会，村干部和党员对非经营性基础设施的满意度与村民的满意度不尽相同，并且村干部有更高的责任保护村内非经营性基础设施，因此，村干部和党员对这类设施满意度更高，如表 3 - 24 所示。

表 3 - 24　　　　　　社会经历对农村基础设施满意度的影响

农村基础设施	村庄	社会经历	样本量（人）	系数	t 值
经营性农村基础设施	N 村	普通村民	84	- 0.189	- 0.16
		村干部/党员	6		
	X 村	普通村民	66	- 0.045	- 0.36
		村干部/党员	12		
准经营性农村基础设施	N 村	普通村民	84	- 0.582	- 0.56
		村干部/党员	6		
	X 村	普通村民	66	- 0.083	- 0.74
		村干部/党员	12		
非经营性农村基础设施	N 村	普通村民	84	0.277	2.09 *
		村干部/党员	6		
	X 村	普通村民	66	0.045	1.98 *
		村干部/党员	12		

注：*** 、 ** 、 * 分别表示在 1% 、5% 、10% 水平下通过显著性检验。

6. 家庭总收入对农村基础设施满意度的影响

通过分析家庭总收入对农村基础设施满意度的影响可以发现，村民家庭总收入对经营性基础设施满意度无显著影响。由于村内经营性基础设施大部分由政府出资建设或者外包给企业，村民往往只需要交少量的使用费用，并且 X 村这两类设施主要由政府与外包企业建设，家庭总收入对满意度的影响较少。村民家庭总收入高对准经营性基础设施满意度有显著的负面影响。这是由于家庭收入高的村民大部分是在外打工的村民，而家庭收入较低的村民往往会选择务农，他们对灌溉设施的参与度高。一方面村委会负责村民灌溉用水设施的电费，较高程度上减轻了村民的农业生产负担；另一方面目前灌溉设施状况良好，因此收入较低的村民对此设施满意度高。村民家庭总收入高对非经营性基础设施满意度有显著的负面影响。家庭收入越高的村民对该类设施满意度越低。一方面乡村的设施不像城市设施一样方便维护管理，部分收入高的村民认为村庄的设施没有城市好，所以满意度偏低；另一方面由于 X 村村民收入集中在 3 万元以下，大部分村民靠打工和养老保险维持生计，对于这种政府出资建设、村民只需出少量费用的非经营性设施，收入低的村民满意度较高，而 N 村村民收入普遍在 3 万元以上，对村内非经营基础设施的满意度整体低于 X 村，如表 3 - 25 所示。

表 3 - 25　　　　家庭总收入对农村基础设施满意度的影响

农村基础设施	村庄	家庭总收入	样本量（人）	系数	t 值
经营性农村基础设施	N 村	1 万元以下	3	-0.612	-2.4
		1 万 ~ 3 万元	57		
		3 万 ~ 5 万元/5 万元及以上	30		
	X 村	1 万元以下	39	-0.014	-0.49
		1 万 ~ 3 万元	33		
		3 万 ~ 5 万元/5 万元及以上	6		
准经营性农村基础设施	N 村	1 万元以下	3	0.112	-2.54*
		1 万 ~ 3 万元	57		
		3 万 ~ 5 万元/5 万元及以上	30		
	X 村	1 万元以下	39	0.042	-3.67***
		1 万 ~ 3 万元	33		
		3 万 ~ 5 万元/5 万元及以上	6		

续表

农村基础设施	村庄	家庭总收入	样本量（人）	系数	t 值
非经营性农村基础设施	N 村	1 万元以下	3	-0.04	-1.37 *
		1 万~3 万元	57		
		3 万~5 万元/5 万元及以上	30		
	X 村	1 万元以下	39	-0.014	-3.1 ***
		1 万~3 万元	33		
		3 万~5 万元/5 万元及以上	6		

注：*** 、** 、* 分别表示在 1%、5%、10% 水平下通过显著性检验。

7. 家庭人口数量对农村基础设施满意度的影响

通过分析家庭人口数量对农村基础设施满意度的影响可以发现，村民家庭人口数量多对经营性基础设施满意度有显著的负面影响。家庭人口数量越多，使用的这两类基础设施种类就越多，进而一个家庭在这两类设施上花费的钱就越多，很有可能会超过村民的承受范围，导致满意度降低；相反，如果一个家庭中只有一对夫妻，那么很可能由于花的钱少以及得到了良好的体验感，满意度会上升。村民家庭人口数量对准经营性基础设施满意度无显著影响。两村目前准经营性基础设施管护状况良好，村民整体对该类设施的满意度较高。村民家庭人口数量对非经营性基础设施满意度有显著的反向影响。家庭人口数量越多，尤其是家中老人和小孩多的村民，对村庄内道路照明设施、图书馆、垃圾池等非经营性基础设施的要求就会越高，他们希望这些设施能够方便老人和孩子的生活，因此他们对该类设施的满意度较低，如表 3-26 所示。

表 3-26 家庭人口数量对农村基础设施满意度的影响

农村基础设施	村庄	社会经历	样本量（人）	系数	t 值
经营性农村基础设施	N 村	家庭人口数量小于 3	20	-0.087	-1.44 *
		家庭人口数量大于等于 3	70		
	X 村	家庭人口数量小于 3	24	-0.049	-2.68 *
		家庭人口数量大于等于 3	54		

续表

农村基础设施	村庄	社会经历	样本量（人）	系数	t 值
准经营性农村基础设施	N 村	家庭人口数量小于 3	20	-0.257	-0.94
		家庭人口数量大于等于 3	70		
	X 村	家庭人口数量小于 3	24	-0.156	-1.5
		家庭人口数量大于等于 3	54		
非经营性农村基础设施	N 村	家庭人口数量小于 3	20	-0.018	1.58 *
		家庭人口数量大于等于 3	70		
	X 村	家庭人口数量小于 3	24	-0.116	-2.66 **
		家庭人口数量大于等于 3	54		

注：***、**、*分别表示在1%、5%、10%水平下通过显著性检验。

（四）主要影响因素分析

1. 非经营性农村基础设施满意度主要影响因素分析

通过对 N 村非经营性农村基础设施满意度影响因素的分析可以发现，N村村民的性别、受教育程度、健康状况、社会经历、家庭人口对非经营性农村基础设施管护的满意程度有显著影响，影响程度由大到小分别为健康状况、性别、社会经历、受教育程度、家庭人口。由描述性统计可知，N 村受访对象的身体健康状况均值较高，日常出行活动受到的阻碍较小，对道路、活动中心等非经营性农村基础设施的要求较低，并且 N 村的非经营性农村基础设施管护情况较好，由此造成村民的身体健康状况对非经营性农村基础设施满意度的影响最大，且呈显著正相关，如表 3 - 27 所示。

表 3 - 27　　　　N 村非经营性农村基础设施满意度影响因素分析

村庄	变量	样本量（人）	系数	t 值
N 村	性别	90	2.242	2.025 **
	年龄	90	-0.007	-1.413
	受教育程度	90	-1.113	-1.687 *
	健康状况	90	2.733	2.339 **
	社会经历	90	-1.260	-1.805 *

村庄	变量	样本量（人）	系数	t 值
N 村	家庭人口	90	1.022	1.581 *
	收入	90	0.004	0.083

注：***、**、*分别表示在1%、5%、10%水平下通过显著性检验。

通过对 X 村非经营性农村基础设施满意度影响因素分析可以发现，X 村村民的年龄、健康状况、家庭人口、收入对非经营性农村基础设施管护的满意程度有显著影响，影响程度由大到小分别为年龄、收入、健康状况、家庭人口。由 X 村的村庄概况可知，X 村目前老年人口较多，日常空闲时间较多，但缺少休闲活动场所。此外，虽然 X 村道路硬化工程已结束，但村委会对后期管护投入资金较少，村内道路存在部分破损，对老年村民的出行造成一定不便。因此，X 村村民年龄对非经营性农村基础设施满意度的影响程度最大，并且呈显著负相关，如表 3 – 28 所示。

表 3 – 28　　　　X 村非经营性农村基础设施满意度影响因素分析

村庄	变量	样本量（人）	系数	t 值
X 村	性别	78	1.832	0.051
	年龄	78	– 3.491	– 2.276 **
	受教育程度	78	1.203	0.004
	健康状况	78	2.029	1.857 *
	社会经历	78	1.075	0.001
	家庭人口	78	– 1.994	– 1.749 *
	收入	78	3.099	2.095 **

注：***、**、*分别表示在1%、5%、10%水平下通过显著性检验。

2. 经营性农村基础设施满意度主要影响因素分析

通过对 N 村经营性农村基础设施满意度影响因素分析可以发现，N 村村民的受教育程度、健康状况、家庭人口以及收入对经营性农村基础设施管护的满意程度有显著影响，影响程度由大到小分别为收入、受教育程度、家庭人口、健康状况。目前 N 村经营性农村基础设施管护情况较好，村民可以自觉缴纳相关费用。但 N 村仍存在村民收入间的差异，对收入较低的村民而言，电费、水费、宽带费等费用可能会对生活产生一定负担，降低满意度，由此造成 N 村村民收入对经营性农村基础设施满意度的影响程度最大，并且呈显著正相关，如表 3-29 所示。

表 3-29　　　　　N 村经营性农村基础设施满意度影响因素分析

村庄	变量	样本量（人）	系数	t 值
N 村	性别	90	0.288	0.933
	年龄	90	0.314	1.576
	受教育程度	90	1.948	1.991 **
	健康状况	90	1.397	1.651 *
	社会经历	90	0.213	0.117
	家庭人口	90	1.486	1.666 *
	收入	90	5.568	1.949 **

注：***、**、*分别表示在 1%、5%、10% 水平下通过显著性检验。

通过对 X 村经营性农村基础设施满意度影响因素分析可以发现，X 村村民的年龄、健康状况、家庭人口、收入对经营性农村基础设施的满意程度有显著影响，影响程度由大到小分别为年龄、收入、健康状况、家庭人口。X 村目前老年人口数较多，经营性农村基础设施涉及老年人的日常生活。以供暖为例，X 村的"煤改电"工程已基本结束，但村民选择的取暖设备有所不同，主要分为蓄热式取暖器、空气能热泵以及空气能热风机。访谈中了解到，蓄热式取暖器存在供暖续航能力差、使用时间短的缺点，对部分安装此类取暖器的老年人造成不便，从而影响其满意度。因此，X 村村民的年龄对经营性农村基础设施满意度的影响程度最大，并且呈显著负相关，如表 3-30 所示。

表 3-30　　　　　X 村经营性农村基础设施满意度影响因素分析

村庄	变量	样本量（人）	系数	t 值
X 村	性别	78	1.013	1.577
	年龄	78	-3.473	-3.096 ***
	受教育程度	78	0.814	0.968
	健康状况	78	2.931	1.887 *

村庄	变量	样本量（人）	系数	t 值
	社会经历	78	0.069	0.778
X 村	家庭人口	78	2.158	2.306 *
	收入	78	3.355	2.083 **

注：*** 、** 、* 分别表示在1%、5%、10%水平下通过显著性检验。

3. 准经营性农村基础设施满意度主要影响因素分析

通过对 N 村准经营性农村基础设施满意度影响因素分析可以发现，N 村村民的性别、年龄以及收入对准经营性农村基础设施管护的满意程度有显著影响，影响程度由大到小分别为性别、年龄、收入。N 村的准经营性农村基础设施管护情况较好，但由于男性村民对准经营性农村基础设施使用频率较高，如灌溉设施，导致女性村民对准经营性农村基础设施管护情况了解较少，满意情况与男性相比较低。因此，N 村村民的性别对准经营性农村基础设施满意度的影响程度最大，且男性的满意程度显著大于女性，如表 3 - 31所示。

表 3 - 31　　　　　N 村准经营性农村基础设施满意度影响因素分析

村庄	变量	样本量（人）	系数	t 值
	性别	90	3.137	1.791 *
	年龄	90	3.079	1.660 *
	受教育程度	90	0.812	1.562
N 村	健康状况	90	0.519	1.397
	社会经历	90	0.427	0.013
	家庭人口	90	0.024	0.215
	收入	90	0.982	1.898 *

注：*** 、** 、* 分别表示在1%、5%、10%水平下通过显著性检验。

通过对 X 村准经营性农村基础设施满意度影响因素分析可以发现，其中，系数反映了村民个体特征对满意度的影响程度，系数的绝对值越大，表示影响程度越强。t 值反映了村民个体特征对满意度影响的显著性。由表 3 - 32 可知，X 村村民的性别、年龄、健康状况以及收入对准经营性农村基础设施管护的满意程度有显著影响，影响程度由大到小分别为性别、健康状况、年龄、收入。与 N 村相同，X 村村民的性别是影响准经营性农村基础设施管护满意度的主要因素，并且男性的满意程度大于女性，如表 3 – 32 所示。

表 3 – 32   X 村准经营性农村基础设施满意度影响因素分析

村庄	变量	样本量（人）	系数	t 值
	性别	78	4.291	1.755 *
	年龄	78	1.038	2.043 **
	受教育程度	78	0.571	1.194
X 村	健康状况	78	1.692	1.717 *
	社会经历	78	0.286	1.291
	家庭人口	78	0.237	1.039
	收入	78	1.003	1.969 **

注：*** 、** 、* 分别表示在 1% 、5% 、10% 水平下通过显著性检验。

第六节   结论与分析

一、结果分析

（一）农村基础设施投资公平性测度与评价的结果分析

通过对农村基础设施投资公平性进行测度与评价，研究发现：

（1）中国在东、中、西部的农村基础设施投资内部投入差异较大，区域内的不公平性要大于区域间的不公平性，区域内不公平性大于区域间不公平性的原因可能是我国行政区域的划分。

（2）四大类农村基础设施投资的公平性存在较大差异。其中，社会发展类的农村基础设施投资最为公平，生活性基础设施投资的不公平性最为严重。生产性基础设施的投资公平性整体上不存在太大的变化，没有明显的升高或者降低趋势。

（3）生产性基础设施、社会发展基础设施和生活性基础设施在地域之间的差距较小，生产性基础设施和生活性基础设施的集中指数值为负数，说明这两类基础设施投资偏向于东部地区，越往东的地区生产性基础设施和生活性基础设施的投资越多；社会发展类基础设施的集中指数为正值，说明西部地区相对中、西部地区来说社会发展类基础设施投资较多。

（二）农村基础设施投资公平性影响因素的结果分析

1. 农村基础设施筹资公平性影响因素分析

农村基础设施是一种公共物品，投资主体主要依赖政府投资。为鼓励农户参与农村基础设施供给，本章研究了影响农户自筹意愿的因素，通过问卷调查的形式，获取来自我国东部、中部、西部地区的 569 份农户信息，其中，东部地区 169 份，中部地区 292 份，西部地区 108 份。通过数据整理、模型构建，本章对农户参与农村基础设施投资供给进行因素分析，获得下述结论。

（1）从数据中可以看出，占比 98.1% 的农户愿意自筹，或者在满足上述条件的情况下，农户是可以接受投资建设农村基础设施的。

（2）在影响因素中，农户家庭人口数以及农户家庭收入水平，对农户参与农村基础设施投资建设有显著性的影响，这主要由农户资源禀赋决定，农户收入高、支出少，经济资源有保障才有能力参与。

（3）在农户个体特征中，农户受教育年限对农户参与农村基础设施供给的意愿有显著影响，农户个人受教育水平高、个人素质高，对农村基础设施对乡村发展的作用有更高的认识，因此更愿意筹资。

2. 农村基础设施投资公平性影响因素分析

通过梳理相关文献可以发现，已有研究主要从投资结构以及投资效率、模式选择等角度探讨，而对于投资公平性，尤其从政策保障机制角度研究公平性的文献甚少，因而本书的研究属于研究前沿。基于研究现状，本章采用实证研究，建立固定效应模型，探究我国农村基础设施投资公平性的影响因素及作用机理，研究发现：

（1）财政分权对农村基础设施投资公平性有正向促进作用，地方财政支出占中央财政支出比重较大的地区，其农村基础设施投资更趋于公平。

（2）城镇化水平对农村基础设施投资公平性有正向促进作用，城镇化水平越高的地区，其农村基础设施投资更趋于公平。

（3）财政收入对农村基础设施投资公平性有负向抑制作用，财政收入更多的地区，其资金拥有更多的去向，对于公平性的体现没有太多改善效用。

3. 农村基础设施享有公平性影响因素分析

本章通过对 N 村、X 村的调研数据进行实证研究，整体上村民对农村基础设施比较满意，主要是因为目前农村基础设施也比较完善，村民幸福指数高。本章对影响山西省中、西部两村的公共基础设施满意度的具体影响因素及作用路径进行了详细分析，并对其作用机理进行了探究，发现村民的性别年龄等个体特征对基础设施满意度具有显著的影响，具体如下。

（1）在村民家庭人口数以及村民家庭收入水平方面，对农村基础设施满意度有显著性的影响。

（2）在村民个体特征中，村民受教育年限和社会经历对村民参与农村基础设施管护的意愿有显著影响，村民个人受教育水平越高，社会经历越丰富，个人素质越高，对农村基础设施和对乡村发展的作用有越高的认识，因此，对农村基础设施的满意程度越高。

二、政策建议

（一）基于农村基础设施筹资公平性现状的政策建议

1. 增强政府对农村基础设施投资建设政策的导向性，提高区域经济发展水平，促进农民增收，减小贫富差距

首先，加强政府的政策导向功能。将农村基础设施投资纳入财政体制，调整财政的农业支出结构，提高财政支农支出的投资效率。其次，对农村基础设施的投资政策必须结合农村经济发展需求。政府在对农村基础设施投资过程中，相关政策要结合不同区域的经济状况、地域条件、人口规模、自然环境及农村居民和社会经济发展的不同需求，充分利用农民民主决策的方式，遵从农民对农村基础设施的需求，提高政府对农村基础设施投资政策的针对性和有效性。最后，通过提高城镇化水平，降低人口密度，提高区域整体经济水平。提高城镇化水平也可以达到降低人口密度的作用，不断增加农村基础设施的人均拥有量，促进农民增收，降低收入和贫富差距。各地区要从经济、社会、人口等多角度推动新型城镇化建设，并在此基础上帮助带动其他贫困地区经济发展，从而提高中国农村基础设施投资的公平性。

2. 通过降低不同区域之间的差异性增强农村基础设施投资公平程度

农村基础设施投资一方面要考虑农村居民对基础设施的内生需求，另一方面要结合不同区域间自然环境和经济发展水平差异的实际情况，减少不同区域之间农村基础设施投资差异和农村居民对基础设施拥有量的差异，助推东、中、西部地区农村基础设施投资的均衡协调发展，从而提高农村基础设施投资的公平性，为实现乡村振兴奠定坚实的基础。

（二）基于农村基础设施筹资公平性影响因素的政策建议

1. 实现农村基础设施筹资公平性的政策建议

（1）完善产权保护制度，提高农村基础设施对资本的吸引力。通常经济发达地区农村对资本的吸引力要大于欠发达地区，因为他们不仅在快速发展时期对财富进行了积累，而资本积累又会创造更多的财富，而且经济发达地区在自然资源等方面往往更加丰富。微观经济学认为，如果要同时实现效率与公平，唯一的方法就是政府不要干预价格，让其由市场来决定，但是该手段在我国不具有可行性，如果政府不进行干预，资源可能要流向那些具有更大吸引力的地区，即我国东部地区。这种市场化流向会进一步拉大地区差距，造成筹资不公平，因此政府要解决的首要问题就是引导资金的流向。

为追求前面讲到的享有公平，本章认为政府要大力完善经济发达地区的产权规则，使较发达地区农村的基础设施建设能够吸引更多的投资，而非主要依靠政府的资本进行农村基础设施的建设，这样不仅能够维持或者更好地促进较发达农村地区的发展，而且可以将政府资金抽离出来，投入中西部农村地区建设。结合应得原则，可以将产权或者说是投资资格优先拍卖给那些有发展经验的单个乡村、多个乡村或者是城市中的企业主体，让他们的资本也同时得到流动，能够尽可能按照应得原则保证投资的公平性。

（2）关注农民问题，提高农民筹资意愿。从筹资公平性的影响因素分析中可以得出，农户参与乡村公共基础设施供给能力受家庭收入的影响，以务农为主要收入来源的农户，对于农村基础设施自筹意愿较低，这也是由其经济资源禀赋决定的。同时，从农户对农村基础设施建设的认识来看，农户的受教育程度对筹资意愿也有重要影响。因此，一方面，解决与农户切身利益相关的问题，提高农户生活水平；另一方面，完善农户需求表达机制，提高农户对农村基础设施供给的认识，让农户参与农村基础设施建设。

提高农户生活水平，主要从以下两个方面着手：一是要充分考虑农民的需求和切身利益，基本公共服务供给应重点关注与农民日常生活紧密相关的方面；二是增加农民就业的机会，拓宽农民就业渠道，重点解决农民基本的生产生活问题，加大保障的范围和力度。

提高农户对农村基础设施建设重要性的认识，通过完善农民需求表达机制，让农村基础设施建设真正使农户受益。一方面，要让农户了解基础设施建设对农村经济发展的重要作用和与每家每户的密切关系；另一方面，要让农户切身感受到自己参与其中，最基本的做法就是建立和完善农民需求表达机制。

2. 实现农村基础设施投资公平性的政策建议

（1）以农民需求为导向，推进财政分权体制改革。长期以来，我国对农村基础设施的投资机制基本上采用的是"自上而下"的决策机制，政府在整个投资决策过程中起着主导作用，然而农村基础设施归根结底是为广大农民提供服务的，在对农村基础设施投资的公共投资决策过程的所有当事人中，农民最了解自己的需求，所以应坚持以农民需求为导向。推进财政分权体制改革可以为建立"自下而上"的决策机制提供基础。农村基础设施投资过程中不公平性普遍存在，而不同地区不同种类的农村基础设施投资的不公平性也不尽相同，在我国构建社会主义新农村阶段，为了均衡农村基础设施在各个地区的投资情况，提高农村基础设施的投资效率，并且防止农村基础设施的无效投资，构建以农民需求为导向的"自下而上"的决策机制有很大的必要性。当地政府与农民关系较中央政府更为密切，更了解农民所需。推进财政分权体制改革，地方政府对财政支出有了更大的自由支配权，在农村基础设施的投资中会更趋于公平。

（2）充分发展生产力，实行投资主体多元化。一个地区的经济发展水平决定了政府的税收，从而决定着财政收入的多少。提高经济水平，增加财政收入，不仅会在总量上提高农村基础设施的投资，地方财政收入的增加还可以通过财政分权体制，更大程度地促进投资公平。农村基础设施的公共性决定了在农村基础设施的投资中应以政府投资为主，但是并不表明只能由政府公共资本进行投资而拒绝其他资本的参与。政府财力有限，要解决我国农村基础设施投资总量不足与投资不均衡的问题，就必须让政府资本与社会资本相结合，开拓更多的投资渠道，实现投资主体的多元化。

（3）调整农村基础设施投资重点，推进创新精准投资战略。各地区经济水平不同，农民需求也不相同。调整农村基础设施的投资重点，即对于不同的经济发展水平、不同的地区在投资种类和投资数量上不应采取同样的标准，而是应结合实际情况采用不同的投资优先顺序，各地区经济水平不同、农民需求也不相同。为了改善我国农村基础设施投资的不公平性现象，农村基础设施的投资应该分阶段、分区域、分种类地进行灵活投资，而不是各地区整齐划一。精准投资是在重点投资的基础上提出的，由于自然地理、生态环境、历史进程、民族文化、经济区位等原因，我国农村基础设施的投资呈现出不公平现象，一些地区的投资形成了乡村投资的特有现象——孤岛效应。例如，我国太行深山区、大凉山区、秦岭山区等地的农村在很长时间内较少或难以与外界进行信息和物质的交流而处于封闭或半封闭状态，缺乏各项农村基础设施投资，而这也加重了我国各地区农村基础设施投资的不公平性，所以在现阶段实施精准投资战略具有重大意义。

（4）加强农村基础设施投资的监督与管理。从公平性的角度来看，农村基础设施的投资主体在行使投资权力的同时就要承担相应的责任。明确各级政府的投资职责，可以防止出现上一级政府将农村基础设施的投资责任转移到下级政府的现象。农村基础设施投资存在的问题，表现为投资不足与不均衡，一方面由对农村基础设施的投资本身不足造成，另一方面则由农村基础设施投资的后续维护与监管不善造成。加强农村基础设施投资的监督与管理，不仅可以提高投资效率，还有助于提高和改善农民公平享用农村基础设施的情况。

3. 实现农村基础设施享有公平性的政策建议

如何保证农村基础设施享有公平性是政策制定的出发点。政府需要做的就是对各个农村地区的边际效益进行评价，在这里需要提到的是，政府在进行效益评价时，除了将投资回报纳入考核的范畴外，还要注意以下几点。

（1）政府对农村基础设施投资是一种长期投资，但政府对官员的绩效评价相对于这种长期投资来说时间较短，即基础设施效用的产生具有时滞性。因此，政府在对官员进行绩效考核时，要将时滞性考虑在内，否则下级政府为了短期效用显现，部分农村基础设施建设将得不到重视。

（2）对基础设施建设的评价不能只考虑其经济效益，还要考虑其对生态环境的影响。不管是正的外部影响还是负的外部影响，都将对我国居民的生产生活产生重要影响。先污染后治理的老路不可取，要以预防为主、治理为辅。从文献阅读中可以看出，相较于国内学者，国外学者更加注重农村基础设施建设对生态环境的影响，这也是评价农村基础设施投资公平性方面值得我国借鉴的地方。

（3）效益评价需要一个严格的监管措施。如果效益评价中出现了投资回报率比较低而又难以发现的情况，会给政府带来政策失灵的假象，政府对制度进行必要的改进甚至是废除，会产生极大的制度变迁成本。因此，严密的监督过程必不可少。

第七节　本章小结

　　基于对中国农村基础设施投资公平性的理论分析，通过对农村基础设施投资现状进行描述性统计分析，采用全国 31 个省份 2007 ~ 2021 年的数据，利用泰尔指数和集中指数对中国农村基础设施投资公平性进行测度和评价。研究结果表明，中国农村基础设施投资公平性程度偏低，主要体现在各类农村基础设施投资不均衡及农村基础设施在东、中、西部地区的区域投资不均衡两方面。一方面，不同类型农村基础设施投资公平性程度在东、中、西部地区各不相同。根据泰尔指数测算结果，社会发展基础设施投资公平性程度最高，生产性基础设施投资公平性程度较高，生活性基础设施投资公平性程度偏低，生态环境建设基础设施投资公平性程度最低。此外，生活性和生态环境建设基础设施投资更加倾向于经济欠发达的西部地区，生产性和社会发展基础设施投资更加倾向于经济发达的东部地区。另一方面，东、中、西部地区内部的农村基础设施投资公平性程度也存在差异。地方政府的财政支农支出是农村基础设施投资的主要来源。社会经济发展较好的地区具有充足的财政收入，因而可以进行农村基础设施投资，对于经济欠发达地区则难以进行系统的农村基础设施投资。因此，地方政府财政收入水平对提高和改善农村基础设施投资公平性具有重要的作用和影响。

　　除此之外，本章针对农村基础设施投资过程中的筹资公平、投资公平和享有公平各环节的影响因素进行分析，对其作用机理进行考察。

　　对于农户筹资影响因素的研究，本章采用东、中、西部地区农户调研数据，从数据中可以看出，占比 98.1% 的农户愿意自筹，或者在满足上述条件的情况下，农户是可以接受投资建设农村基础设施的。本章进而讨论了影响农户筹资意愿的因素，通过构建 Logistic 模型，分析得出在影响因素中，农户家庭人口数以及农户家庭收入水平，对农户参与农村基础设施投资建设有显著性的影响；在农户个体特征中，农户受教育年限对农户参与农村基础设施供给意愿有显著影响。

　　对于投资公平影响因素的研究，本章通过采用实证研究，建立固定效应模型，探究了我国农村基础设施投资公平性的影响因素及作用机理。研究发现，除了乡村人口密度（RPD）外，其余 3 个解释变量对我国农村基础设施投资公平性均有显著的影响：财政分权对农村基础设施投资公平性有正向促进作用；城镇化水平对农村基础设施投资公平性有正向促进作用；财政收入对农村基础设施投资公平性有负向抑制作用。

　　在享有公平方面，本章研究了农户对乡村公共基础设施的满意度，这对于提高农村基础设施投资建设效率、提高整体公平性具有重要的理论与现实意义。

第四章

农村基础设施管护

　　本章首先以农村基础设施管护为切入点，明确在乡村振兴背景下农村基础设施管护的重要性，将农村基础设施划分为非经营性、准经营性和经营性三类，对三类农村基础设施的不同管护机制进行分析，构建以管护主体、管护目标、管护措施为核心的农村基础设施管护的理论分析框架。其次立足于对农村基础设施管护过程进行剖析，拓展了农村基础设施管护研究的领域。最后在分析农村基础设施管护政策的基础上，为明确农村基础设施管护主体和责任、健全管护标准和规范、落实管护经费以及提升管护水平提供理论与实践指导。

第一节　农村基础设施管护模式与现状

一、农村基础设施管护模式研究

　　张丽娟（2012）和关安荣（2016）通过分析基础设施建后管护效率的影响结构，结合实际调研数据，得出影响农村基础设施建后管护效率的主体中村委会的影响最大，专业化组织的影响次之，村民与政府部门的影响较小。赖海榕（2006）指出，我国的乡村治理情况与德国、匈牙利和印度相比存在着许多不足之处，监督不到位、融资不畅通等原因都加剧了乡村治理的不良状况，我国可以从其他国家吸取一些经验与教训。周晓峰（2017）从设计施工角度实证研究田间沟渠与小型农田水利设施的建设改造工作，从根本上促进田间沟渠与小型农田水利设施管护工作，促进农业综合发展。郭瑞萍（2009）认为，当前农村基础设施管护制度不健全的主要原因在于市场失灵。周茜（2020）以福建永春县吾峰镇农田水利设施管护改革为例，分析基层村镇场域中治水规则的建立与变革，从边界、身份、选择等七项规则入手剖析其对基层治水有效性的作用机制。许君清和黄菊文（2016）通过对责任方和追责方的博弈过程进行分析与论证，提出可以在水资源管理中适当采用惩罚性赔偿制度来对管护制度进行创新。郭瑞萍和苟娟娟（2013）通过分析公众对于农村基础设施的满意度，得出乡村道路处于较不满意的水平，这是道路建设中忽视质量和"轻养护"现象的客观反映，农田水利的满意度低，是农田水利灌溉设施不配套、维护管理意识薄弱的具体表现。

戴旭宏和唐新（2012）从财政视角分析了农业基础设施管护存在的主要问题，将四川省基础设施管护的模式按照地区分类为成都模式、内江模式、广安模式、兆雅模式。姜翔程和乔莹莹（2017）按照管护主体与使用主体，将传统的"三权分置"的管护模式进行创新，提出了新的四种管护模式，即以专业化为特征的"管养分离"模式、"村级五位一体"管护模式、专业大户和家庭农场主导的用水协会管护模式、农民专业合作社和农业企业管护模式。王昕和陆迁（2015）按照水利设施管护主体的不同，将管护分类为村集体管理、用水协会管理、私人承包经营，并运用（有序概率）Ordered Probit模型分析得出用水协会管理方式下的村民满意程度最高，私人承包其次，村集体管理方式下的村民满意度最低。张全红（2006）依据经营主体的不同把小型农田水利设施治理模式分为私人治理、集权治理、用水模式参与灌溉治理、自主治理四种。此外，温立平和李长璐（2018）把管理模式分为五种：自建自管、受益户共管、参与式管理、专业化管理、市场化管理。刘景春（2010）则将管理模式分为公建公管、义务管护、制度约束、一事一议、松散管护。周鸿（2021）提到甘肃省在新阶段对农村基础设施的管理创新模式中通过设立理事会、建立管护基金、设置公益性岗位，形成完善的制度体系。管护模式分类如表4-1所示。

表 4 - 1   管护模式分类

学者	分类标准	管护模式
戴旭宏和唐新（2012）	区域	成都模式、内江模式、广安模式、兆雅模式
姜翔程和乔莹莹（2017）	管护主体、使用主体	以专业化为特征的"管养分离"模式、"村级五位一体"管护模式、专业大户和家庭农场主导的用水协会管护模式、农业专业合作社和农业企业管护模式
王昕和陆迁（2015）	管护主体	村集体管理、用水协会管理、私人承包经营
张全红（2016）	经营主体	私人治理、集权治理、用水模式参与灌溉治理、自主治理

二、农村基础设施管护现状及问题

农村基础设施目前仍存在一些问题，许多学者对其进行分析，并解释了原因。总结起来分为三个方面，分别是制度、资金和组织关系。首先，在制度方面，胡绍雨（2019）指出，农村基础设施管理体制不完善，管理混乱。因为相关管理体制不够健全，各管理主体不能明确确认自己的责任以及负责范围，在农村基础设施建成后，出现没人管、人乱管的现象，责任意识淡薄，有些村干部以及村民认为基础设施建成后任务就结束了，不再重视基础设施的管护问题，导致基础设施不能发挥其最大的效益，使用寿命缩短，导致资源浪费，阻碍了农村经济发展。黄征（2016）认为，管护制度缺乏效率，管护质量低。由于重建轻管意识的影响，管护制度仍流于形式，没有落到实处，一些基础设施分派了专人管理维护，但管护质量很低，出现问题时并没有及时维护，而是当完全损坏时被直接换掉，导致资源浪费。管护队伍缺乏专业性，管护任务不能及时完成。管护队伍人员专业能力与管护任务不匹配，一些管护任务涉及专业领域，而管护队伍人员对此专业认识不全面，不能及时高效地解决管护中出现的问题，导致效益低下。有些管护人员管护层次低、标准低，把管护工作简单地认为是打扫卫生等，降低了设施管护的专业性和有效性。其次，在资金方面，吴清华等（2015）认为缺少配套的管护资金。在农村基础设施建设之前，预算当中一般没有考虑到后期的管理维护费用，在建成之后，管护费用短缺，农民收入不高，很难向农民征收费用，而政府又将此责任推向市场，导致管护缺失。最后，在组织关系方面，何凌霄等（2014）指出，干群关系弱化，村民与政府之间的桥梁缺失。村干部是村民与政府之间的主要桥梁，有些村干部意识淡薄，没有认识到村民在农村基础设施管护中的重要作用，不能及时与村民沟通相关制度规则和听取村民意见，导致即使制度规则合理清晰，也不能得到村民的认同和信任，更谈不上积极主动为农村基础设施的管护付诸实际行动。

第二节　农村基础设施管护理论分析

本节以公共产品理论为指导，在界定农村基础设施管护内涵和主体的基础上，揭示了管护的实现目标，并提出相应的管护措施，从多个角度分析提高农村基础设施管护效率的理论基础，为后续实证研究奠定理论基础。

一、管护的内涵及原则

（一）管护的内涵

管护，顾名思义，主要意思为管理和保护，使不受损害。管护一词最先用在森林保护中，后来逐渐应用于各个领域中，涉及环境、经济、生态等多个方面，包括植物管护、生态管护、资源管护、绿化管护等，并且成为可持续发展的重要影响因素之一。林地管护主要指对林地以及草地的保护行动，使其不受破坏或过度采伐。环境管护主要是指社会的每个人员对于保护环境的责任和义务。土地管护主要强调的是对土地环境的维护，使土壤不受污染，保证土地质量。本章主要是针对农村基础设施的管护进行研究。农村基础设施管护是指在基础设施建成后，对农村基础设施的管理、维修和保护行为。

（二）管护的原则

农村基础设施是实施乡村振兴战略的重要支撑和基础。为全面提升农村基础设施管护质量和水平，建立长效管护机制，国家发展改革委、财政部印发了《关于深化农村基础设施管护体制改革的指导意见》（以下简称《指导意见》），《指导意见》明确了农村基础设施管护的四条基本原则：一是城乡融合、服务一体。把推进城乡农村基础设施一体化管护作为方向，坚持城乡融合发展，实现城乡农村基础设施统一规划、统一建设、统一管护。农村基础设施管护要坚持政府主导、市场运作。在强化政府发挥主导作用的同时，充分发挥市场机制，鼓励社会各类主体参与农村基础设施管护。二是明确主体、落实责任。制定以县级为责任主体、乡级为管理主体、村级为实施和监督主体的责任体系。按产权归属落实农村基础设施管护责任，合理确定管护主体。建立资金监管制度，对管护资金的落实、使用和管理情况进行监管。三是因地制宜、分类施策。根据各地区经济社会发展水平和本地区农村基础设施特点，科学合理地选择管护模式，制定切实可行的管护标准和规范，逐步完善管护体制。四是建管并重、协同推进。按照"建管一体"的要求，建立建管同步落实制度。农村基础设施管护要持续发力，要建立农村基础设施长期发挥效益的体制机制。

二、农村基础设施管护的内涵及特征

（一）农村基础设施的概念界定

不同于农村基础设施投资公平性研究中对农村基础设施的分类，本章依据《指导意见》，结合农村基础设施的管护主体与目标，将农村基础设施划分为经营性基础设施、非经营性基础设施和准经营性基础设施。经营性基础设施包括供电供暖和交通通信等；非经营性基础设施包括道路、绿化和交通等；准经营性基础设施包括乡村用水供水、教育、科研和医疗等。

（二）农村基础设施管护的内涵

管护，意为管理和保护，农村基础设施管护指对农村基础设施进行管理和保护，根据基础设施的性质以及管护的难易程度，由不同的管护主体进行的活动。对农村基础设施进行管护，旨在使农村基础设施的使用效率得到提升并更好地服务于农民，通过降低管理成本与运行成本来提高财政资源的使用效率，促进资源合理配置和农业经济发展，提高农民满意度，增加农民的就业和收入。加快农村基础设施建设与管理是有效推进统筹城乡发展、缩小城乡差距的重要举措，也是让乡村与城市共享改革开放发展成果的具体体现。

三、农村基础设施管护主体及目标

（一）农村基础设施管护主体

《指导意见》提出，要明确乡村人居环境等农村基础设施的产权责任主体，落实相关部门、村集体、村民等主体建设管护任务。农村基础设施管护主体大致可以分为县乡政府、村委会、村民、专业化组织四类。

1. 县乡政府

农村基础设施管理维护的资金来源在很大程度上依旧来源于政府，财政投入的多少会直接影响管护的效益，政府应该按照一定标准安排相应的资金投入农村基础设施的管理维护；政府加大对农村基础设施管护的宣传力度会提高村委会、村民的参与意识与参与程度，进而提高管护水平；政府通过监督检查能够推动村委会加强对管护的关注程度，进而提高管护效率；政府要充分发挥引导和调控作用，营造更宽广的基础设施管护的资金来源和渠道，从而减轻乡村资金不足的压力。但是政府也存在局限性，比如对基层的信息获取较慢，不能及时解决设施存在的问题。

2. 村委会

许多学者的研究都表明村委会对农村基础设施管理绩效的影响最大，他们是农村基础设施最重要的管理主体。其通过与政府的积极配合，与群众合作共同对农村基础设施进行维护。村委会需要引导村民正确适当地使用公共设施，减少设施的不必要的损害；监督检查机制能够规范村民的行为，通过村委会对村民进行监督可以降低管理成本；村委会筹集资金的能力会直接决定管护的力度，合理利用一事一议的方式进行筹资；村委会通过不断探索并积极地对管护模式进行创新，可以更好地促进管护效率的提升。

3. 村民

村民是农村基础设施最大的受益者，但是技术能力有限、文化程度不高、收入有限等因素，都会影响管护的效率。村民需要提高管护意识，积极参与公共设施的维护，这是提高管护效率的前提。

4. 专业化组织

专业化组织有先进的管理理念和技术，更为健全的管理制度，对于一些专业的管护问题可以给予专业的建议，减少资源浪费，使基础设施发挥更大的效益。

（二）农村基础设施管护目标

管护是基础设施可以有效使用并发挥效益的关键，然而，近年来"重建轻管""只建不管"的现象越发严重，一些设施处于闲置或半闲置状态，一些竣工后不久就遭到破坏，大多设施的建设与维护并没有实现良好的衔接。通过对农村基础设施的有效管护达到以下目标。

1. 提升农村基础设施功能与使用效率

"重建设、轻管理，重使用、轻维护，重眼前、轻长远"依然是乡村普遍存在的问题之一，由于对管护的不重视导致设施使用寿命低、管理成本加大、财政资金浪费严重。通过对农村基础设施进行有效的维护和管理可以减缓设施的耗损程度并提升使用效率。

2. 提高农民满意度，增加农民就业和收入

对农村基础设施进行管护，可以促进农村基础设施发挥更大效益，更多地惠及农民。农村基础设施的管护与农民紧密相关，在管护过程中，需要农民的配合，会为农民设置一些岗位职务，使其更好地参与管护，促进农民就

业。同时，农村基础设施管护到位，可以使效益增加，例如，灌溉设施管护到位，保障粮食的用水量，可以增加农民粮食的产量，从而增加农民的收入，抑或是道路基础设施管护到位，交通便捷，降低运输成本，相应地增加农民的收入，农民对农村基础设施的满意度影响因素之一是村民人均收入的增长幅度（樊丽明和骆永民，2009），所以，在收入增加的同时，也提高了农民的满意度。

3. 促进农业经济发展，实现农业产业化

基础设施对农业经济发展发挥着重要作用（吴清华等，2014），基础设施会对劳动力、技术等生产要素起着替代或互补作用，推动生产要素调整，当基础设施与技术等要素相匹配时，可以提高劳动生产率，降低成本；当农业发展到一定规模时，基础设施建设可以优化资源配置，转变农业发展方式，提高经济效益，降低风险。基础设施建设重要作用的发挥需要管护工作去保障，管护工作到位，保证农村基础设施的使用效率，促进农业经济发展，进一步实现农业产业化。

第三节　研究设计

一、研究方法

本章在农村基础设施管护模式以及效果评价时，通过分析农村基础设施管护现状，结合国内外研究成果，运用案例研究来分析农村基础设施管护模式并进行效果评价，就存在的问题寻求合理的解决方案。

本章选择了位于山西省中部与西部的两个村庄，通过对每个村庄所属的政府和村委会进行关于农村基础设施管护状况的实地访谈，以及对当地村民发放调查问卷，获取一手的数据与资料，并在此基础上有效地分析了山西省农村基础设施管护现状以及存在的问题并就此提出了具有针对性的改进建议，以期为有效改善农村基础设施管护状况作出贡献。

二、问卷设计

本次调查时间为 2020 年 6 月~8 月，选择了山西省中部与西部的两个村庄，对村庄所属的政府与村委会就农村基础设施管护模式与效果进行实地访谈，通过询问政府人员与村委会成员不同类型的基础设施（经营性基础设施、准经营性基础设施与非经营性基础设施）的管护主体以及所有权管理权归属等问题获取了相关信息。

第四节　农村基础设施管护典型案例分析

本章通过对山西省中、西部两村的访谈调研，对山西省中、西部两村的基本情况进行介绍，根据访谈内容归纳整理山西省中、西部两村农村基础设施管护现状及存在的问题，以期通过对个案的实地分析，找出山西省农村基础设施管护中存在的共性问题，为对策建议的提出奠定基础与方向。

一、非经营性农村基础设施管护现状及问题

N 村的非经营性农村基础设施有道路照明、绿化、活动中心、村委会及垃圾池等。N 村的非经营性农村基础设施主要由 N 村组织建设，政府在建设初期给予适当补贴，非经营性农村基础设施建设已基本完成，可以满足 N 村的公共管理与公共服务需要。X 村的非经营性农村基础设施有道路照明、绿化、村委会及垃圾桶等。X 村的大部分非经营性农村基础设施主要由政府组织修建，建设完成后将所有权及管理权交由村委会，主要管护职责也由村委会承担。通过对访谈结果的归纳整理，N 村与 X 村非经营性农村基础设施管护现状及问题如下。

（一）道路照明设施管护现状及问题

N 村的道路照明设施管护由 N 村村委会负责，由一名村委会成员负责道

路的具体管护工作，同时由村委会出资聘用 5 位村民负责道路的日常清洁工作，由一名具备电力维修经验与技术的村委会成员兼任村内电工，负责对照明设施的管护工作。N 村通过对村民主动参与管护意识的宣传，村民已形成自觉履行"门前三包"的习惯，同时通过"文明户评选"等形式，维护村内道路的整洁。N 村对道路的修缮主要采取招投标形式，引入社会力量参与对道路的管护。N 村道路使用情况整体良好，路灯、减速带、排水渠等配套设施基本完善，虽然个别小巷有破损，但村内主干道状况良好。通过对村委会成员的访谈，N 村的道路建设工程在"村村通"政策的扶持下获得政府补贴，但后期管护资金缺位，村委会成员表示希望政府可以提高财政扶持力度，帮助村内道路设施的管护。村委会成员同时提出，照明设施每月缴纳电费高达 1 500 元，超过 N 村的经济承受能力，希望政府可以补贴更换如太阳能板等节能设施，减少基层开支。

X 村的村内道路最初由政府投资进行修建，对村内道路进行硬化，随后将管理权移交至村委会，道路设施的管护由村委会负责，根据路面情况随时进行修补。同时，X 村通过对公共卫生的宣传，并采取"门前三包""党员责任区""文明户评选"的形式，培养村民对道路卫生的维护。此外，X 村内有一条联系周边村庄的干道，由政府投资建设，管理维护工作由政府的交通运输部门承担。X 村的照明设施主要为路灯，在初期同样由政府投资建设，随着 X 村集体收入的提高，村委会将村内路灯统一更换为 LED 节能照明设备并安装太阳能板，其管护工作由村委会负责，每年对路灯进行一次统一维修更换。X 村的道路照明设施使用状况较好，基本满足村民的日常生活需求，但由于村委会承担较大管护责任，经费难以维持管护工作的开展。以照明设施为例，X 村每年对照明设施的维护费用为 5 000 元，同时照明电费的支出每年有 2 000 元，对照明设施的管护支出占村委会年支出的 10%。此外，道路照明设施缺少专业化管护，X 村村委会对道路照明设施的管护投入较大，但管护效果不理想，通过对村委会成员的访谈，希望政府可以适当给予管护补贴，同时通过城乡一体化建设，将道路照明设施的管护纳入政府职责范围，制定统一的管护标准，细化基层的管护职责与目标任务，帮助基层开展农村基础设施管护工作。

（二）绿化设施管护现状及问题

N 村的绿化设施管护由 N 村村委会负责，有一名村委会成员负责绿化设施的具体管护工作，同时聘用一位村民负责园林花草的修剪，喷洒农药除病虫害等工作。管护以行道树无缺株、绿篱无断档、地被无裸露、绿化设施无缺损、园林植物无病虫害为目标。根据访谈问卷，村委会希望政府可以免费提供树苗等绿植，扩大村内绿地范围，为村内购置绿化设施进行一定补贴，减轻村内对绿化设施管护的资金压力。

X 村的绿化设施由村委会组织栽植树种，村内绿化主要包括道路绿植及自然形成的树木，绿化范围以村内道路及干道为主。绿化设施的管护责任由村委会承担，主要由村委会主任负责巡查，发现问题临时聘请村民对植被树木进行修剪枝干、清理落叶等工作。通过对村委会成员的访谈得知，X 村无绿化工程，但政府在 X 村规划小公园项目，由政府投资建设，为村民提供活动健身场所。此外，X 村对绿化设施的管护存在资金较少，缺少具体管护标准的问题，希望政府可以通过城乡一体化建设，对绿化设施的管护制定具体的管护标准，减轻基层负担。

（三）活动中心管护现状及问题

N 村的活动中心管护由 N 村村委会负责，主要包括图书室、篮球场、室外健身场所等。图书室由 N 村提供场所，区政府捐赠书架桌椅等阅览设施，同时定期更新图书报刊，为村民营造良好的阅读学习环境。同时，区政府对图书室的管护较为重视，管护经费可以较快得到审批并下发基层。村委会成员谈到，"之前图书室存在屋顶漏水问题，向政府反映以后，让我们自己定维修方案，然后上报，很快就拿到了钱"。此外，N 村的篮球场及健身器材由企业捐赠所得，在新冠疫情期间使用频率有所下降，同时存在器材老化的问题。

X 村目前暂无活动中心，但在山西省农家书屋工程建设的开展下，由村委会提供场所，政府提供报刊书籍及桌椅等阅读设施，组建文化活动室。文化活动室由村委会指定专人负责日常管理，职责主要包括按规定时间开关门，保持室内清洁卫生，维护、维修相关设备。文化活动室所有财产的管理、保养均由管理员负责，统一管理。通过对村委会成员的访谈得知，上级政府对文化活动室非常重视，会定期提供书籍，主要以生产生活方面的实用性书籍为主。但文化活动室存在利用率较低、村民借阅量少的问题。

（四）村委会管护现状及问题

N 村村委会由 N 村自行建设，管护工作由 N 村村委会负责，通常由值班组人员负责村委会的保洁、巡查等工作，值班组由带班成员、网格员、村民组成。目前村委会场所使用状况较好，广播站、监控等配套设施基本完善。随着时代的发展，广播站使用频率逐渐降低，除疫情防控、防汛防洪等紧急情况外，N 村村委会主要采取线上通知的形式组织开展村委会工作。同时，广播站存在线路老化问题，考虑到使用频率较低，N 村村委会暂不投入资金对广播设备进行更新，以维持运行状况为主。此外，N 村已实现视频监控覆盖全村，在疫情防控、安全保障等事项中发挥了关键作用。

X 村村委会由 X 村在政府补助、村委会筹资下建设，其管护工作由 X 村村委会负责。村委会聘用一位村民承担村委会的具体管护工作，主要包括巡查、保洁等。同时，气象部门向村委会捐赠无线预警广播设施，包括信号发送台、播送器、广播设备。村委会负责对广播设备的管护，不定期检测预警设施的运行情况，气象部门负责对信号发送台的管护，每一年度派遣专业人员调试设备，并对使用人员进行培训指导。X 村村委会存在房屋状况较差的问题，部分墙体存在裂缝与破损，希望政府可以对村委会进行翻新修缮，同时在 X 村内建设党群服务中心，帮助村委会更好地服务村民。

（五）垃圾池管护现状及问题

N 村的垃圾池管护工作由 N 村村委会负责，一名村委会成员兼职管理垃圾清运与垃圾池的管护，村委会聘用的 5 位负责道路保洁工作的村民同时负责垃圾池的保洁。N 村共有 4 个小垃圾池，随着村民数量的增加，垃圾投放量也随之增长，垃圾池不能满足村内的垃圾投放量，垃圾池管护工作量较大。并且 N 村尚未推动垃圾分类措施，生活生产垃圾的集中堆放不利于村民的卫生健康，降低村内的人居生活环境。通过对村委会成员的访谈，村委会希望政府可以向基层分发一定数量的分类垃圾桶，同时指导村内的垃圾分类工作，为村内的垃圾处理工作提供一定帮助。

X 村的垃圾池与垃圾桶由环卫公司提供，其垃圾清运工作也由环卫公司负责。环卫公司与政府签订服务合同，向 X 村提供垃圾处理、路面清扫等工作，并配备垃圾清运、分类垃圾桶等设施，村委会对环卫公司的工作负有监督责任。同时，环卫公司聘用两位村民具体执行 X 村的清洁工作，工资由环卫公司支付，每月 2 000 元左右。通过对村委会成员的访谈可知，村内环境较为整洁，路面无垃圾，村委会成员提到"我们村向来干净，大车走得少，猫猫狗狗也不多，况且咱们村民对这个意识很强"。但是，X 村的垃圾处理存在清洁人员较少，打扫面积无法覆盖村外的干道，对环卫公司没有有效监管等问题。

（六）非经营性农村基础设施管护现状总结

综上所述，N 村的非经营性农村基础设施产权归属于 N 村村委会，管护责任也由 N 村村委会承担，管护情况较好，但仍存在一定问题。通过访谈可知，N 村非经营性农村基础设施后期管护的经费来源主要从 N 村的公益金中提取，政府补贴较少，现存公益金不能维持管护工作的长久运行。同时，"一事一议"制度申请管护资金的手续较为复杂，可用经费较少。N 村需要优化多元的管护资金保障机制。此外，管护资金尚未制定绩效管理与激励约束机制，村委会成员提到"没有绩效管理，还能弄绩效管理了？有的话有奖有惩，奖得不上，惩谁来处，只有管理，没有绩效，归根到底还是缺钱"。谈到是否考虑对道路照明、活动中心等投保时，村委会成员提到暂时还没有这个意识。

X 村的非经营性农村基础设施产权主要归属于村委会，管护责任主要由村委会承担，管护情况较为一般，主要问题在于缺少资金支持，村委会集体收入无法维持较高的管护开支。村委会成员谈到"管护阶段缺少上级指导性政策支持，同时缺乏管护资金，缺少与城市农村基础设施管护相类似的责任划分，落实到基层有困难"。

通过对 N 村与 X 村非经营性农村基础设施管护现状及问题的了解，可以看出，非经营性农村基础设施的管护模式较为单一，未来可鼓励地方政府或基层组织逐步由直接提供管护服务向购买服务转变，采取多种形式，有序引导社会力量参与管护。同时，聘用本村村民参与管护的方式可以进行推广，鼓励本村设置管护岗位，提高村民对管护工作的参与度。

二、经营性农村基础设施管护现状及问题

N 村经营性农村基础设施主要有电力设施、网络通信设施、供暖设施以及邮政快递设施。经营性农村基础设施齐备，可以满足村民日常生活生产需求，为 N 村发展提供较大便利。但是，N 村目前仍未接通天然气管道，村民主要使用液化气罐或电磁炉，存在一定的安全隐患。X 村的经营性农村基础设施主要有电力设施、网络通信设施、供暖设施。村内经营性农村基础设施较为齐备，可以满足村民的一般生活生产需要，但仍存在一些不足。通过对访谈结果的归纳整理，N 村与 X 村经营性农村基础设施管护现状及问题如下。

（一）电力设施管护现状及问题

电力设施通过农网改造工程，在国家能源局监管下，由国家电网有限公司（以下简称国家电网）开展，目前村内电力设施主要归属于国家电网，由国家电网负责管理。在日常管护中，国家电网主要负责对村内变电设施、电力线路设施以及有关辅助设施的维护，每一年度会派遣专业人员进行两次以上检修，在检修的同时对村内用电状况、用电需求等情况进行询问，并指导村民日常生产生活用电，宣传用电安全、注意事项及相关法律政策，培养村民节约用电的意识。此外，一名具备电力维修经验与技术的村委会成员兼任村内电工，负责维护办公场所、村民家中的电力线路，向国家电网随时反映村内的用电问题，与国家电网开展小范围的管护合作。根据访谈问卷，N 村村民对电力设施的使用非常满意，电力设施没有较大的问题，日常使用状况良好。

X 村的电力设施初期由村委会自行建设，在"煤改电"工程下，由国家

电网在 X 村已有电力设施的基础上进行更换并建设新的电力设备。目前，旧的电力设备如小型电线杆等由村委会负责管护，国家电网新建设的电力设施由国家电网负责管护。X 村暂未聘请村民负责本村电力设施的管护工作，主要由村委会主任负责管理，使用状况较好，村民未反映较大问题。但由于新旧线路的交织，X 村的电力线路设施存在线路杂乱问题，需要专业人员进行整理，避免"蜘蛛网"现象的存在。

（二）网络通信设施管护现状及问题

与电力设施类似，网络通信设施由中国联合网络通信集团有限公司等通信公司负责建设，同时承担运营及管理维护责任。在 5G 时代及数字化乡村建设的背景下，通信公司在 N 村内租赁土地搭建 5G 基站，加强 N 村网络通信信号，为村委会开展线上工作、村内部分设施互联互通等提供保障。随着互联网的大规模应用，N 村村民已基本享受到网络时代提供的便利，虽然仍存在偶尔断网、通信信号差的问题，但村民可随时向通信公司客服反映。同时，村委会工作人员提出，希望通信公司可以加强检修次数，并对网络通信线路进行合理规划，避免与电力线路等混杂，减轻村内管护工作的负担。

X 村的网络通信设施有信号转换器、宽带线路等，由通信公司负责管护。通过对村委会成员以及村民的访谈，X 村内网络通信线路杂乱，影响电线正常铺设，不仅影响村内整体环境，而且与电线混杂极易产生安全隐患，需要规范宽带网络安装人员的施工规范，按要求铺设网络通信线路。据村民反映，网络通信公司对 X 村的售后工作较差，维修不及时，需要政府加强监管力度，督促网络通信公司履行相应义务与责任。

（三）邮政快递设施管护现状及问题

N 村的邮政快递设施主要以各快递公司的收发网点为主，由个人承包经营，并负责日常快递信件的投递，接受邮政局监管。通过访谈问卷，村民希望快递员可以熟悉 N 村村民的地址及联系方式，及时送达快递信件。

考虑到 X 村村民购买力的因素，X 村暂无快递网点，收发快件地点距 X

村较远，村民较为不便。但中国邮政的信件、文件等邮件可以送达 X 村村委会。

（四）供暖设施管护现状及问题

N 村于 2012 年实现全村集中供暖，供暖设施主要由热力集团有限公司负责管理与维护，接受住房和城乡建设管理局的监督。目前 N 村供暖设施运行良好，每一年度集中供暖期前一个月，热力公司会派遣专业人员进行检修，对供暖设备进行漏水检测，以保证供暖期内设施的正常运行。

X 村目前尚未实现集中供暖，其供暖设施在"煤改电"工程下，由环保局通过招投标工程引入供暖设备生产企业，村民自行选择安装供暖设备，政府给予全额补贴。供暖设备的所有权归村民个人所有，管理维护工作由相应企业负责。此外，"煤改电"工程配套电力设施由国家电网单独建设，与生活用电相区别，供暖用电由政府给予补贴，电价为 0.29 元/度。X 村村民对供暖情况非常满意，冬季基本不存在室内低温情况，且取暖费较低。据村民描述，每年在取暖方面的花费仅需 500 元左右。虽然目前 X 村供暖设施可以满足村民需求，但存在企业对供暖设备维修不及时的情况。提供设备的企业与村委会未建立合同关系，村委会无法直接与企业取得联系，同时，政府对企业的监管力度较差，不能有效督促企业履行相应职责。此外，据村委会成员叙述，"煤改电"工程的征地补偿款尚未落实，与村民仍存在土地纠纷。村委会成员提到"装的时候咔咔地装上了，到后面就没人管了"。据此，村委会希望可以完善相应管护制度，保障村民利益，同时希望企业可以对村民使用供暖设备进行指导，增加设备使用寿命。

（五）经营性农村基础设施管护现状总结

综上所述，N 村与 X 村的经营性农村基础设施主要由各公司负责管护，接受上级主管部门的监督考核。N 村负责部分经营性农村基础设施的日常管护，与运营公司开展合作。X 村对所有权属于村委会的经营性农村基础设施由村委会出资负责管护。在未来对经营性农村基础设施的管护过程中，可以参考 N 村与 X 村的案例，鼓励运营企业与村级组织开展管护合作，探索运营企业聘用村民参与管护的方式，并增强村民自觉缴纳有偿服务费用的意识，减轻基层管护压力。同时，地方政府可以对各类企业、专业机构进行补贴，促进其参与农村基础设施管护工作的积极性，提高对经营性农村基础设施的管护效率。此外，政府应加强对运营企业的监管，可引入信用管理体系，对失责企业予以惩戒，督促运营企业坚实履行管护职责，保障村民的正常生产生活及相关权益。

三、准经营性农村基础设施管护现状及问题

N 村的准经营性农村基础设施有给排水设施、垃圾处理设施、灌溉设施及卫生室。目前 N 村准经营性农村基础设施已较为完善，但管护方面仍存在一定问题，如缺少管护资金、设备老化问题严重、管护投入成本较高等。X 村的准经营性农村基础设施有给排水设施、灌溉设施及卫生室。X 村的准经营性农村基础设施基本完善，可以满足村民生产生活需要，但管护方面同样存在资金不足、管护成本较高的问题。通过对访谈结果的归纳整理，N 村与 X 村准经营性农村基础设施管护现状及问题如下。

（一）给排水设施管护现状及问题

N 村的供水排水设施均由 N 村自行修建，主要包括供水管道、排水管道、水塔，村委会有一名成员负责村内给排水设施的管理维护工作。在水务局的监督下，N 村每年自费对水塔进行两次清理，并由供水集团有限公司检测水质是否达到饮用水标准，若未达标，会暂停对 N 村的供水。同时，N 村每年自费对生活用水排放设施进行一次清理工作，保证污水排放管道畅通。通过对村委会成员的访谈可知，N 村给排水设施存在管道老化问题，因冷暖交替导致管道漏水停水的现象，且现阶段维护改造费用过高，N 村每年在给排水设施维护中平均投入 7 万~8 万元。村委会成员希望政府可以增加给排水设施的管护经费补贴，加大对乡村的政策倾斜力度，减轻基层维护成本。

X 村的给排水设施主要有水井、抽水设施、供水管道、排水管道。水井及抽水设施由政府投资建设，后期交由 X 村村委会负责管理维护工作，以维

持供水设备正常运作为主。据村委会成员叙述，X 村 3 年左右更换一次供水设备，支出在 3 万元左右，同时每年对给排水设施的维修费用为 2 万元左右。村委会聘用村内一位村民负责供水设施的管理工作，每年向村民支付 2 000 元。目前 X 村的供水设施安装数字化智能管理设备，由水务局远程监控 X 村用水量，同时定期进行水质检验，保障村民生活用水质量。X 村的排水管道由 X 村村委会通过土地租赁收入进行更换，目前使用状况良好。对于 X 村给排水设施的管护问题，村委会成员提到，目前村委会资金短缺严重，无法做到对给排水设施的全面管护，希望政府可以给予适当补贴，同时指导村委会的管护工作，以弥补基层对农村基础设施管护方面的短板。

（二）垃圾处理设施管护现状及问题

N 村的垃圾处理设施主要有垃圾清运车，由 N 村村民自购并负责管护，N 村村委会向该村村民每年支付 2.4 万元的垃圾清运承包费用，并管理该村村民的垃圾清运工作。同时，N 村通过对村民主动参与管护意识的宣传，村民已形成自觉履行"门前三包"的习惯，同时通过"文明户评选"等形式，维护村内公共环境的整洁美观。政府向 N 村拨款 15 万元经费专向用于"六乱整治"工作，取得了较大成效。N 村的垃圾处理工作已较为成熟，但由于垃圾处理服务有准经营性质，完全由村委会负担费用会增加基层压力，然而村委会并不具备向村民收取垃圾处理费用的主体资格，准经营性基础设施收费制度的开展存在一定困难。

X 村的垃圾清运工作采取政府向环卫公司购买服务的形式，由环卫公司负责，向 X 村提供垃圾处理、路面清扫等工作，并配备垃圾清运、分类垃圾桶等设施，村委会对环卫公司的工作负有监督责任。同时，环卫公司聘用两位村民具体执行 X 村的清洁工作，工资由环卫公司支付。目前，村内环境较为整洁，路面无垃圾。但是，X 村的垃圾处理存在清洁人员较少，打扫面积无法覆盖村外的干道，对环卫公司没有有效监管等问题。

（三）灌溉设施管护现状及问题

N 村的灌溉设施由村委会组织购买修建，主要包括泵站、机井及水渠。

村委会在水务局的监管下负责灌溉设施的管理维护，由一名村委会成员承担具体的管护职责。由于部分灌溉设施具有准经营性质，N 村对使用泵站、机井、浇灌设备的村民按用电量收取电费，电费价格保持在 0.5 元/度。同时，水务局通过安放监控设备监督 N 村村民对灌溉设施的使用，避免出现过度浇灌、私自用水的情况。N 村的灌溉设施使用情况良好，完成设备的改造维修工作后，能有效缓解农田用水问题。此外，村委会成员提出，希望上级主管部门可以提高取水许可证的办理效率，简化灌溉设施的年检、备案程序，以便更好地满足村民的农田用水需求，提高生产效率。

X 村的灌溉设施与供水设施基本相同，农业用水从政府投资修建的机井内抽取，管护工作由 X 村村委会负责，水务局进行监管。目前灌溉设施使用情况较好，通过对节水灌溉的宣传，村民已形成良好的灌溉习惯，并且村委会负责村民灌溉用水设施的电费，每年支出约 8 000 元，较高程度上减轻了村民的农业生产负担。村委会希望在未来可以由政府投资，引入节水灌溉设施，同时对灌溉设施的管护给予一定补贴。

（四）卫生室管护现状及问题

N 村的卫生室由 N 村提供办公场所，卫生局负责对工作人员的监管考核。目前 N 村卫生室共有一名医生，由具有医师资格证的村委会成员兼任，工资由上级主管部门支付，同时对卫生室的日常运营费用进行补贴。随着医疗改革的推进，N 村村民已实现医保全覆盖，报销比例较之前有所提高，村民更多选择综合型医院或大药房满足医疗需求，导致村内卫生室使用频率较低，提供药物以非处方药为主。此外，虽然卫生室提供的药品价格为统一定价，但无法通过医保报销，村民选择卫生室买药的意愿较低。

X 村的卫生室由 X 村提供场所，卫生局派遣卫生员向 X 村提供公共卫生服务，由卫生局发放卫生员工资。在卫生局的指导下，X 村负责将卫生室改建为达到医疗标准的场所，同时配套相应的医疗设施。X 村卫生室可向村民提供感冒药、口罩等基本药品以及测量血压等基础医疗服务。目前 X 村卫生室使用人数较少，村民主要选择综合医院问诊。

（五）准经营性农村基础设施管护现状总结

综上所述，N 村的准经营性农村基础设施管护责任主要归属于 N 村村委会，同时受上级主管部门的监督，通过访谈进一步了解到，N 村对准经营性农村基础设施暂不考虑引入第三方进行管护运作。此外，N 村现有资金无法维持准经营性农村基础设施管护工作的长久运行，后期需要政府给予补贴。参考 N 村对准经营性农村基础设施的管护现状，地方政府可根据实际情况对基层组织给予适度补贴，基层组织在管护过程中也应控制成本、提高效益。

通过对 X 村准经营性农村基础设施管护情况的了解可知，X 村的准经营性农村基础设施管护责任主要归属于 X 村村委会，部分采取政府购买服务的形式由企业负责管护，同时受上级主管部门的监管。根据访谈内容，X 村的准经营性农村基础设施管护支出较大，存在缺少长期管护资金的问题，随着农村基础设施及其配套设施的逐渐老化，未来会对 X 村造成较大的经济压力。X 村村委会成员说："农村的农村基础设施应该科学布局、合理规划，进入管理阶段，上级应该对所有的公共设施以及一系列的管护出台政策，镇政府又不能出台这个政策，到时候没有人力支持，没有财力支持，设施坏了也没人管。"参考 X 村准经营性农村基础设施的管护现状，各级行业主管部门应加快制定本领域农村基础设施管护制度，推进农村基础设施城乡一体化管护，有条件的地方对集体经济薄弱、筹措资金困难的村适当予以补助。

第五节　结论与分析

一、研究结论

通过上述研究，本章得出以下研究结论。

（1）根据相关理论，界定农村基础设施管护内涵、原则以及农村基础设施现状，揭示了实现农村基础设施持续管护的目标，并且从多个理论角度分析实现农村基础设施管护的理论基础，构建了以管护主体、管护目标、管护措施为核心的农村基础设施管护的理论分析框架。

（2）目前非经营性农村基础设施的管护模式较为单一，地方政府或基层组织主要采取直接提供管护服务的形式对非经营性农村基础设施进行管理维护，村民参与管护的方式较为单一，对管护工作的参与度较低。

（3）目前对经营性农村基础设施的管护，主要采取运营企业与村级组织开展管护合作，运营企业聘用村民参与管护的方式，村民自觉缴纳有偿服务费用的意识较高，在一定程度上减轻基层管护压力。

（4）目前对准经营性农村基础设施的管护，缺少相应的政策制度支持，各级行业主管部门应加快制定本领域农村基础设施管护制度，推进农村基础设施城乡一体化管护，有条件的地方对集体经济薄弱、筹措资金困难的村适当予以补助。

二、政策建议

农村基础设施是村民日常生活中所使用的和接触的，它们关系到村民的生产生活水平，同时也是城乡融合、促进城乡一体化建设的基础与前提，为了进一步推动农村基础设施管护，促进我国区域经济的协调发展，需要多方发力，多措并举，建立农村基础设施长效管护机制。

（一）建立农村多元化，责任明确的管护机制

由于不同类型的农村基础设施管护的难度与主体不尽相同，地区经济发展水平不同也导致不同地理位置的基础设施管护的经费也不同，因此，当务之急是在目前的管护机制上，建立起多元化管护机制，明确管护责任。当前非经营设施的管护主要是由各村的村委会负责，管护模式比较单一，并且由于村委会资金来源较少，管护效果不尽人意，因此鼓励政府参与管护，一方面政府给予补贴，缓解了村委会的资金压力，另一方面政府参与管护，无论是政府直接承担管护责任还是外包给企业，都会对管护起到监督作用，管护效果得到提升；而准经营性设施的管护主要是由村委会负责，由于其具有非竞争性和对外排他性，建议引入"政府＋企业＋村委会"模式，在政府给予

一定补贴的情况下，有管护技术要求的设施企业负责进行管护，其余的可以由村委会进行管理；对于经营性基础设施，也选择"政府＋企业＋村委会"模式，管护效果会比较好，由当地政府提供资金，村民缴纳一定的管护费用，企业安排专门人员进行定期维护，同时鼓励企业与村级组织开展管护合作，聘用村民参与管护。

（二）保障农村基础设施管护资金

我国乡村基数大，所以农村基础设施种类与数量都很多，对这些设施进行管护是一项所需资金庞大的工程，单凭村委会的资金是远远不够的。因此，应该建立以公共财政为主、市场供给为辅、村民适当参与的多元化格局，保障农村基础设施维护资金的落实。政府应该加大对设施管护资金的投入，发挥政府投资的引导和撬动作用，并且设立专项管护资金，做好整体规划，采取资本金注入、财政贴息、以奖代补、先管后补等多种方式支持农村基础设施管护；同时，政府通过出台相关优惠政策来吸引外部投资，充分发挥市场作用，此外鼓励开设管护基金，并引入市场化专业基金运作模式，为了增强村民对基础设施的管护意愿，鼓励村民筹资、投工，通过利用银行贷款、吸收社会捐赠等方式来吸收社会公益资金，增强农村经济实力，通过发展农村经济来实现基础设施管护的自给。

（三）完善农村基础设施管护体系

尽管一再强调政府、企业以及村委会的管护责任，但是基础设施管护的最终受益人是村民，村民也应该对基础设施进行"参与式管护"。首先尊重村民的意愿，鼓励村民自愿参与维护；其次由政府将管护责任落实到村委会以及个人，例如雇用村内村民清扫马路或者修建绿化、雇用专门的电工或水工对这类设施进行维护；最后建立相应的激励机制，对那些管护工作做得好的村民给予一定的物质奖励，以此来激发村民的管护热情，进一步提升村民的管护积极性。

（四）推进基础设施城乡一体化管护

党的十九大报告提出，建立健全城乡融合发展体制机制和政策体系是乡村振兴战略的制度保障。想要实现乡村振兴，就必须把农村设施的管护放到一定的高度，通过统一管护机构、统一经费保障、统一标准制定等方式，将城市农村基础设施管护资源、模式和手段逐步向乡村延伸。各个地区要根据当地的实际经济能力，确定对哪些基础设施实施管护，以及何时开展，管护要达到一个什么样的效果等。东部沿海发达地区、中西部省会城市等具备条件的地区，应率先实现城乡一体化管护。

（五）加强乡镇村对管护效果的监督考核

为了保障农村基础设施的长效运行，乡镇政府应该派遣农业主管职能部门深入乡村，通过实地考察，进行定期或不定期的监督检查，实现责任落实到负责人制度，提高农村基础设施的质量；村委会则可以建立村民监督小组，负责监督是否存在故意损害村内基础设施的情况，并对这些人员追究责任；同时，乡镇政府也可以为村民提供一些便利渠道，例如电话热线以及微信公众号等，便于村民将设施出现的问题上报，解决村民诉求难、受理难的问题。

第六节　本章小结

党的十九大报告指出，农业农村农民问题是关系国计民生的根本性问题，必须始终把解决好"三农"问题作为全党工作的重中之重。实施乡村振兴战略是一个偌大的工程，需要一个能够有效运行的制度来作支撑。在"谁来振兴"的问题上，就要将乡村自主发展放在首位。而农村基础设施作为经济发展的社会先行资本，关系到农村经济和社会发展的速度和质量。农村基础设施管护，对于改善农业生产条件、促进农村经济发展和提高村民生活质量具有重大意义，是维护社会稳定的重要基础。近年来，我国农村基础设施建设步伐不断加快，乡村生产生活条件明显改善。但随着建后管护任务逐渐增加，农村基础设施管护不到位的问题日益显现。因此，实现农村基础设施管护合理有效，实现基础设施更好更长远更持久地为乡村服务，是实现乡村振兴的关键途径，也是实现推动山西省农村经济发展的重要途径、新型城镇化建设的重要保障。

　　本章在借鉴已有研究成果的基础上，从乡村振兴战略背景下的管护模式及效果进行研究，采用案例分析方法，结合 N 村和 X 村两村基础设施现状和存在的问题，揭示了农村基础设施的管护模式以及效果，并提出相关政策建议。

| 第五章 |

农村普惠金融风险控制*

    本章首先对农村普惠金融的政策与发展脉络进行梳理，梳理中央一号文件农村普惠金融的发展脉络以及中央涉农金融政策的发展路径，并对农村普惠金融的发展状况进行归纳总结；其次从农村普惠金融和融资风险管理两个理论视角，分析农村金融机构信任程度与农户信用风险之间的博弈关系，构建以农村金融机构、农户和中介担保组织为主体的三维被迫诚信管理控制机制，增强农村金融机构对农户的信任；最后构建信贷风险控制体系，完善多元化农村金融供给体系，建立小额信贷激励机制等控制和化解当前农户小额信贷融资信用风险，提高农户融资能力。

第一节　农村普惠金融政策梳理与发展现状

一、农村普惠金融政策梳理

    发展农村普惠金融，是实现乡村振兴和共同富裕目标的重要基石。至 2023 年中央一号文件公布，国家已连续 20 年聚焦"三农"，从顶层

---

    * 本章部分内容来源于：田祥宇，董小娇. 农户小额信贷融资困境与风险缓释机制研究［J］. 宏观经济研究，2014（7）：21–33. 对相关内容进行修改和更新。

设计出发对农村普惠金融进行部署。梳理中央一号文件农村普惠金融的发展脉络，对于明确当前农村普惠金融发展中的重难点、全面推进乡村振兴具有重要作用。2004～2023 年中央一号文件主要内容如表 5 - 1 所示。

表 5 - 1 　　　　　　　　2004～2023 年中央一号文件主要内容

年份	主题	主要内容
2004	关于促进农民增加收入若干政策的意见	从农村实际和农民需要出发，按照有利于增加农户和企业贷款，有利于改善农村金融服务的要求，加快改革和创新农村金融体制。建立金融机构对农村社区服务的机制，明确县域内各金融机构为"三农"服务的义务。鼓励有条件的地方，在严格监管、有效防范金融风险的前提下，通过吸引社会资本和外资，积极兴办直接为"三农"服务的多种所有制的金融组织
2005	关于进一步加强农村工作提高农业综合生产能力若干政策的意见	改革和完善农村投融资体制，健全农业投入机制。推进农村金融改革和创新。针对农村金融需求的特点，加快构建功能完善、分工合理、产权明晰、监管有力的农村金融体系。抓紧研究制定农村金融总体改革方案。继续深化农村信用社改革，要在完善治理结构、强化约束机制、增强支农服务能力等方面取得成效，进一步发挥其农村金融的主力军作用。加大政策性金融支农力度，增加支持农业和农村发展的中长期贷款，在完善运行机制基础上强化农业发展银行的支农作用，拓宽业务范围。培育竞争性的农村金融市场
2006	关于推进社会主义新农村建设的若干意见	加快推进农村金融改革。巩固和发展农村信用社改革试点成果，进一步完善治理结构和运行机制。县域内各金融机构在保证资金安全的前提下，将一定比例的新增存款放放当地，支持农业和农村经济发展，有关部门要抓紧制定管理办法。在保证资本金充足、严格金融监管和建立合理有效的退出机制的前提下，鼓励在县域内设立多种所有制的社区金融机构，允许私有资本、外资等参股
2007	关于积极发展现代农业扎实推进社会主义新农村建设的若干意见	加快制定农村金融整体改革方案，努力形成商业金融、合作金融、政策性金融和小额贷款组织互为补充、功能齐备的农村金融体系，探索建立多种形式的担保机制，引导金融机构增加对"三农"的信贷投放。进一步发挥中国农业银行、中国农业发展银行在农村金融中的骨干和支柱作用，继续深化农村信用社改革，尽快明确县域内各金融机构新增存款投放当地的比例，引导邮政储蓄等资金返还农村，大力发展农村小额贷款，在贫困地区先行开展农村多种所有制金融组织的试点

续表

年份	主题	主要内容
2008	关于切实加强农业基础建设进一步促进农业发展农民增收的若干意见	加快农村金融体制改革和创新。加快推进调整放宽农村地区银行业金融机构准入政策试点工作。加大农业发展银行支持"三农"的力度。加强财税、货币政策的协调和支持，引导各类金融机构到农村开展业务
2009	关于2009年促进农业稳定发展农民持续增收的若干意见	增强农村金融服务能力。抓紧制定鼓励县域内银行业金融机构新吸收的存款主要用于当地发放贷款的实施办法，建立独立考核机制。在加强监管、防范风险的前提下，加快发展多种形式新型农村金融组织和以服务农村为主的地区性中小银行。鼓励和支持金融机构创新农村金融产品和金融服务，大力发展小额信贷和微型金融服务，农村微小型金融组织可通过多种方式从金融机构融入资金。放宽金融机构对涉农贷款的呆账核销条件
2010	关于加大统筹城乡发展力度进一步夯实农业农村发展基础的若干意见	提高农村金融服务质量和水平。加强财税政策与农村金融政策的有效衔接，引导更多信贷资金投向"三农"，切实解决农村融资难问题。进一步完善县域内银行业金融机构新吸收存款主要用于当地发放贷款政策。加大政策性金融对农村改革发展重点领域和薄弱环节支持力度，拓展农业发展银行支农领域，大力开展农业开发和农村基础设施建设中长期政策性信贷业务。针对农业农村特点，创新金融产品和服务方式，搞好农村信用环境建设，加强和改进农村金融监管
2011	关于加快水利改革发展的决定	加强对水利建设的金融支持。综合运用财政和货币政策，引导金融机构增加水利信贷资金
2012	关于加快推进农业科技创新持续增强农产品供给保障能力的若干意见	提升农村金融服务水平。加大农村金融政策支持力度，持续增加农村信贷投入，确保银行业金融机构涉农贷款增速高于全部贷款平均增速。发展多元化农村金融机构，鼓励民间资本进入农村金融服务领域，支持商业银行到中西部地区县域设立村镇银行。完善符合农村银行业金融机构和业务特点的差别化监管政策，适当提高涉农贷款风险容忍度，实行适度宽松的市场准入、弹性存贷比政策
2013	关于加快发展现代农业进一步增强农村发展活力的若干意见	改善农村金融服务。加强国家对农村金融改革发展的扶持和引导，切实加大商业性金融支农力度，充分发挥政策性金融和合作性金融作用，确保持续加大涉农信贷投放。创新金融产品和服务，优先满足农户信贷需求，加大新型生产经营主体信贷支持力度。加强财税杠杆与金融政策的有效配合，落实县域金融机构涉农贷款增量奖励、农村金融机构定向费用补贴、农户贷款税收优惠、小额担保贷款贴息等政策。支持社会资本参与设立新型农村金融机构

年份	主题	主要内容
2014	关于全面深化农村改革加快推进农业现代化的若干意见	加快农村金融制度创新。强化金融机构服务"三农"职责。强化商业金融对"三农"和县域小微企业的服务能力,扩大县域分支机构业务授权,不断提高存贷比和涉农贷款比例,将涉农信贷投放情况纳入信贷政策导向效果评估和综合考评体系。稳步扩大农业银行三农金融事业部改革试点。发展新型农村合作金融组织。完善地方农村金融管理体制,明确地方政府对新型农村合作金融监管职责,鼓励地方建立风险补偿基金,有效防范金融风险。适时制定农村合作金融发展管理办法。探索开办涉农金融领域的贷款保证保险和信用保险等业务
2015	关于加大改革创新力度加快农业现代化建设的若干意见	推进农村金融体制改革。要主动适应农村实际、农业特点、农民需求,不断深化农村金融改革创新。综合运用财政税收、货币信贷、金融监管等政策措施,推动金融资源继续向"三农"倾斜,确保农业信贷总量持续增加、涉农贷款比例不降低。完善涉农贷款统计制度,优化涉农贷款结构。延续并完善支持农村金融发展的有关税收政策。开展信贷资产质押再贷款试点,提供更优惠的支农再贷款利率。鼓励各类商业银行创新"三农"金融服务。三农金融事业部改革试点覆盖全部县域支行。积极推动农村金融立法,明确政策性和商业性金融支农责任,促进新型农村合作金融、农业保险健康发展
2016	关于落实发展新理念加快农业现代化实现全面小康目标的若干意见	推动金融资源更多向农村倾斜。加快构建多层次、广覆盖、可持续的农村金融服务体系,发展农村普惠金融,降低融资成本,全面激活农村金融服务链条。进一步改善存取款、支付等基本金融服务。鼓励国有和股份制金融机构拓展"三农"业务。深化中国农业银行三农金融事业部改革,加大"三农"金融产品创新和重点领域信贷投入力度。引导互联网金融、移动金融在农村规范发展。开展农村金融综合改革试验,探索创新农村金融组织和服务。发展农村金融租赁业务。完善中央与地方双层金融监管机制,切实防范农村金融风险。强化农村金融消费者风险教育和保护
2017	关于深入推进农业供给侧结构性改革加快培育农业农村发展新动能的若干意见	加快农村金融创新。支持金融机构增加县域网点,适当下放县域分支机构业务审批权限。对涉农业务较多的金融机构,进一步完善差别化考核办法。落实涉农贷款增量奖励政策。鼓励金融机构积极利用互联网技术,为农业经营主体提供小额存贷款、支付结算和保险等金融服务。支持金融机构开展适合新型农业经营主体的订单融资和应收账款融资业务。在健全风险阻断机制的前提下,完善财政与金融支农协作模式。鼓励金融机构发行"三农"专项金融债。严厉打击农村非法集资和金融诈骗。积极推动农村金融立法

年份	主题	主要内容
2018	关于实施乡村振兴战略的意见	提高金融服务水平。坚持农村金融改革发展的正确方向，健全适合农业农村特点的农村金融体系，推动农村金融机构回归本源，把更多金融资源配置到农村经济社会发展的重点领域和薄弱环节，更好地满足乡村振兴多样化金融需求。要强化金融服务方式创新，防止脱实向虚倾向，严格管控风险，提高金融服务的乡村振兴能力和水平。抓紧出台金融服务乡村振兴的指导意见。制定金融机构服务乡村振兴考核评估办法。改进农村金融差异化监管体系，强化地方政府金融风险防范处置责任
2019	关于坚持农业农村优先发展做好"三农"工作的若干意见	打通金融服务"三农"的各个环节，建立县域银行业金融机构服务"三农"的激励约束机制，实现普惠性涉农贷款增速总体高于各项贷款的平均增速
2020	中共中央 国务院关于抓好"三农"领域重点工作确保如期实现全面小康的意见	对机构法人在县域、业务在县域的金融机构，适度扩大支农支小再贷款额度。鼓励商业银行发行"三农"、小微企业等专项金融债券。落实农户小额贷款税收优惠政策。发挥全国农业信贷担保体系作用，做大面向新型农业经营主体的担保业务。稳妥扩大农村普惠金融改革试点，鼓励地方政府开展县域农户、中小企业信用等级评价，加快构建线上线下相结合、"银保担"风险共担的普惠金融服务体系，推出更多免抵押、免担保、低利率、可持续的普惠金融产品
2021	关于全面推进乡村振兴加快农业农村现代化的意见	坚持为农服务宗旨，持续深化农村金融改革。运用支农支小再贷款、再贴现等政策工具，实施最优惠的存款准备金率，加大对机构法人在县域、业务在县域的金融机构的支持力度，推动农村金融机构回归本源。完善涉农金融机构治理结构和内控机制，强化金融监管部门的监管责任。发展农村数字普惠金融
2022	关于做好2022年全面推进乡村振兴重点工作的意见	强化乡村振兴金融服务。对机构法人在县域、业务在县域、资金主要用于乡村振兴的地方法人金融机构，加大支农支小再贷款、再贴现支持力度，实施更加优惠的存款准备金政策。完善乡村振兴金融服务统计制度，开展金融机构服务乡村振兴考核评估。优化完善"保险+期货"模式。强化涉农信贷风险市场化分担和补偿，发挥好农业信贷担保作用
2023	关于做好2023年全面推进乡村振兴重点工作的意见	按照市场化原则加大对帮扶项目的金融支持。健全乡村振兴多元投入机制。健全政府投资与金融、社会投入联动机制，鼓励将符合条件的项目打捆打包按规定由市场主体实施，撬动金融和社会资本按市场化原则更多投向农业农村。用好再贷款再贴现、差别化存款准备金、差异化金融监管和考核评估等政策，推动金融机构增加乡村振兴相关领域贷款投放，重点保障粮食安全信贷资金需求

中央涉农金融政策一脉相承，纵观近 20 年的农村金融问题，我国农村金融发展之路基本沿着"创建—改革—再改革"的路径向前发展。2004～2008 年集中在农村金融体制的改革、创新和深化方面；2009 年开始聚焦农村金融服务能力的提升，持续到 2014 年。2013～2014 年，国务院颁布实施了《国务院办公厅关于金融支持经济结构调整和转型升级的指导意见》《国务院办公厅关于金融支持小微企业发展的实施意见》《国务院办公厅关于金融服务"三农"发展的若干意见》等，对进一步做好"三农"领域金融服务作出具体部署。2015～2020 年农村普惠金融体制进一步改革完善，并开始进行试点。在此阶段中国银监会办公厅发布《关于做好 2015 年农村金融服务工作的通知》、中国人民银行发布《农村普惠金融服务点支付服务点技术规范》、中国银保监会办公厅发布《关于做好 2019 年银行业保险业服务乡村振兴和助力脱贫攻坚工作的通知》等均对农村普惠金融的发展、服务体系的构建、服务能力的提升作出了明确指引。2021 年开始，国家开始将数字普惠金融纳入农业发展轨道。2021 年的中央一号文件首次明确指出发展农村数字普惠金融，之后沿着"强化乡村振兴金融服务——健全对脱贫地区帮扶项目、乡村振兴、县域城乡融合等方面的金融支持和投入机制"的多层次道路演进。2021 年中国人民银行、银保监会、证监会、财政部、农业农村部和乡村振兴局联合发布《关于金融支持巩固拓展脱贫攻坚成果全面推进乡村振兴的意见》、2023 年中国人民银行国家金融监督管理总局、证监会、财政部、农业农村部发布《关于金融支持全面推进乡村振兴加快建设农业强国的指导意见》等文件均明确要求发展农村数字普惠金融、提升农村基础金融服务水平，打造农村数字普惠金融服务体系。

二、农村普惠金融发展现状

农村普惠金融的发展现状主要从农村普惠金融发展指标、银行业金融机构覆盖率、农户贷款情况和数字普惠金融发展现状四个方面进行阐述。

（一）农村普惠金融发展指标

《中国普惠金融指标分析报告（2021 年）》中指出，我国农村地区在银行结算账户和银行卡人均拥有量、移动支付业务、农户生产经营贷款、保险保费收入等多项普惠金融指标数据增长明显。首先，农村地区居民银行结算账户和银行卡人均拥有量持续增长，截至 2021 年末，我国农村地区累计开立个人银行结算账户 48.7 亿户，同比增长 2.74%，占全国累计开立个人银行结算账户总量的 35.86%；银行卡数量共计 39.2 亿张，同比增长 3.16%。①中国人民银行指导银行业金融机构在严格把控风险的前提下，为农村居民提供更加便利的金融服务。其次，农村地区移动支付业务保持较快速增长，截至 2021 年，全国银行业金融机构共办理移动支付业务 1 512.28 亿笔，其中办理农村地区移动支付业务 173.7 亿笔，同比增长 22.2%。最后，在保险方面，截至 2021 年，农业保险保费收入共计 976.02 亿元，同比增长 19.77%。财政部、农业农村部、银保监会联合印发《关于扩大三大粮食作物完全成本保险和种植收入保险实施范围的通知》进一步扩大农业保险覆盖范围，保障农户种粮收益。②

（二）乡镇银行业金融机构覆盖率

截至 2021 年末，我国乡镇银行业金融机构覆盖率达 98.17%，平均每万人拥有银行网点 1.55 个，全国助农取款点达到 81.1 万个，覆盖率达99.6%，已基本实现全面覆盖。③同时也要充分发挥各类银行机构的作用，在《推进普惠金融发展规划（2016—2020 年)》中曾提出，要拓展农村普惠金融基础服务水平的广度和深度，首先应积极鼓励银行机构和非银行机构向农村地区提供更安全、更可靠的手机支付和网上支付服务，布放 POS 机、自动柜员机等各类机具，以更加灵活、便捷的方式为乡村居民提供专业化、系统化的金融服务。其次，鼓励全国性股份制商业银行、城市商业银行和民营银行扎根基层、服务社区，为小微企业、"三农"和城镇居民提供更有针对性、更加便利的金融服务。最后，推动省联社加快职能转换，提高农村商业银行、农村合作银行、农村信用联社服务小微企业和"三农"的能力。

①②③ 资料来源：《中国普惠金融指标分析报告（2021 年)》。

（三）农户贷款情况

农户生产经营贷款持续较快增长。截至 2021 年末，我国农户生产经营贷款余额为 6.84 万亿元，同比增长 14.1%，增速较上年末高 2.6 个百分点。[①] 央行多次降准操作加速了市场货币流动性，增加了金融机构的资金储备，降低了小微企业融资成本，有效推动实体经济发展。此外，中国人民银行坚持以习近平新时代中国特色社会主义思想为指导，联合相关部门积极推进乡村振兴战略，进一步完善政策支持，不断提升农村金融服务能力与水平。例如，山西省大同市开展黄花基地项目，人民银行太原中心支行指导金融机构量身定制产业发展方案，创立创新特色金融产品，推动农产品特色产业高质量发展。并且农户信用贷款占比也稳步提高。截至 2021 年末，农户信用贷款比例为 21.4%，比上年末高 2.4 个百分点。[②] 数字技术的发展有效缓解了涉农主体缺信息缺信用的问题，同时还支持了银行业金融机构信用贷款的投放。

（四）农村数字普惠金融发展情况

县域涵盖"三农"，联结城乡，是构建农村和谐社会的主阵地。根据县域数字普惠金融发展情况来衡量农村数字普惠金融发展状况。目前，我国农村数字普惠金融总体发展水平持续提升，但增速回归常态化增长。就区域差异而言，2017 年东部地区总指数得分中位数分别是西部地区和东北地区的 1.48 倍和 1.49 倍，2021 年分别缩小至 1.35 倍和 1.31 倍。[③] 金融科技平台促进了传统金融机构和银行业的数字化转型，为农村普惠金融提供了新的发展契机，有利于资金回流农村。根据中国人民银行金融消费权益保护局《中国普惠金融指标分析报告（2021 年）》，农村受访者数字支付使用率为 70%，低于城镇受访者 15 个百分点。而数字普惠金融服务使用率与普惠金融发展情况密切相关。同时，2022 年农村互联网普及率为 58.8%，[④] 农

---

①②　资料来源：《中国普惠金融指标分析报告（2021 年）》。

③　资料来源：《中国县域数字普惠金融发展指数研究报告（2022）》。

④　资料来源：中国互联网络信息中心（CNNIC）第 50 次《中国互联网络发展状况统计报告》。

村数字现代化发展以及农村数字普惠金融还有很大的增长空间。总的看来，全国各地农村的县域数字普惠金融的发展水平总体上还不够高，发展空间巨大。

第二节　农村普惠金融概念界定与理论基础

一、农村普惠金融相关概念界定

（一）农村普惠金融概念界定

普惠金融最早由联合国于 2005 年首次提出，并在 2006 年给予概念界定，即普惠金融是能有效、全面地为社会几乎所有阶层和群体提供服务的金融体系，让广大被排斥在正规金融体系之外的农户、城镇低收入群体和微型企业等都能够获得金融服务。周小川（2013）认为，普惠金融主要是指通过完善金融基础设施，以可负担的成本将金融服务扩展到欠发达地区和社会低收入人群，向他们提供价格合理、方便快捷的金融服务，不断提高金融服务的可获得性。

农村普惠金融的基本概念由此发展而来，将宽泛的普惠金融概念范畴根据目标群体进行分化，农村普惠金融是普惠金融体系的重要组成部分，两者最根本的区别在于目标群体的不同。农村普惠金融以可得性、安全性、价格合理性、便利性和全面性为核心要点，以县域乡镇的农村和农民为主要服务对象（星焱，2016），旨在为该类人群提供金融服务，最终实现乡乡有机构、村村有服务。其中，可得性代表金融服务的获取情况；安全性指金融服务的合法性、金融账户的安全性和金融消费者权益保护度；价格合理性指金融主体的成本具有可控性；便利性重在衡量金融服务综合成本；全面性强调对金融服务体系的多样化要求。

（二）融资风险管理概念界定

农村普惠金融的融资风险主要表现在市场风险、自然风险、信用风险三个方面，其中，市场风险和自然风险具有外生性，农村普惠金融业务的融资风险管理主要涉及信用风险。

1. 信用风险的概念

2004 年 3 月公布的《巴塞尔新资本协议》中，将信用风险定义为：银行的借款者或交易对手不能承担事先约定条款的偿还责任的一种不确定性。信用风险有以下几个特点：第一，客观性。信用风险是客观存在的，是不以人的意志为转移的，是不可能被彻底消除的；第二，可控性。信用风险可以通过识别、计量并对其采取预防、规避、分散、转移、抑制、补偿等措施将其控制在一定的范围和区间之内。

2. 信贷风险管理的目标与原则

农村普惠金融业务信贷风险管理的主要目标为以下四个方面：首先要保证客户的资金安全；其次要是自身的盈利目标；再次要保证银行资金的安全性；最后要对已知的风险进行合理的处置。

农村普惠金融业务信贷风险管理的原则主要包括以下两个方面：第一，全面周详原则。即要全面了解各种风险的表现形式、发生的概率、可能引起的损失以及各种风险管理的工具，全面安排风险管理实施计划，并保证可以随时调整改善风险管理计划。第二，成本—收益比较原则。即对农村普惠金融业务进行信贷风险管理时，首先要选定风险管理方案，评估其可能发生的各项成本，进行成本与收益的比较，选择最有效率的风险管理方案。

二、农村普惠金融及风险管理相关理论基础

（一）农村普惠金融相关理论基础

1. 农村金融理论

本章主要依据农村金融理论的四个分支，即农业信贷补贴理论、农村金

融市场理论、不完全竞争市场理论以及小额信贷理论。

（1）农业信贷补贴理论。1980年以前，农村金融理论中居于主流地位的是农业信贷补贴理论。该理论具有以下几个主要观点：第一，在广大的农村地区，农户存在资金短缺问题。第二，一般的商业银行等以盈利为最主要目标的金融机构基于农业产业的特殊性以及农民天生的弱势性，并不愿贷款给他们，以缓解他们的资金短缺状况。第三，农民为了获得贷款以从事生产生活，往往求助于高利贷等非正规信贷。基于以上三个观点，农业信贷补贴理论认为政府资金必须要进入农村信贷市场，对信贷供给提供保障。政府要建立一定数量的非营利性金融机构，政府资金注入这些机构中，帮助农户进行农业生产，从而缓解农户的融资困境。在该理论的指导下，20世纪六七十年代的很多发展中国家都普遍设立了各种专门的农业金融机构（如农业发展银行、农村信用社等），在很大程度上促进了农业的生产与农村的经济发展。

（2）农业金融市场理论。农业金融市场理论出现于1980年以后，它吸取了农业信贷补贴理论的一些先进的观点。该理论具有以下几个观点：广大农村中农户的资金短缺问题要靠农户自己来解决，农户具有很好的金融中介作用，所以要鼓励广大的农户进行储蓄；要想农户积极储蓄以保证农村资金的供需平衡，就必须保证农户实际的存款利率为正，要保证存款农户能够取得合理的收益；要保证农村金融机构健康可持续发展，就必须要使农村金融机构能够独立地、自给自足地经营与发展；贷款对象为广大农户，不针对某一特定的利益集团；引导金融机构健康发展。但是，农村金融市场理论也有其不足，它太注重强调市场的作用，而忽视了政府应有的作用。

（3）不完全竞争市场理论。不完全竞争市场理论又称为金融约束理论，发展于1990年以后。该理论的主要观点是：第一，农村金融市场本身就是一个不完全竞争的市场，由于借款人与银行之间存在很大的信息不对称问题，银行根本不能做到全面掌握贷款人的信息，这就导致道德风险与逆向选择的发生。第二，农村金融市场要想健康完善地发展，不能仅仅依靠市场。第三，政府必须介入农村金融市场，来改善农村金融市场中存在诸多不能由市场来自动调节的问题，包括借贷双方之间的信息不对称问题、农村金融市场的不健全问题等，以弥补市场的失灵。不完全竞争市场理论相对于农业信贷补贴理论与农村金融市场理论而言都更健全与先进，但它同样也存在问题，我们需要这样的一个事实，政府并不能解决市场中所遇到的全部问题，政府在市场中也有一定的力所不及。

（4）小额信贷理论。20 世纪 70 年代，在亚洲、非洲、拉丁美洲的发展中国家，加拿大甚至美国等发达国家，兴起了一场小额信贷革命，其宗旨在于为农村贫困人群提供小额金融服务，以缓解他们在生产和生活中资金短缺的问题。小额信贷理论形成于 1990 年，以经济学家斯蒂格利茨为代表，对小额信贷机构的运行机制进行了一系列的研究。该理论主要研究了小额信贷机构的可持续自我发展问题，强调了要通过联保小组、互相监督等形式来激励小组内的贷款人按时按额偿还贷款，以减轻信贷机构的信贷风险。该理论同时认为，小额信贷机构要实现两个方面的目标，不仅要能够起到扶贫的作用，还要保证自己的可持续发展。

2. 普惠金融理论

联合国最早提出普惠金融的概念，普惠金融又称为包容性金融，意指"将所有人，无论国籍、城乡、地区，都纳入经济增长轨道，公平分享经济增长成果"，也就是说要让所有人都能够享受到金融服务所带来的实惠。普惠金融旨在为所有阶层的人提供适合他们的金融产品和金融服务，这就需要在法律法规监管下构建一套十分完善的金融体系。普惠金融主要包括以下四个特征：首先，每一家企业、每一个家庭都要能够获得适合自己的金融服务，包括存款、贷款、支付、租赁等；其次，要有十分健全的法律法规监管、完善的金融内控系统、严格的金融业执业标准，以及有力的市场监督机制；再次，要保障金融机构的长期可持续健康发展，就得保证其财务的可持续；最后，要保证在任何情况下都能提供给客户多种多样的金融服务，并且价格合理，可以让客户接受。

（二）融资风险管理相关理论基础

1. 信息不对称理论

信息不对称理论产生于 20 世纪六七十年代，主要是指在市场经济活动中，交易双方对于标的物所掌握的信息存在质和量的差异，其中一方较之于另一方拥有更多利于交易的信息，这一方往往更容易获得更多的利益，而另一方则处于不利的地位。

道德风险和逆向选择是信息不对称所产生的两个后果。道德风险在经济学中的解释是指，交易双方中的一方可能会更改自己的行为，从而使交易另一方的利益受到损害，也就是说交易一方为了达到自己的利益最大化所发生的自私的行为。道德风险在信贷市场中的含义是指，当农村信用社发放贷款后，由于双方信息不对称，借款农户可能不按合同约定进行投资，而是按照自己期望利益最大化的方向进行决策，从事其他项目投资的行为，但是投资其他项目可能存在更高的风险，最后可能会导致投资失败，贷款将难以归还。阿克尔洛夫（Akerlof，1970）在分析旧车市场时提出了逆向选择理论。逆向选择在信贷市场中的含义是指，潜在的信用风险来自那些积极寻求贷款的人。因此，风险最大、最有可能违约的借款人常常愿意支付更高额的利息，最愿意获得信用贷款。也就是说信用风险越高的人往往借贷积极性越高，这就造成信贷市场整体信用风险的上升。

2. 协变风险理论

协变风险主要是指由于申请贷款农户所从事的生产活动十分相似或者是处于相对集中的地理区域而产生的共同风险。由于农村信用社等小额信贷机构的贷款申请者在地域上分布比较集中，贷款的用途和种植的结构趋同性十分明显，这样的话，一旦出现自然灾害等，在无抵押的情况下，农村信用社等信贷金融机构将面临同时出现大量客户违约的情况。

在实际的经验中，协变风险还是比较容易控制的，只要将贷款客户控制在不同的行业与不同的地区，就可以有效地控制这一风险。所以，小额信贷机构应该将业务重点放在如何尽可能多元化地服务于不同贷款对象所隶属的行业上。

第三节　农村普惠金融风险表现

一、农村普惠金融的特殊性

农村普惠金融的特殊性可以从以下两方面来描述。

1. 服务对象特殊性

农村普惠金融的服务对象主要是农户，农户属于天然的弱势群体。所谓弱势一般主要表现在以下几个方面：首先，文化水平不高，对生产经营技术、农业产业种植业养殖业技术掌握不足，不能进行科学的、有效率的农业发展，往往不能获得相对投入而言较高的农业回报。其次，思想保守落后，信用意识与法律意识都相对落后很多，对中国农业银行、中国邮政储蓄银行等大中型银行业金融机构以及农村中小金融机构等正规金融机构的普惠金融服务了解较少，对普惠金融政策持怀疑态度，部分农户同时存在不按时偿还信用贷款的现象，对普惠金融服务的开展形成一定阻碍。再次，经济基础薄弱。由于我国农业保险和农业补贴较少，使农户在生产经营过程中的抗风险能力较差，在遇到突发事件时，极有可能无法及时偿还贷款，造成违约。最后，农村信息流通速度相对较低，获取市场信息的能力较弱，面临的市场风险较大，农户无法及时获取市场对农产品的需求，可能导致对某一农产品的大批量生产，最终造成供过于求，"谷贱伤农"的情况。

2. 农业产业特殊性

农业产业具有天然的弱势性，具体表现在以下几个方面：首先，农业产业首先是一项高风险的行业。农业对气候的依赖程度极高，一旦遇到干旱或者水灾等极端天气，农民就很有可能会遭受颗粒无收的情况。虽然当今科技水平高度发达，但仍然不能完全避免诸如此类的悲剧发生。一旦农户的生产经营活动受到自然灾害的影响，就很容易导致贷款农户无法按时偿还贷款。其次，我国农业产业现代化、机械化水平较低，农户所面临的风险较为集中，在当今全球化发展的复杂经济环境下，我国的农业产业竞争性明显不足，在国际农产品竞争中居于明显的弱势地位。最后，由于普惠金融政策下贷款抵押较为灵活，农户能否按时偿还贷款全都是凭借农户自身的信用，缺乏相对有效的担保措施，这也进一步加剧了农户贷款的风险。

二、农村普惠金融的风险因素

农村普惠金融面临的风险主要包括信用风险、自然风险、市场风险、道德风险、利率风险以及操作风险等，这些风险的存在使农村金融机构不能到期及时收回贷款，从而使农村金融机构遭受损失，对其可持续发展构成威胁，所以我们需要格外关注这几个方面的风险，从而使农村金融机构普惠金融业务健康发展，现在具体对各个风险进行详细介绍。

（一）信用风险

信用风险主要是指借款者出于主观和客观原因，不能或不愿按时偿还贷款本金以及利息，从而给贷款金融机构造成损失，产生坏账，也给自身的信用带来不好的记录。

贷款农户由于对农村金融机构所发放的无抵押小额贷款不甚了解，贷款农户获得贷款后并没有将其用于生产经营等符合农村金融机构规定的贷款使用用途中，而是将贷款用于非生产项目，比如看病就医、婚丧嫁娶、盖房等生活项目，这都从主观方面造成农户最终无法偿还贷款。另外，从客观原因来说，由于农业产业的特殊性——天然的弱势性以及农业产业风险的集中性，这些都将间接地造成农产品价格的波动，从而也使贷款农户最终无法偿还贷款。

农户在向农村金融机构等正规金融机构办理普惠金融业务时，衡量农户的信用风险主要考虑两个方面：农户的还款意愿以及还款能力，具体包括农户所拥有的固定资产、年收入状况、借贷经历和还款记录、社会地位以及个人声誉等。但是在实际的贷款考察中，由于存在信息不对称，农村金融机构并不能完全掌握申请农户的还款意愿和还款能力。此外，由于农村金融机构提供的普惠金融产品多为免抵押、免担保、低利率、可持续的金融创新产品，当贷款农户最终违约时，并没有一些强制的措施来保证贷款的最终收回。所以，信用风险在普惠金融产品中是广泛存在的，需要给予极大的关注。

（二）自然风险

自然风险主要是指由于自然灾害——干旱、洪水、病虫害、台风、冰雹等的发生，对农业产业造成恶劣的影响，给农户的生产经营活动带来损失。自然风险往往不可控，农业产业具有天然的弱势性，它对自然环境的依赖程度较高，在自然灾害发生时，农业产业抵御自然灾害的能力较弱。一旦发生自然灾害，将会波及大范围的农户，并且由于农村的技术条件落后，农户们往往没有有效的预防和处理措施，将造成严重的后果，使受灾地区的农户减产，从而导致农户无力偿还贷款。

（三）市场风险

市场风险主要是指由于农产品的趋同性、农业产业信息流通渠道不畅通等造成的农产品价格产生波动，从而进一步使农户的经济收益产生波动，无法按时按额偿还贷款。市场风险产生的原因具体如下。

1. 产品趋同性

农民发展农村种植业与养殖业时会选择种植经验比较丰富的农产品，造成农户所种植的农作物或者是养殖的家畜家禽种类过于集中，趋同性较强，此时，很容易出现供过于求的情况，导致农作物价格急剧下降，出现"谷贱伤农"的情形。这样，贷款农户自然没有能力偿还贷款，增加了农村金融机构的贷款风险。

2. 信息渠道不畅通，信息流通速度慢

由于农村的信息技术较为落后，所以对市场的供求信息了解并不及时，无法准确预测农产品的市场需求和价格，不能根据市场需要及时调整种植方向，所以在种植农产品时经常会出现"扎堆"现象，最终导致农产品销售难的现象。

（四）道德风险

道德风险是所有金融机构不能避免的风险之一，尤其是在农村金融机构推行普惠金融产品的过程中，道德风险更是无法避免。由于存在借贷双方的信息不对称问题，贷款农户为了能够顺利获得贷款，在申请贷款的过程中必然会隐瞒对自己不利的信息，也有可能会谎报信息，而贷款工作人员并不能够获得贷款申请农户的全部信息，这就导致贷款农户的信用评级结果不能准确反映其真实的状况，使农村金融机构将贷款发放给可能违约的农户。此外，即使农户的信用等级真实地反映了农户申请贷款时的信用状况，也不能保证其在以后的贷款使用过程中不会发生道德风险的可能。贷款农户获得贷款后，农村金融机构对贷款资金的使用用途并不能做到实时监管，一旦贷款农户将所获得贷款用于别的高风险项目或者是生活用途，农村金融机构将很有可能不能按时收回贷款。

第四节 农村普惠金融融资风险控制机制

一、农村普惠金融融资风险的生成机理

根据前面所述可知，借款农户的信用风险、自然风险和市场风险对普惠金融服务的开展可能会造成一定阻碍，其中，自然风险和市场风险是客观存在、无法避免的，所以本章主要针对借款农户的信用风险生成机理进行研究。信用风险又称违约风险，是指借款人因某种原因无力或不愿履行合同而

造成违约，导致银行遭受损失的风险。当借款农户向农村金融机构申请贷款，并且农村金融机构借款给农户时，信用风险就产生了，主要包括两个方面：逆向选择和道德风险。

（一）农村普惠金融的逆向选择

逆向选择在信贷市场中的含义是指，潜在的信用风险来自那些积极寻求贷款的人。因此风险最大、最有可能违约的借款人常常愿意支付更高的利息，最愿意获得信用贷款。信用风险越高的人往往借贷积极性越高，这就造成信贷市场整体的信用风险上升。本节用模型进行详细说明：

假设弱势农户投资项目所需资金全部为贷款所得，设其贷款金额为 A，i 为农村金融机构贷款的利率。该项目成功时的收益为 R，项目成功的概率为 p，项目失败时的收益为 0。投资项目的平均收益为 $\bar{R}$，其中，这表示成功的收益与成功的概率成反比，收益越高的项目成功的概率越低，即高收益伴随着高风险。

从上面的假设可以得到，借款农户的预期：

$$M_1 = [R - A(1 + i)] \times p \tag{5-1}$$

只有当借款农户获得的预期回报 $M_1 > 0$ 时，弱势农户才会申请贷款。因此，对于借款农户而言，存在一个临界值 $R^* = A(1 + i)$，$P^* = \bar{R}/R^*$，即当 $R \geq R^*$，$P \geq P^*$ 时，弱势农户才会申请借款；当 $P > P^*$ 时，弱势农户不会申请贷款。也就是说，当借款利率 i 上升时，借款农户项目成功的概率 P^* 将下降。从直观上说，由于借款利率上升，那些收益水平较低而成功概率较高的项目将会放弃申请贷款，而那些收益水平较高而成功概率较小的项目依然会申请贷款，从而加剧了逆向选择风险。

（二）农户小额信贷活动中道德风险的产生

道德风险在信贷市场中的含义是指，当农村信用社发放贷款后，由于双方信息不对称，借款农户可能不按合同约定进行投资，而是按照自己期望利益最大化的方向进行决策从事其他项目投资的行为，但投资其他项目可能存在更高的风险，最后可能会导致投资失败，贷款将难以归还。

下面用模型来进行详细说明：假设借款农行按照合同约定进行项目投资，项目成功时的收益为 R_1，项目成功的概率为 P_1；借款农户违反合同约定进行投资，项目成功时的收益为 R_2，项目成功的概率为 P_2，其中，$R_2 > R_1$，$P_2 < P_1$。借款农户根据期望收益最大化的原则选择其项目投资方案，可以得到借款农户的预期收益：

$$E_1 = \max\left\{\begin{array}{l}[R_1 - A(1+i)] \times P_1 - A(1+i)(1-P_1), \\ [R_2 - A(1+i)] \times P_2 - A(1+i)(1-P_2)\end{array}\right\} \qquad (5-2)$$

农村金融机构根据期望收益最大化的原则选择其项目投资方案，可以得到农村金融机构的预期收益：

$$E_2 = \max\left\{\begin{array}{l}A(1+i) \times P_1 - A(1-P_1), \\ A(1+i) \times P_2 - A(1-P_2)\end{array}\right\} \qquad (5-3)$$

由于 $P_2 < P_1$，所以：

$$E_2 = A(1+i) \times P_1 - A(1-P_1) \qquad (5-4)$$

因此，当借款农户按合同规定投资项目时，农村金融机构的期望收益才会达到最大，但借款农户的期望最大收益取决于不同的投资项目预期收益，所以借款农户在最大收益原则的驱使下将会导致农村普惠金融产品出现道德风险问题。

二、农村普惠金融融资风险管理的必要性和重要性

基于借款农户自身所具有的信用风险所带来的不可预测性，农村金融机构有必要对其信用风险进行管理。市场经济是信用经济，良好的信用关系是市场经济赖以生存和发展的基础。信用实现的程度越高，市场经济就可以越健康地发展。但是从我国目前农村金融机构的信用风险状况来看，整体信用风险状况令人担忧，阻碍了农业和农村经济的发展。防范信用风险已经成为提高农村金融机构竞争力和公信力的一项紧迫任务，农村金融机构对普惠金融产品进行风险管理具有必要性和重要性。

（一）必要性：我国农村金融机构信用风险状况令人担忧

金融是现代经济的核心，信用是金融赖以生存和发展的基础。农村金融

机构从公众储户、企业吸收存款，然后再将资金贷给有需求的农户和小微企业。作为信用中介，农村金融机构要保证资产质量，有效控制呆账、坏账比例，以此来控制信用风险。但是近年来，农村金融机构信用风险不断加剧，主要表现在不良资产持续增加、经营亏损大幅增大、不良贷款率居高不下、不良资产比例过高，这些都严重影响我国农村金融机构的健康可持续发展。如果不及时采取措施来管理农村金融机构的信用风险，农村金融机构将不再能担负起支持农村经济发展的重任。

（二）重要性：信用风险管理是提高农村金融机构竞争力的必要保证

农村金融机构进行信用风险管理，既是巴塞尔协议的要求，也是农村金融机构应对未来发展的要求。只有将信用风险约束在一个可以控制的范围内，才能确保农村金融机构的普惠金融业务能够顺利进行，才能将农村金融机构的经营水平推上一个新台阶，从而提高整个农村金融机构的综合实力。此外，随着农业银行、村镇银行等新型农村中小金融机构相继进入农村市场，使大中型银行面临更加激烈的竞争，其在农村"一枝独秀"的格局已经被打破。因此，大中型银行需要不断吸收现代金融管理思想，严格控制金融风险，才能在激烈的金融竞争中占有一席之地。

综上所述，我国农村金融机构进行信用风险管理是内外环境相互作用的结果。对于内部环境而言，农村金融机构由于自身防范风险和控制风险的能力较差，使得农村金融机构存在大量的不良资产和呆账坏账，信用风险随之产生。此外，外部越来越激烈的竞争也要求农村金融机构加强信用风险管理，农村金融机构要想在激烈的竞争环境中立于不败之地就必须提高其综合实力。

三、农村普惠金融融资风险的博弈分析

本章通过运用囚徒困境理论，分析农村信用社的信任程度与贫困农户信用风险之间的博弈关系，增强农村信用社对贫困农户的信任。

（一）博弈论的概念

博弈论是指研究多个个体或团队之间在特定条件制约下的对局中利用相关方的策略，从而实施对应策略，进而达到取胜目的的学科。博弈论考虑游戏中的个体的预测行为和实际行为，并研究他们的优化策略。有时也称为对策论，或是赛局理论。

（二）博弈模型分析

在本章所论述的博弈分析中，局中人包括借款农户、担保农户以及农村金融机构，对于这三者而言，他们都有两种可选策略：农村金融机构可以选择信任借款农户，也可以选择不信任借款农户；借款农户可以选择遵守约定，也可以选择违约；担保农户可以选择承担连带责任，也可以选择不承担连带责任。

具体博弈过程如图 5 - 1 所示。

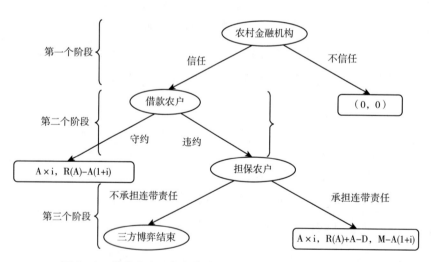

图5-1　借款农户、担保农户以及农村信用社三方博弈过程

在该局博弈中，分为三个阶段，第一个阶段为弱势农户与农村信用社之间的博弈，第二个阶段为借款农户、担保农户与农村金融机构之间的博弈，第三个阶段为担保农户与农村信用社之间的博弈，这三个阶段的博弈均为不完全信息条件下的博弈。

在第一个阶段的博弈中,农村信用社根据对弱势农户的信用等级评定来确定是否要借款给农户。如果农村信用社不信任借款农户,则双方的收益均为0;如果农村信用社信任借款农户,假设农村信用社贷给借款农户的本金为A,借款利率为,借款农户在获得借款后,通过使用贷款进行投资获得的收益为R(A)。此时,博弈进入第二个阶段。若借款农户按时还款,那么,农村信用社的收益 $R_C = A \times i$,借款农户的收益 = R(A) - A(1+i);若借款农户违约,那么将由担保农户承担连带责任。此时,博弈进入第三个阶段。担保农户承担连带责任代替借款农户偿还贷款,农村信用社的收益仍然为 $R_C = A \times i$,借款农户的收益 = R(A) + A - D。其中,D 表示农户因违约而发生的潜在损失,包括对担保农户的内疚以及对未来农村信用社不再向其提供信用贷款而损失的机会成本,担保农户的收益 = M - A(1+i),M 表示担保农户因替代借款农户偿还贷款而获得的社会荣誉以及未来更有利于得到信用贷款而获得的机会成本;如果担保农户也拒绝履行承担连带责任义务,那么借款农户、担保农户以及农村信用社之间的三方合作关系将到此结束,借款农户由于违约而不再获得农村信用社提供的信用贷款,担保农户由于拒绝履行连带责任将不会获得额外的社会荣誉及今后获得贷款的便利性,农村信用社也无法获得本金及收益,这种情况显然并不是最优解。

现在采取倒推法,在第二个阶段的博弈中,如果是一次性博弈,对于借款农户而言,不还款显然是理性的选择,符合利益最大化的原则。对于农村信用社而言,如果不贷款给借款农户,那么农村信用社将得不到利息收入;如果贷款给借款农户,即使借款农户违约不还款给农村信用社,担保农户也会履行连带责任还款给信用社,所以农村信用社处于取得收入的目的,也会将信用贷款带给借款农户。此时博弈达到均衡:借款农户获得贷款并且选择了违约,农村信用社获得本金及收益,担保农户承担连带责任,获得了信用方面的受益,并且在未来借款农户有可能归还其本金。

(三)博弈模型说明

1. 在不完全动态信息博弈中,参与人所采取的行为具有传递信息的作用

对于借款农户违约行为,农村金融机构可以采取诸如对借款农户违约进行追偿、建立"黑名单"数据库、借助农村社区的非正规制度约束等措施传递信息，表明农户违约会付出代价，这样才能有效地控制信用风险。但是，传递信息的行为是需要成本的，并且只有当成本较大时，这种行为才能起到传递信息的作用。

2. 借款农户、担保农户与农村金融机构之间的博弈是重复博弈

如果三方之间的博弈是一次性博弈，那么借款农户违约、担保农户拒绝承担连带责任显然符合利益最大化的原则，借款农户和担保农户将不会考虑长期的利益。因此，农村金融机构推行联户联保贷款必须鼓励无限次的重复博弈。这样，当信息不完全时，借款农户与担保农户为了获得合作带来的长期利益也不会过早暴露自己作为理性人追求利益最大化的本性。

四、农村普惠金融融资风险控制——"三维被迫诚信"机制

为了防范和化解农村金融机构面临的信用风险，农村金融机构可构建"三维被迫诚信"机制——推行联户联保贷款。

(一) 联户联保贷款的含义和意义

联户联保贷款是指，农村金融机构服务区域内的农户成立联保小组（原则上不少于5户，最低不少于3户），签订联保协议，农村金融机构向联保小组成员发放贷款，由联保小组成员相互承担连带保证责任。其特点是"个人申请、多户联保、周转使用、责任连带、分期还款"。

联户联保贷款可以有效地缓解弱势农户的融资困境，同时也有效地防范和控制了农村金融机构所面临的信用风险。联户联保贷款很好地将支持农户经济发展和防范金融风险这两个目标结合在一起。特别是联户联保小组在成立时具有自动甄别机制，联户联保小组使他们形成一个利益共享、风险共担的整体，他们之间相互协作、相互监督。这是联户联保小组能够蓬勃发展的关键所在，这也使得负有连带责任的联保贷款成为解决逆向选择和道德风险问题最适合的普惠金融。

（二）联户联保贷款的实践

目前，许多在农村地区开办业务的普惠金融机构都已经开办了联保贷款业务。比如，在山东省东营市广饶县实行的大联保贷款模式，有效地解决了农户贷款难问题。其实质是，依托于血缘、亲缘、地缘和业缘关系以及蔬菜专业合作社，解决了农村信用贷款中信息不对称的问题，有效地进行了相互监督，使得联保成员之间相互帮扶、共同致富。此模式的推行有效地保证了贷款的收益性和安全性，同时又缓解了弱势农户的融资困境。

第五节　农村普惠金融风险控制对策

农村普惠金融风险控制是指通过采取机制、制定预案，来降低普惠金融融资风险以及减少融资损失。本节通过三个方面的对策使农村普惠金融的风险降到最低，损失减少到最少，分别是：通过建立信用等级，规避风险高的贷款；与多样化投资项目相结合，将风险分散；建立健全的监管法律法规，抑制信贷风险。

一、风险规避

规避信贷风险是指普惠金融机构先对信贷客户的信用等级进行一个全面的评估，并按信用等级和风险等级进行分类，把信用等级较低、风险等级较高的对象进行回避贷款的风险控制方式。

（一）加强信用系统管理，严防信用风险

2004年，中国人民银行要求全国的商业银行开始建立个人的信用信息数据库，该项目于2006年正式完成并投入运行。商业银行的服务对象大多为一些高端客户，所以其所建立的个人信用信息数据库也多为这些高端客户的信用信息。普惠金融的业务对象主要是一些贫困人群，他们的信用信息并未

包含在这个数据库中。这就需要金融监管部门和地方人民银行认真落实自己的工作责任，建立完善的农户个人信用信息系统。2006 年 1 月，中国人民银行组织全国商业性银行建立的个人信用信息基础数据库项目，正式投入运行。由于普惠金融主要面向的是低端收入人群，而这个数据库收集的信息主要是高端客户，不利于普惠金融业务的发展。这就需要金融监管部门和地方人民银行认真落实自己的工作责任，建立完善的农户个人信用信息系统。

农村金融机构，特别是位于各村的小额贷款机构要特别重视借贷体系中标准明晰的信用等级制度的划分，既要考虑农户群体的特征和农村现况，也不能降低信贷体系对信用划分的严格要求，如何平衡好二者的关系来有效推广信用农村、信用农户活动和奠定农村良好的普惠金融服务基调是政府和贷款主体的共同职责。随着金融体系现代化进程的不断加深，金融信息技术平台尤其是人民银行征信系统对农村提出了更高要求，技术及时地更新运用可以保留农户长期的借贷记录，为放贷客体的信用水平划分提供有效的数据参考，持续降低农户信用水平调查的信息成本，大大方便了以后贷款决策的进行，有利于普惠金融业务的持续展开。完善信息技术平台的服务功能，快速便捷地促进农村普惠金融主体信息与其他金融机构或部门的互通，一是降低了金融机构整体的农户信息调查成本，将会提高普惠金融服务主体选择农户放贷的信心。二是数量更庞大的贷款机构群体可以为农户贷款提供更多样的服务选择，一定程度上缓解了供求矛盾；同时，信息技术的有效应用也有利于政府部门和中央银行体系对农村普惠金融运行状况的全方位掌握和动态监控。三是巨大的发展潜力要求农村构建信贷体系时要积极地应用及推广信息技术平台，这对于农村金融体系的健康高效发展有重要意义。

目前，我国信用机制整体比较落后，和发达国家的信用完善程度相比还有较大差距，农村地区更是如此，农村普惠金融机构的信用评定部分仍属空白，客观严格的评定标准需要尽早制定。短期依靠农户个体的道德约束以及彼此之间的监督制约可以缓解标准缺失的影响，但农村情况复杂，长远下去仍然十分需要建立客观合理的信用划分认定标准来保障农村小额贷款业务的长期可持续发展。选择思路上可以吸收借鉴金融机构对大中型工业企业的授信评级的创新做法，具体来说就是寻求专业的信贷评级组织团队结合农村小额贷款的实际现状制作并发布调查问卷，以分项计分、总分划级的原理对贷款客体的偿债能力进行可靠分析，进而进行信用等级的有效划分。根据国内外长期的打分划级实践效果的样本数据统计分析结果来看，具体划分权重的分项累计总分的评定结果与专业人员单纯依靠经验和专长的主观判定的认定结果相比更具客观性、准确性。

（二）充实基础数据库，提高风险评估水平

新资本协议的出台直接促成风险管理思想在商业银行的广泛运用，更使得定量评估风险、内部灵活控制的思路在金融体系受到广泛重视。随着对风险管理认识的不断深入，国际间的大中型商业银行都有了基于自身累积的发展经验提出的各具特色又相对先进的内部化风险评估模型。相比之下，我国的农村金融机构在风险管理方面既没有发展经验支撑，情况差异和技术落后也无法直接引用较为成熟的风险内控体系，风险评估方面显得尤为落后。着眼于建立有效并适用我国农村发展现况的风险评估模型，可以从以下三个方面进行考虑。

第一，必须利用信息技术平台积累有效的个体基础数据，建立类型广泛、数量充足的基础数据库，才能为我国金融机构构建风险评估模型夯实基础、提供可能。第二，要从新资本协议导向的内部灵活控制入手，在实践中有效创新风险评估措施和方法，总结适合复杂农村现状的具体风险评估方法加以推广。第三，在能有效解决风险评估空白和运用科学有效的评估方法的基础上，结合运用新资本协议中的内部模型法和内部评级法，研究出具有中国特色的风险评估方法，提高我国整体的信用评级机制。

（三）建立和完善内部评级体系

内部评级体系是一种计量信用风险的工具，主要包括客户评级和债项评级两种方法。其中，客户评级是在定量和定性的基础上，分析客户财务报表，以达到对客户进行评级的作用。而债项评级是对那些本身就存在于交易之中的某些特定风险进行测定。它用来测定的情况是：如果客户违约，那么其所涉及的债项可能会给银行造成多大损失。目前，在我国商业银行所面对

的风险中，最主要的还是信用风险。所以内部评级体系，就成了商业银行计量风险的核心管理工具。在国外银行中，信用评级已经经过了很长一段时间的发展，有关的理论和方法也较为系统。但是，这些理论和方法在我国农村金融机构中并未得到广泛的应用。这是由于信用评级体系在我国发展的时间较短，有关理论不能及时得到发展和完善。正因为如此，我国农村金融机构应该了解自身发展需求，学习国外银行的先进经验，补充和完善我国信用评级体系，使之适应我国农村信用风险管理。

二、风险分散

风险分散这一概念，是为了保值信贷机构拥有的总资产而产生的。信贷机构通常的做法是分散不同种类的资产，以此来达到减小可能损失的目的。随机分散和有效分散是分散农村信贷风险的两种方法。随机分散方法指的是通过扩展业务规模来分散风险，这种方法通常应用于业务发展正常的情况。有效分散方法是为了实现风险和收益的最优组合。它的基本思路是通过优化贷款的数量、对象、利率、种类和期限的组合，以此来减小银行的信贷风险。它所依据的是各种资产风险和收益之间的相关性。

（一）建立农业保险体系，构建风险保障制度

1. 根据各地实际情况选择合适的农业保险组织体系

目前，在商业保险公司的体系中，农业保险所占的比例还较小。如果政府可以对重视农业保险领域的商业保险公司发放一定的补贴，或者制定一些优惠的政策，比如减免所得税，那么会有更多的保险公司参与到农业保险的行列中。但是如果国家并未给与这些商业保险公司某些优惠措施，这些商业保险公司必然会因我国农业的小规模性、分散性而导致风险增大。那么，这种高风险也就必然与其追求的利润最大化目标产生矛盾。对此，就必然产生了成立专门的政策性农业保险公司的趋势。这些政策性农业保险公司是专门为办理农业保险而成立的。它们应由国家出资，所在省份的地方政府负责成

立专门的管理处；并在下一级的市、县建立分公司；在所在乡镇设立营业所，以建立多级的管理机制。但仅有这些机构并不能保证目标的顺利实现。有关政府机构还应该制定相关的政策，保证农业保险的顺利普及。例如，采取强制交保和自愿交保相结合的方式，以鼓励农民参与这些农业保险；将农业保险列入农业自然灾害救助体系之中；将商业保险与政策性农业保险结合，使之更加适应我国现阶段的农业现状。

2. 建立农业巨灾风险转移机制，分散农户融资风险

农业保险之所以比一般的商业保险风险高，是由于我国现阶段农业的小规模性和分散性。如果政策性农业保险机制与普通商业保险完全一样，对保险公司来说其风险将远高于只进行一般商业保险的业务。所以，在此基础上建立再保险制度将有效弥补这一缺陷。对保险公司来说，这可将巨大的农户融资风险和经营风险转移出去；而对农户来说，也可尽快获得赔偿，恢复生产。

3. 定制农户需要的保险产品，正确厘定和合理调整农业保险费率

涉农险种类别较多，各类险种风险有大有小，盈亏能力也不尽相同，国家应根据其自身能力和涉农险种的盈亏水平，选择一些亏损较大的涉农保险，作为政策性险种，进行政策补贴和推广并鼓励涉农贷款的发放。政府的优惠补贴政策可以降低保险公司的风险，促进农业保险业务的增长，满足农险产品的市场需求。同时，由于不同地区农业的状况不尽相同，导致其保险市场的需求也不尽相同。保险公司根据各地区的具体情况提供不同的保险产品和服务也就成了必然的需求。其中，农业保险费率也应作为一项重要的政策指标，进行正确厘定和合理调整，使之起到促进农户融资的投资生产风险的作用。

（二）扶持农业担保服务体系建设，搭建农村融资担保平台

第一，政府要支持建立政策性的融资担保机构。政府应该对县域内的农业担保公司给予一部分的扶持资金，以支持其发展。由于财力限制的原因，

县级政府组建担保公司的进度越来越缓慢。为促进县级政府加快组建担保公司的速度，省级政府应对所下属的县域农业担保公司给予资金支持。这些扶持资金可以作为省政府对这些担保公司的投资，同时政府可委派负责人作为股东对这些担保公司的运营进行监管。

第二，政府要促进企业落实"中小企业担保机构贷款担保代偿风险补助政策"，并在实践中不断发展和完善担保机构的风险补偿机制和风险分担机制，并在此基础上，进一步提高政府代偿比例。专门设立有关农机具、水利等的风险代偿制度，通过财政代偿资金、注保资金促进农业保险公司加大保险范围和力度。

第三，通过创新农村资产抵押形式，在原有基础上对农村抵押担保方式进行推陈出新。现存农村融资抵押担保存在着很多不足，这成了普惠金融发展的瓶颈，阻碍了普惠金融服务运行机制的发展和完善。基于我国土地政策的限制，农民的资产，例如房屋、土地承包经营权等，是难以作为融资抵押物的。而且农民由于收入低、生活范围窄，也难以找到担保人为其担保。这些困难都阻碍了农民进行大额融资。因此，创新农村抵押担保方式势在必行。应大力建设相关法律法规以完善农民资产抵押贷款和质押贷款的担保方式，并在实践中探索并开展新型的抵质押贷款业务。这些政策的实施不仅可以促进农村担保方式的发展和创新，还能够促进农民生活水平的提升、内需的扩大。创新传统的贷款抵押方式，大力推动农村普惠金融。

（三）应用金融衍生工具管理农村金融机构普惠金融风险

1. 利用利率期货管理农村金融机构普惠金融风险

利率期货合约是一种常见的金融衍生工具。它是一种来自交易双方的，在未来特定时间交易的承诺。交易的对象是标准化金融资产，其价格已由交易双方事先确定。由于利率期货价格与利率之间存在一定的反向关系，如果投资者预见未来利率将上升，那么其可能会作出出售利率期货合约的决定。同样，如果投资者预见未来利率将下降，其可能会作出买入利率期货合约的决定。对于农村金融机构，就可以借助利率期货管理，将其运用于信贷业务中，通过这二者之间的反向盈亏相抵，来有效地降低利率风险。

在实际应用过程中，要想利用期货合约来降低普惠金融的利率风险，必须使所持有的现货头寸与金融期货头寸相反。具体的做法可以是：如果农村金融机构预期未来利率将上升，可将其所有的利率期货出售。而合约到期后，其所出售期货的价值就能够以更低的价格买入。虽然利率上升导致了成本增加，但却可以获得期货的收益来弥补损失。这样对于农村金融机构来说，其风险是较小的。但是这种做法仅适用于金额较大的单笔业务，不适用于普惠金融这种业务量较多而业务额却较小的金融服务，其在实际操作中比较麻烦。

2. 利用期权管理农村金融机构普惠金融风险

违约期权是一种新兴的金融衍生产品，农村金融机构利用违约期权来防范利率风险。具体过程如下：当农村金融机构发生违约事件时，如果其事先购买了违约期权，农村金融机构就可以从违约期权购买者那里获得与其购买面值相对应的补偿，以此来降低其普惠金融的信用风险。即使并未发生违约事件，农村金融机构也仅仅损失违约期权的购买费用。相对于贷款未能清偿而言，银行的损失已经降低了很大一部分。

3. 利用互换管理农村金融机构普惠金融风险

信用互换包括两个方面，即总收益互换和纯粹的信用互换，它是一种应用广泛的信用衍生工具。总收益互换指的是一种义务，这种义务要求农村金融机构依照特定的利率对利息支付进行互换，这一特定的利率可以是固定的也可以是浮动的。投资机构在普惠金融利率基础上加减一定的息差，以此作为计算农村金融机构收益的指标。在这项交易中，农村金融机构可以规避普惠金融的信用风险，但由于在贷款到期时，交易双方还要结算价差，这可能会造成农村金融机构在该项业务中可能产生的收益降低。此外，这种工具在降低农村金融机构普惠金融信用风险的同时，也增加了利率风险，这必然会造成信用社现金流的变化。

而第二种纯粹的信用互换合约，可以看作一种多期的信用期权。在每一期内，信用社均需向交易对手支付一定的费用，这笔费用的数目通常是一定的。如果信用社的小额贷款出现违约事件，交易对手将会给农村金融机构支付一定数目的违约金来弥补损失。这个数目通常由初始贷款的面值减去违约贷款在到期时的价值来确定。而如果基础贷款并未出现违约事件，农村金融机构将损失那些支付给交易对手的费用。

（四）利用数字化防范管理农村金融机构普惠金融风险

数字化时代，数字信息资源丰富，变革更新迅猛，给商业银行带来了前所未有的机遇和挑战。农村金融机构利用自身的信息技术、渠道等优势积累了大量数据资源，如何更好地挖掘数据财富，为商业银行经营发展、风险控制提出了新课题。构建数据仓库、开展数据分析挖掘、强化信息系统运用、做好数据人才培养等多种手段将提升农村金融机构在大数据时代下的信贷风险防控能力。为此，应从以下几个方面加快推进。

1. 构建数据仓库

数据仓库这一概念并不是指数据库，他们之间存在着一定的差别。数据仓库的主要功能是组织存储数据，而数据库的主要功能是对数据进行存储和查询。另外，数据仓库是为了使用者进行数据分析和决策而构建的，它的功能比数据库更加高级。目前，我国的商业银行正在从已有的数据库向构建数据仓库而迈进。

2. 加强数据质量管理

农村金融机构在对数据进行分析和决策时，不单单要求数据的数量，更加要求数据的高质量。只有真实、完整、及时、一致的数据才能为使用者所用。数据质量水平低下，不仅会造成分析结果的偏离，还可能会造成数据公信力的降低，同时也造成了大量的成本消耗。农村金融机构应完善数据来源渠道，加强数据质量管理，提高数据的真实性。

3. 开展数据分析挖掘

根据 IDC 的研究，我国金融业目前对数据的重视已经达成了普遍共识，数据已然成了银行的一项重要资产。各商业银行争相进行数据挖掘、数据定制化管理方面的研究，并且很多研究成果都已经在实际工作中得到了应用。但这些方面的发展还是不足的，有关的管理部门仍需对数据分析挖掘给予足够的重视，以促进其发展和完善。

4. 贷前主动实施刚性控制

刚性控制旨在在实施信贷前对违反各商业银行制度的信贷业务予以管控。这要求各个商业银行之间能够建立跨业务平台的联系，在贷款发放前的各个环节（贷前调查、信贷审核等）对贷款业务进行监管，这种做法可以从源头上降低信用社的信贷风险。

5. 贷中创新授信风控模式

这种模式的创新做法可以参考工商银行的"POS 收单贷"，也可参考中信银行和银联商务的合作。在大数据时代，运用大数据来创新信贷产品，是对现有数据的更好利用。这有益于银行降低信贷风险，促进行业发展。

6. 贷后强化非现场监测分析

以往的银行风控管理方式是单一的，每项业务彼此分离，各客户、各账户之间并未建立联系。但他们之间的联系对银行降低风险是有益的。非现场监测分析就要求银行能够建立一种业务关联、跨账户交易和上下游联动的信息流和资金流。这就加强了银行对企业资金往来的监控。

在数字化时代下，对信贷风险的防控面临着许多的变革。相对于过去而言，这已经是一项全新的工程。传统的技术和分析能力也面临着变革。各级信贷管理层的风险管理理念也要与时俱进。各级金融机构已经越来越意识到要将数据挖掘应用于精细化管理，并逐渐应用于风险管理领域。

三、风险抑制

信贷风险抑制是指通过优化对贷款风险的监管来达到两方面的目的，即最大限度地避免风险的发生以及最大限度地减少由风险发生所带来的损失。

(一) 完善普惠金融法律法规，探索风险防范措施

在普惠金融方面虽然制定了一些法规，但其约束力不强，不足以保证信贷资金的安全。为了使普惠金融服务能够日趋完善，必须将其上升到法律层次，将信贷风险降至最低。

建立完善的普惠金融法律法规是信贷机构日趋成熟的标志。虽然在这些普惠金融机构建立之初，已经制定了一些规定，但在实践中，这些规章制度仍然是有欠缺的。为了进一步提高农村金融机构资金的安全性，有关部门应该尽快将这些政策性的规程逐步补充完善，以上升至法律层级，有效降低农村金融机构的运营风险。

法律法规的不健全不仅造成了许多实践中的问题，还阻碍了普惠金融的发展步伐。由于普惠金融与普通商业银行的业务有很大的不同，有关商业银行业务的法律法规并不适用于普惠金融业务。而且，普惠金融业务的成本要普遍高于一般的商业贷款，而其收益却较小。没有完善的普惠金融法规，很难保证普惠金融的顺利发展。普惠金融体制同样存在一些不足。由于一些普惠金融机构的法律定位不明确以及相关监管政策的缺失，很容易出现管理不善的问题，这就可能引发社会矛盾，影响社会和谐。这就要求政府必须加快完善有关法律法规，以法律的角度规定普惠金融的各项机制，明确普惠金融的法律地位，确保其良性发展。

(二) 完善农村金融机构监管体系

我们要学习国外发达国家的监管经验，要求金融监管部门和行业自律协会之间相互配合，共同对农村金融机构进行监管。

第一，明确银监会及其下属机构的监管职责，加强管控力度。由于农村金融机构分布分散，与一般商业银行的经营方式存在差异，所面对的风险也不同，这就导致了传统的监管方式不适用于对普惠金融的监管。对此，我们应采取分类监管的措施，与一般商业银行的业务区别开，按照不同的标准和方法对其进行监管。同时，要对这些监管数据进行统计、筛选和整合，以加

强监管部门监督的有效性。

第二，行业自身要与银监会协同合作，共同监督行业的运营状况。农村信贷机构的分散性和差异性给实际的监管工作带来了很大的困难，只依靠银监会的监督不足以规范农村金融机构的运营。行业自律协会应在监督中发挥自身的重要作用，协调和完善银监会的监督职能。行业自律协会可在有关法律法规的基础上，根据实际监管的问题和经验，制定一些行业准则，并保证其实施。这些准则应起到规范行业内经营行为的作用，以促进行业的发展，维护良好的竞争秩序。

第三，社会中介机构和新闻媒体要勇于进行信息披露，推动信息披露制度改革，发挥其监督作用。

（三）加强农村金融机构信用风险内控体系建设

农村金融机构为了完成信贷的任务目标，对各信贷的职能部门和工作员工进行科学的管理、严格的监控、技术的创新来进行风险控制的方法就叫作农村金融机构信用风险内控体系建设。要使农村金融机构的信用风险内控体系得到完善和发展，应做到加强信贷风险管理组织的科学性，构建科学有效的风险管理系统。同时，在进行信贷业务时，不能忽略信用评级体系的重要参考价值。只有科学系统地对信贷业务进行评估，才能有效降低信用风险；要加强对贷款数据的跟踪记录；通过构建数据库，详细记录贷款流向和用途，以达到评估风险的作用；定期对硬件系统和软件系统进行更新和检查，以降低操作风险。

（四）强化责任认定和责任追究

监管部门要严格按照相关法律法规处理问题，对不正当贷款的责任认定与处罚要严惩不贷，对于玩忽职守、责任落实不到位、不按规章制度办事的工作人员，要进行批评教育，必要时追究其法律责任。

不论责任人已提拔、已换岗、已调离，都要依据有关规定严格追究责任。同时，在处理方式上也要从经济处罚为主转到行政、岗位任职资格和经济处罚并重，以警示和强化风险责任意识。尽快调整案件考核办法，为有效打击不法分子欺诈银行融资，监管部门不宜把外部欺诈案件作为对银行的约束性考核指标，应当鼓励银行报案，对成功防堵欺诈案件的事例更要及时给予表扬。

第六节　本章小结

本章首先概括性地介绍了农村金融机构信用风险的内涵及其特殊性，并进一步阐述了农村金融机构信用风险的生成机理，具体包括逆向选择和道德风险两个部分，从而引出了我国农村金融机构进行信用风险管理的必要性和重要性；其次引入了博弈论，通过运用囚徒困境理论，分析了农村金融机构的信任程度与农户信用风险之间的博弈关系；最后结合之前所得的博弈分析过程，构建了以农村金融机构、农户和中介担保组织（如农户联保小组、村委会等）为主体的三维被迫诚信管理控制机制，增强了农村金融机构对农户的信任。同时，本章根据"三维被迫诚信"管理控制机制，构建信贷风险控制体系，从风险规避机制、风险分散机制和风险抑制机制入手，完善多元化农村金融供给体系，改革农贷利率政策和增强农户偿贷能力，建立小额信贷激励机制等控制和化解当前农户小额信贷融资信用风险、提高贫困农户融资能力的对策体系。

| 第六章 |

农民收入与幸福感 *

本章基于绝对收入和幸福感的理论分析，以苹果种植业为例，对陕西两个整村的农户进行实地调研，分析绝对收入和农民幸福感现状，进而系统地探讨绝对收入对幸福感的影响，并对群体差异性、影响机制进行了深入剖析。从绝对收入的角度提出缩小地区间差距、打破流动性壁垒的对策建议，以实现农村社会和谐发展、农村居民幸福感提升。

第一节　农民收入与乡村建设

一、农民收入现状

"三农"问题的核心是农民，农民问题的核心是收入。统筹提高农民的工资性、经营性、财产性和转移性四个方面的收入，促进农村经济的全面发展是党和政府持续关注的重点。在国民经济运行总体平稳、增速放缓的大背景下，农民收入保持了持续较快的增长势头。国家统计局数据显示，农民人

---

* 本章部分内容来源于：尤亮，杨金阳，霍学喜. 绝对收入、收入渴望与农民幸福感——基于陕西两个整村农户的实证考察 [J]. 山西财经大学学报，2019，41（3）：16 - 30. 尤亮，霍学喜，杜文超. 绝对收入、社会比较与农民主观幸福感——基于陕西两个整村农户的实证考察 [J]. 农业技术经济，2018（4）：111 - 125.

均可支配收入 2014 ~ 2022 年分别为 10 489 元、11 422 元、12 363 元、13 432 元、14 617 元、16 021 元、17 131 元、18 931 元和 20 133 元①，增长率分别为 8.90%、8.24%、8.65%、8.82%、9.61%、6.93%、10.51% 和6.35%，取得较快增长，但增收放缓，可见农民增收的难度越来越大；与此同时，人均消费支出 2014 ~ 2022 年分别为 8 383 元、9 223 元、10 130 元、10 955 元、12 124 元、13 328 元、13 713 元、15 916 元和 16 632 元②，增长率分别为 10.02%、9.83%、8.14%、10.67%、9.93%、2.89%、16.07% 和4.50%③，可见生活支出居高不下，且逐年攀升。农民收入的绝对水平是人们获得幸福的物质基础，为提高农民的生活质量、创造高品质生活提供了基本保障。

二、乡村建设的历史沿革

1. 缓慢起步阶段 （1978 ~ 1992 年）

改革开放以后，农村地区积极推行"包产到户、包干到户"，农民的生产积极性得到极大提升，剩余劳动力逐渐从土地上解放出来进入非农部门，实现了经济繁荣和资本积累，为农村基础设施和房屋建设提供了经济基础，掀起一股农房建设的热潮。这一措施解决了住房面积短缺的问题，但出现了房屋结构不合理、功能不完善、耕地被占用等问题。

为规范此类问题，1982 年全国第二次农村房屋建设工作会议提出将乡村及周边环境进行综合规划，"城乡建设环境保护部"成立，并依据中央文件进行村镇规划编制工作。乡村建设逐步走上有规可循的道路，乡村规划的理论基础、方法、技术和标准也初现雏形。

2. 积极探索阶段 （1993 ~ 2004 年）

党的十四大把建设社会主义市场经济体制放在首位，加速了城镇化进

---

①② 数据来源于国家统计局.农村居民人均收入情况［EB/OL］. https：//data. stats. gov. cn/easyquery. htm?cn = C01&zb = A0A03&sj =2022.

③ 增长率数据由笔者整理计算所得。

程，但由此引发的农村资源、土地、劳动力向城市流入，导致了城乡发展不平衡和延续至今的城乡二元结构现象。为促进城乡平衡发展、实现城乡融合，2003 年 10 月，党的十六届三中全会将"统筹城乡发展"摆在国家全面发展战略构想中"五个统筹"的首位。乡村建设探索阶段政策进程如图 6 - 1 所示。

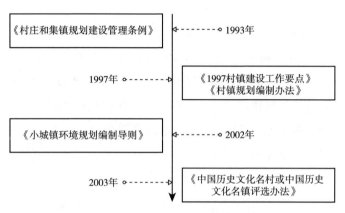

图 6 - 1　乡村建设探索阶段政策进程

在探索期间，地方各级政府对乡村建设工作的重视程度逐渐提高。部分地区全面开展环境整治工作，主动探索完善农村基础设施的可行路径。引人注目的是，2003 年浙江省全面整治行政村，开展"千村示范、万村整治"工程，取得了千个行政村建设成全面小康示范村的阶段性丰硕成果。

3. 蓬勃发展阶段（2005～2011 年）

2005 年，党的十六届五中全会将乡村建设摆在国家发展的重要位置，明确提出"工业反哺农业、城市支持农村"，并提出了乡村建设的具体要求。同时，国家全面取消农业税，旨在减轻农民负担、实现增收，为乡村建设提供经济支撑。

2008 年，党的十七届三中全会进一步提出农村建设"三大部署"，成为农村产业调整的新契机。当年颁布的《中华人民共和国城乡规划法》取代了《中华人民共和国城市规划法》，自此乡村建设正式纳入法制体系内，有力遏制了各地农村无序建设、违法建设的混乱现象。

这一阶段中国乡村建设迅速发展，全国范围内乡村建设典范层出不穷。例如，2008 年初，浙江省安吉县正式提出"中国美丽乡村"计划，推动农村产业发展，促进村容村貌和生态环境改善，成为中国新农村建设的鲜活样本。

4. 稳步推进阶段（2012～2017 年）

城镇化的快速发展推动乡村建设由"数量为重"向"质量为重"转变。2013 年，中央提出"新型城镇化"的概念，旨在保护农民利益，实现城乡统筹和可持续发展。在该阶段乡村建设工作从产业、生态、文化三个方面齐头并进，包括美丽乡村建设、人居环境建设和传统村落保护三大板块。

（1）美丽乡村建设。2012 年党的十八大提出"美丽中国"概念，2013 年中央一号文件提出建设"美丽乡村"，2015 年中央发布《美丽乡村建设指南》，层层细化推动美丽乡村建设。2017 年，党的十九大报告提出要走中国特色社会主义乡村振兴道路，美丽乡村建设仍是国家发展战略的重点。各地相关部门开展了美丽乡村建设的实践。

（2）人居环境建设。2013 年，住房和建设部为提升乡村人居环境质量，对村庄进行整治。2014 年，国务院建立了农村人居环境统计和评价机制，此后住房和建设部每年开展一次全国范围内行政村农村人居环境调查，举办创建改善农村人居环境示范村活动，2017 年公布了村庄规划示范名单。

（3）传统村落保护。2012 年中央一号文件中提出"加大力度保护有历史文化价值和民族、地域元素的传统村落和民居"，明确了"传统村落"和"古村落"的区别，并建立认定体系。

5. 成熟阶段（2018 年至今）

党的十九大报告将生态宜居作为乡村振兴战略的重要内容，明确要开展乡村人居环境整治行动。2018 年底至 2019 年初，相关部门相继出台了《农村人居环境整治三年行动方案》《农村人居环境整治村庄清洁行动方案》《关于推进农村"厕所革命"专项行动的指导意见》等文件。2022 年，中共中央办公厅、国务院办公厅印发了《乡村建设行动实施方案》，强调以普惠性、基础性、兜底性民生建设为重点，加强农村基础设施和公共服务体系建设，努力让农村具备更好的生活条件，建设宜居宜业美丽乡村。党的二十大擘画了以中国式现代化全面推进中华民族伟大复兴的宏伟蓝图，明确指出要从村庄规划、人居环境整治、基础设施建设、公共服务等方面扎实推进宜居宜业和美乡村建设。

纵观乡村建设的历史沿革，主要发展脉络如图6-2所示，该历程逐步从满足基本生存需要到实现更高层次的生活水平的转变，更为关注乡村的生态环境、可持续发展能力和农民精神世界的富足。

图6-2　乡村建设各阶段建设重点

改革开放以来，虽然中国居民收入大幅增加，但幸福水平并没有得到相应提升，甚至呈下降趋势（张慧、袁岳，2005）。幸福感作为反映民生的重要指标，应该被政策制定者重点关注。早在2003年中国政府就提出以人为本的可持续发展理念，即政府在关注经济发展的同时，也关注群众的幸福感。

三、农民收入和乡村建设的内在联系

乡村振兴是实现共同富裕的必经之路，而乡村建设是实施乡村振兴战略的重要任务，也是国家现代化建设的重要内容。乡村建设、乡村振兴、共同富裕相辅相成，没有乡村建设就很难实现乡村振兴，也就无法搭建实现共同富裕的桥梁。

农民收入持续增长与乡村建设有着密切的联系，二者相辅相成、相互统一，是解决当前"三农"问题的核心。促进农民收入持续增长是乡村建设的中心任务，而推进社会主义乡村建设则是农民收入持续增长的重要保障与最终归宿。具体而言，增加农民收入是"三农"工作的中心任务，收入能否持续快速增长，关乎农民的切身利益，是实现共同富裕的关键所在。促进农民收入较快增长、持续提高农民生活水平，是实施乡村振兴战略的根本出发点，也是实施乡村建设行动的落脚点。农民收入和乡村建设相辅相成、相互促进，不断推动乡村振兴进程、实现共同富裕，最终扎实推进中国式现代化。

第二节　农民收入与幸福感

一、幸福感释义

幸福感是人类基于自身的满足感与安全感而主观产生的一系列欣喜与愉悦的情绪，是一种主观体验。主观幸福感是个体对目前生活总体质量进行积极评价的程度，即个体对自己生活的喜欢程度（Veenhoven，1984），反映人们对其生活质量所做的情感性和认知性的整体评价。在这种意义上，决定人们是否幸福的并不是实际发生了什么，关键是人们对所发生的事情在情绪上作出何种解释，在认知上怎样进行加工。在研究中通常用个体的幸福感替代幸福，其优势在于：幸福感作为个体的主观感受能避免学术界对幸福概念无休止的争论；幸福感能够测度，便于展开实证研究（奚恺元等，2008）。

自伊斯特林（Easterlin）提出"收入—幸福悖论"以来，个体幸福感的影响因素及如何提升问题激发了众多经济学家的兴趣。幸福感作为反映民生的重要综合指标，在理论研究和实践发展中都值得关注。结合中国城乡收入差距较大、区域发展不平衡的现实背景，农民作为收入较低、社会地位处于劣势且数量庞大的社会群体，其幸福感尤为值得关注。

二、农民收入对幸福感影响的理论框架

福利及幸福是经济学研究的核心问题。亚当·斯密（2008）认为，人类

经济行为的核心价值追求是提升社会和谐、改进人类福祉。随着序数效用的研究进展，幸福问题逐渐淡出主流经济学视野，而集中在度量满足主观需要的客观对应物方面，经济学逐渐演变成为分析财富生产、分配和消费的社会科学（王鹏，2012）。1974年，伊斯特林基于美国不同时期收入变化与幸福感变化关系的研究结果，提出"幸福悖论"，即随着人均收入增加，与之对应的居民平均幸福水平并未提高，该悖论重新激发了经济学界对收入与居民幸福感关系问题的关注。

从时间序列维度看，基于发达国家和发展中国家内部的收入跨期增长与幸福感水平关系的研究，证实了"幸福悖论"的存在（Blanchflower and Oswald，2004；Easterlin et al.，2010）。但从时间截面维度看，基于发达国家、发展中国家内部高收入人群与低收入人群之间的比较研究表明，高收入人群比低收入人群的幸福感水平更高（Easterlin，1995），但对低收入人群而言，收入变化对其幸福感的影响较大（Boes and Winkelmann，2010）。值得注意的是，田国强和杨立岩（2006）认为，特定人群的收入水平存在一个与非物质初始禀赋正相关的临界值，当收入水平未达到该临界值前，收入增加能提高该人群的幸福水平；当收入水平达到或超过该临界值之时，收入增加会降低该人群的幸福水平。哈斯（Rojas，2007）也认为，收入只有在满足人们基本需求时才与其幸福感之间存在相关关系，一旦基本需求得到满足，其收入与幸福感之间的关系就具有不确定性。而且，田国强和杨立岩、罗哈斯的研究结论与马斯洛需求层次理论具有内在一致性。

党的十九大报告指出，实施乡村振兴战略，要坚持农业农村优先发展，按照产业兴旺、生态宜居、乡风文明、治理有效、生活富裕的总要求，不断提升农民的获得感、幸福感、安全感。学术界对幸福感这一重要领域进行了重点关注，探讨收入和幸福感的关系。在调查数据、调查样本等不同的情况下，学者们得出了具有差异性的结论。有的研究在控制相对收入的影响后，发现家庭人均收入对受访者的幸福感具有正向促进作用，但也有研究发现绝对收入对受访者的幸福感并没有显著影响。在中国城乡融合发展情境中，研究结论的不一致性可以归因为：学者具体研究中采用的数据类型不同和调研对象覆盖、分布范围不同；幸福感影响因素的复杂性，尤其是在具体研究中往往忽视了经济发展水平、政策效率、文化差异、自然环境等因素。

新古典经济学框架下通常用效用替代幸福，认为个体幸福会因收入增长而得到改进，即收入增加会导致决策主体的预算约束线向右上方移动，并与新的无差异曲线相切，表明决策主体的效用或幸福感得到改进（萨缪尔森和诺德豪斯，2008）。

在实地调研中发现，农户的人情往来、教育、医疗开支依然是除基本生活消费外的主要支出，尤其是农户针对未婚男性青年在城镇购买住房的愿望强烈，部分家庭因此承受长期债务困扰；同时，绝对收入对于农民抵御农业自然灾害、降低家庭成员重大疾病的负面影响具有重要意义。在中国情境中，农民的需求普遍处在马斯洛需求层次论中的低层次（叶静怡等，2017），因而绝对收入增加对农民的基本生存仍然具有重要意义，对提升农民幸福感具有积极作用（尤亮等，2018）。幸福感作为个体对其整个生活评价后的总体验，已有研究发现幸福感与人格特质相关，如人格五因素模型中的人格特质（Steel et al.，2008），并且幸福感的变异也是可遗传的（Bouchard and Loehlin，2001），因而农民对其总体生活质量的主观评价高，也可能从人格特质层面暗含着该农民比较容易获得满足，即绝对收入对农民幸福感的促进效应并非是同质的。宾德和考德（Binder and Coad，2011）的研究也证实了对于幸福感不同的个体，绝对收入变化对幸福感的促进作用存在差异。

三、农民收入对幸福感影响的实证研究

本部分采用典型抽样方法获取整村调研数据，于 2016 年 6 ~ 7 月采用驻村调研方式，对陕西富县的两个行政村进行实地调查。两个行政村均为苹果专业村，两村间的直线距离约为 14 千米。调查对象为苹果户的生产经营决策者，总样本量为 616 份，其中有效样本量为 611 份。样本苹果户数量分布为甲村 308 户，占甲村总户数的 74.57%，占甲村目标样本的 88.25%；乙村 303 户，占乙村总户数的 78.09%，占乙村目标样本数的 87.57%。在家庭状

况度量中，本部分采用家庭总人口、家庭是否发生借贷、土地面积、遇到困难能帮忙的人数、是否拥有小汽车等特征指标，在个人特征方面则以调查对象的个人信息为主。

利用 PWI 量表的总体部分测度农民幸福感，即"总的来说，您对当前的生活有多满意？"，答案分为"非常不满意"到"非常满意"7 档，对应数字 1~7。表 6-1 表明，总体受访者的幸福程度均值为 4.76，84.29% 的受访者对生活的满意度在 4 以上，表明两个样本村的调查对象总体上较幸福，但甲村的幸福感高于乙村，且乙村的方差更大。

表 6-1　　　　　总体样本与甲村、乙村样本的幸福感统计描述

幸福感	1	2	3	4	5	6	7	样本量	均值	标准差
甲村	15	12	14	61	100	69	37	308	4.86	1.48
乙村	13	21	21	75	76	69	28	303	4.65	1.52
总体	28	33	35	136	176	138	65	611	4.76	1.51

两个村庄间的农民幸福感存在显著差异，那么这种差异源自何处？为探讨村庄间农民幸福感存在差异的原因，拟采用 Oaxaca-Blinder 分解方法分析甲、乙村间农民幸福感差异，于机制探索部分进行探讨。

为准确测定农民收入对幸福感的影响，利用 2015 年苹果种植户苹果种植收入指标测定农民的绝对收入。表 6-2 揭示了农民绝对收入等级所对应的幸福感分布百分比。幸福感程度较低（1、2 和 3）的样本数量随着绝对收入等级的提高而递减，其所对应的绝对收入第一等级的样本量占绝对收入第一等级所有样本量的 30.72%，而其所对应的绝对收入第四等级占绝对收入第四等级所有样本量的 3.26%。幸福感较高（5、6 和 7）的样本数量随着绝对收入等级的提高而增加，其所对应的绝对收入第一等级样本量占绝对收入第一等级所有样本量的 41.18%，而其所对应的绝对收入第四等级占绝对收入第四等级所有样本量的 83.67%。从每一绝对收入等级的农民幸福感均值看，农民幸福感的均值随着收入等级的提高而增加，其中，绝对收入第四等级农民幸福感均值与第一等级的差值较大，为 1.5249。可以初步判断农民的绝对收入与其幸福感正向相关。

表 6 - 2　　　　　　　　　农民绝对收入与其幸福感分布百分比　　　　　单位：%

幸福感	总体占比	苹果收入等级				
		第一等级	第二等级	第三等级	第四等级	第四等级与第一等级之差
1	4.58	12.42	2.61	2.63	0.65	-11.77
2	5.40	8.50	7.19	5.26	0.65	-7.85
3	5.73	9.80	6.54	4.61	1.96	-7.84
4	22.26	28.10	26.80	21.05	13.07	-15.03
5	28.81	23.53	32.68	28.29	30.72	7.19
6	22.59	13.07	15.69	29.61	32.03	18.96
7	10.64	4.58	8.50	8.55	20.92	16.34
样本量	611	153	153	152	153	—
幸福感均值	4.7561	3.9935	4.6078	4.9013	5.5229	1.5294

注：绝对收入第一等级为绝对收入的最小值至 0.25 分位点，第二等级为绝对收入的 0.25 分位点至 0.50 分位点，第三等级为绝对收入的 0.50 分位点至 0.75 分位点，第四等级为绝对收入的 0.75 分位点至最大值。

绝对收入的增加都会带来农民幸福感的提升。近年来，农民的生活水平日益改善、生活质量全面提高，农民群体的收入虽然取得了较快的增长；但生活成本、教育成本、医疗费用以及生产成本仍然持续增长，农民群体大体上仍处于马斯洛需求层次中的低层次。提高农民绝对收入对解决"三农"问题至关重要，也是提高农民幸福感的重要途径。

第三节　农民收入对幸福感的路径探索

一、农民收入对幸福感的路径探索——社会比较

（一）社会比较释义

人类的经济活动与生计行为都深度融入社会网络，其社会心理和行为特征特别是观念、能力等需要通过比较、凝练而形成定义，并不是依托单纯的客观标准来定义。这种基于人类内在的社会心理和行为获得人类社会特征的

方式被定义为社会比较（Festinger，1954）。社会比较过程是自发的、无意识的（Gilbert et al.，1995），是影响人类判断、经历和行为的基本心理机制（Corcoran et al.，2011）。社会比较包括上行比较、平行比较、下行比较，并通过对比效应或同化效应对个体的自我评价会产生影响上（平、下）行比较，即与比自己优秀（相似、差）的人比较；对比效应，即个体面对上行比较信息时会降低其自我评价水平，或面对下行比较信息时会提升其自我评价水平；同化效应，即个体面对上行比较信息时会提高其自我评价水平，或面对下行比较信息时会降低其自我评价水平（邢淑芬和俞国良，2005）。经济学家也认为人们会将其收入、社会地位或效用与其他人进行比较。马克思在其著作《雇佣劳动与资本》（2019）中强调，人们的需要和快乐来源于社会，对需要和快乐的度量依托于社会情景，即具有社会性、相对性。特沃斯基和卡尼曼（Tversky and Kahneman，1974）认为，个体偏好并不是按照一个固定的顺序来选择，而会考虑周围环境的影响，即依赖"参照点"来指导选择。因此，个体依据社会比较形成的参照收入是影响幸福感的重要因素。社会比较的关键又在于参照对象的选取。

（二）社会比较在绝对收入对农民幸福感影响中的机制架构

在客观的社会比较选取标准对居民幸福感的影响方面，通常采用同一个国家的其他居民平均收入、居住在同一区域的其他人的平均收入（Persky and Tam，1990）、总体样本中与受访者相比年龄变化幅度小于5岁的人群的平均收入（McBride，2001），以及相似的教育水平、年龄、地理区域的个体收入水平（Ferreri and Carbonell，2005）等指标，表征社会比较对象的收入水平。研究发现，社会比较对象收入的增加并没有导致居民幸福感提升，甚至具有负向影响。针对中国情境，罗楚亮（2017）采用城乡住户调查数据，并将居住在同一区域的其他人作为比较对象，研究发现当地平均收入水平对居民的幸福感具有负向影响。但裴志军（2010）采用浙西农村调查数据研究发现，当地平均收入水平对幸福感具有显著的正向影响。该研究结论差异表明，客观的社会比较对居民幸福感的影响可能受社会比较对象选取标准以及研究区域选择因素的影响。

在主观的社会比较选取标准对居民幸福感的影响方面，格拉汉姆和佩蒂纳托（Graham and Pettinato，2001）采用受访者对当前经济状况与过去经济状况的比较，以及未来一年的经济状况改善预期、当地经济地位作为比较标准，结果表明这三项比较标准指标对居民幸福感均具有显著正向影响。针对中国情境，罗楚亮（2009）采用受访者家庭收入与其所需的保障最低生活水平收入的对数差作为比较标准，研究发现该比较标准对居民幸福感具有显著正向影响，但该研究忽视了与他人比较的任何信息。官皓（2010）采用受访者对其收入在当地所处水平的自我评价指标作为比较收入的度量指标，发现比较收入对幸福感具有显著正向影响。胡春萍等（2015）采用类似的社会比较标准，得出相同的结论。可见，采用受访者对自身收入在当地所处水平的自我评价作为比较标准，可较为精确地表达受访者的社会比较效果。

综上所述，选择不同的社会比较参照对象而形成的比较收入标准，均对居民幸福感产生显著影响，但影响的方向存在差异。基于受访者的主观价值标准所选择的社会比较参照对象，比研究者指定的比较标准更为合理，也更能反映社会比较的内涵。本章关注农民收入维度的社会比较，采用受访者主观认定和选择的比较对象的收入作为社会比较的参照标准。依据社会比较理论，农民收入的社会比较对象选择取决于农民自身的绝对收入状况。社会比较对农民的幸福感具有显著影响，而且社会比较在绝对收入对农民幸福感的影响中具有中介作用。

（三）社会比较在农民收入对幸福感影响起调节作用的实证研究

为正确测定农民收入对幸福感的影响中社会比较所起的中介作用，通过询问调查对象"以下表格中的人群，您一般同哪些人在苹果种植收入上进行比较？"和"刚刚挑选的农户中，您认为哪个农户对您影响最大？"两个问题。其中，第一个问题依据框架效应原理设置，可有效避免调查对象随意回答第二个问题，或直接询问社会比较对象时拒绝回答；通过"这一位和您之间存在什么关系？"和"您和这位比较对象在苹果种植上的相似程度？"两个问题，确定调查对象与比较对象间的社会关系、社会比较倾向。此外，调查队员还向调查对象展示 10 级收入阶梯卡片，并通过"梯子的最高处意味着在本村收入最高，梯子的最低处意味着收入在本村收入处于最底层，您觉得您家去年种植苹果收入在本村处在什么位置？最高为10，最低为1"的问题，确定调查对象家庭苹果种植收入在本村所处的位置和水平。

通过数据整理，揭示了调查对象和比较对象间的关系，如表6－3所示。结果表明调查对象主要与本村的熟人进行比较，即苹果户选择参照对象主要取决于信息可获得性，关系越紧密越可能成为比较对象。

表6－3　　　　　　　调查对象与社会比较对象间关系分布　　　　单位：位

关系	亲密朋友	熟人	普通朋友	自己	家庭成员	本村名人	想象的人	陌生人	其他
甲村	17	220	31	25	7	2	0	0	6
乙村	10	221	49	11	11	1	0	0	0
总样本	27	441	80	36	18	3	0	0	6

表6－4揭示的是调查对象与社会比较对象间的相似性。调查对象选择比自己经营好的苹果户作为比较对象的，占总样本的67.71%，下行比较的只占1.80%，平行比较占30.48%；值得关注的是，两个村庄的农民在上行比较的比例上存在着差异，其中，甲村为61.31%，乙村为74.17%。结果表明，调查对象采用以上行比较为主的比较方式。舒斯和惠勒（Suls and Wheeler，2013）认为，个体喜欢与比自己等级高的对象进行比较，以便寻找差距、达到自我进步的目的。柯林斯（Collins，1996）认为，如果个体预期达不到上行比较目标，将产生对比效应，即产生自卑感和消极的自我评价；如果个体预期能达到上行比较目标，则会产生同化效应，并提升其自我价值感。本部分的研究中，若社会比较产生同化效应，则会对幸福感产生正向激励；若产生对比效应，则会对幸福感产生负向激励。

表6－4　　　　　　　调查对象与社会比较对象间相似程度分布

相似程度	差得多	较差	稍差	相似	稍好	较好	好得多
甲村	1	3	3	111	82	38	67
乙村	0	0	4	74	87	65	72
总样本	1	3	7	185	169	103	139

为了探讨社会比较在绝对收入对农民主观幸福感影响中的中介作用，本书采用温忠麟等（2005）的检验中介效应方法。估计结果如表 6 – 5 所示。社会比较在绝对收入对农民主观幸福感影响中存在部分中介效应，即绝对收入对农民的主观幸福感的影响，有一部分是通过中介变量社会比较起作用。

表 6 – 5　　　　　　　　社会比较的中介效应检验

社会比较	Coef.	Std. Err.	t	P > |t|
绝对收入	0.4014	0.0384	10.45	0.000
调整 R^2	0.3970			
样本量	611			

这一结论凸显出社会比较在绝对收入对农民幸福感影响中的关键性作用。研究区域内的农民的社会比较以上行比较为主，并具有同化效应特征，比较对象多为村内关系密切者，比较对象的范围相对狭窄，会使受访者对其未来收入有更好的预期，可能会形成"先富带后富"发展情境。这也回答了为何经济、社会地位相对于城市居民而言处于劣势的农民却具有较高的幸福感。

为探讨两个村庄间农民幸福感存在显著差异的来源，使用 Oaxaca-Blinder 分解，可将村庄间的农民幸福感差异分解成由村庄间农民的特征（绝对收入、社会比较等）差异导致的条件期望差异部分（也称特征效应）和无法由村庄间农民在特征上的差异得到解释的条件期望差异部分（也称系数效应）。

本部分采用基于 OLS 回归的 Oaxaca-Blinder 方法进行分解。分解针对的是甲村农民的幸福感减去乙村农民的幸福感的差额，因而特征效应分解结果中的正号表示在某项指标上甲村处于优势。表 6 – 6 表明，对于特征效应解释的幸福感差异而言，绝对收入贡献最大，为 0.2078，解释了总特征效应的 96.0881%；社会比较的贡献为 0.2071，解释了总特征效应的 95.7596%，表明甲村农民在绝对收入、比较对象收入等特征上具有优势，拉大了两个村庄间的农民幸福感差异。值得注意的是，社会比较变量的特征差异大于总差异，表明甲村农民并没有获得与其特征相匹配的幸福感水平，社会比较优势没能有效转化为幸福感优势，这也说明比较对象收入对甲村农民的幸福感影响程度小于乙村农民，即甲村农民的社会比较对幸福感的同化效应更小，表现为正的特征效应和负的系数效应，原因可能在于甲村农民的上行比较比例较低。

表 6 - 6 　　　　　　　基于 OLS 回归的 Oaxaca-Blinder 分解

变量	总效应（百分比）	特征效应（百分比）	系数效应（百分比）
ltotal_income	0.3117（144.2264）	0.2078（96.0881）	0.1039（48.1384）
lsoc_income	0.1399（64.6253）	0.2071（95.7596）	- 0.0672（ - 31.1343）
gender	0.2282（105.6852）	- 0.0023（ - 1.0766）	0.2305（106.7618）
age	0.4435（205.4116）	0.0139（6.4382）	0.4296（198.9734）
health	- 0.0912（ - 42.2794）	0.0298（13.7732）	- 0.1210（ - 56.0526）
edu	0.5402（250.2017）	0.0264（12.2182）	0.5138（237.9835）
socstatus	0.0652（30.1700）	- 0.0005（ - 0.2538）	0.0657（30.4238）
pop	0.3309（153.2276）	0.0070（3.2218）	0.3239（150.0058）
car	- 0.0282（ - 13.0455）	- 0.0235（ - 10.8685）	- 0.0047（ - 2.1770）
debt	- 0.0385（ - 17.8050）	0.0002（0.1025）	- 0.0387（ - 17.9075）
area	0.0259（11.9833）	- 0.0007（ - 0.3397）	0.0266（12.3230）
assi	0.0358（16.5475）	0.0125（5.7667）	0.0233（10.7808）
bus	- 0.0292（ - 13.5398）	- 0.0018（ - 0.8296）	- 0.0274（ - 12.7102）
cons	- 1.7172（ - 795.4088）	0.0000（0.0000）	- 1.7172（ - 795.4088）
总效应	0.2168（100）	0.4758（220）	- 0.2591（ - 120）

对于系数效应解释的幸福感差异而言，受教育水平、年龄、家庭总人口影响较大，这些变量的系数差异拉大了两个村庄间的农民幸福感差异。值得关注的是，常数项贡献最大，为 - 1.7172，占总系数效应的 - 795.8410%，这一项缩小了两个村庄间的农民幸福感差异，度量的是两个村庄间农民幸福感差异中不可解释的部分，体现的是一些未能观测到的因素的影响。

二、农民收入对幸福感的路径探索——收入渴望

（一）收入渴望释义

收入渴望定义为决策主体以未来可能实现的收入为导向，识别能够激发和引导其行为的最佳收入选择的能力，这种能力随着决策主体的自身收入经

历和周围人收入的变化而变化，但却具有相对稳定性。根据收入渴望的定义，在收入渴望的形成过程中，个体通常会受其周围人收入状况的影响，建立在与周围人的收入进行比较的基础上（Stutzer，2004）。当周围人的收入较高或较低以及发生收入变化时，会影响个体对未来可能实现的收入的预判，影响个体识别能够激发和引导其行为的最佳收入选择的能力，即影响个体的收入渴望，从这一点看收入渴望实质上已体现相对收入的内涵。

（二）收入渴望在绝对收入对农民幸福感影响中的机制架构

在对收入渴望进行度量时，斯徒泽（Stutzer，2004）针对瑞士居民采用维持家庭生活所需"最低"收入水平作为收入渴望的代理变量，发现收入渴望随着个体所在社区的家庭平均收入水平的增加而增加；奈特和古纳蒂拉卡（Knight and Gunatilaka，2012）针对中国农村居民采用维持家庭生活所需"最低"收入水平作为收入渴望的代理变量进行研究，发现家庭收入比较的参照群体范围超出本村庄的个体其收入渴望高于收入比较的参照群体仅在本村庄的个体，家庭收入远低于村庄平均收入水平的个体的收入渴望高于家庭收入处于村庄平均收入水平的个体。可见，无论使用客观指标测度的相对收入还是使用主观指标测度的相对收入均对收入渴望有显著影响。但使用不同的相对收入测度指标会导致相对收入对幸福感影响的方向存在差异（Knight and Gunatilaka，2011），事实上相对收入通过对个体的收入渴望产生影响进而影响个体的幸福感。在收入渴望的测量中已考虑到个体与周围人的收入比较，可以避免因相对收入测度方法差异导致的相对收入对居民幸福感的影响不一致。

渴望适应理论（Selten，1998）表明，当决策主体成功实现前期收入渴望时，决策主体会很快适应该收入水平，并以此为基准进一步提高收入渴望；反之，决策主体则会向下调整收入渴望。渴望适应使得个体的收入渴望随着绝对收入的增加而增加，随着绝对收入的减少而减少。已有研究采用维持家庭生活的"足够"收入水平和维持家庭生活所需的"最低"收入水平作为收入渴望的代理变量，发现家庭绝对收入越高，个体的收入渴望越高。

依据"享乐水车"理论（Brickman and Campbell，1971），人类趋乐避

苦的本性会促使人们适应新的环境，并对生活中连续或重复出现的愉悦、快乐性刺激的适应性更强，如绝对收入增加带来的刺激。奈特和古纳蒂拉卡发现，从农村迁移到城市的居民收入渴望高于农村居民，尽管该群体迁移到城市其绝对收入相对较高，但其幸福感却低于农村居民。这一现象表明绝对收入增加会带来的快乐最终会因收入渴望对绝对收入的适应而逐渐降低，并且收入渴望提升的过高反而会进一步抑制绝对收入增加对幸福感的促进作用。伊斯特林（Easterlin，2001）在后续的研究中对其提出的"收入—幸福悖论"的解释为，居民幸福感是绝对收入的增函数，是渴望的反函数；并且渴望随着绝对收入的增加而增加，会减少绝对收入对幸福感带来的正效应，即绝对收入增加对幸福感的提升作用会因收入渴望的适应性提高而受到抑制。换言之，收入渴望在绝对收入对其幸福感的影响中起负向调节作用，即对于高收入渴望群体而言，绝对收入对幸福感的促进作用较小。相关研究也发现，个体的受教育水平会使其对工作内容产生渴望，当这种渴望比较强时，会抵消受教育水平对幸福感带来的正向影响（Ferrante，2009；Salinas-Jiménez et al.，2016）。

（三）实证研究

为正确识别收入渴望在绝对收入对幸福感的影响中起调节作用的机制，伯纳德和塔弗希（Bernard and Taffesse，2014）将收入渴望的测量范式设定为四个步骤：一是调查对象所在村庄苹果种植户在2015年苹果种植收入最高能达到多少；二是调查对象所在村庄苹果种植户在2015年苹果种植收入最低数额；三是调查对象自身2015年苹果种植收入数额；四是调查对象在苹果生产中想要实现的收入水平。其中问项四的答案即为苹果种植户的收入渴望。表6-7对主要变量进行了描述性统计。

表6-7　　　　　　　　　　　描述性统计

变量类型	变量名称	变量的描述和定义	变量符号	均值	标准差	最小值	最大值
解释变量	绝对收入	苹果总收入（元）	income	49 708.04	35 770.45	300	226 500
	收入渴望	苹果收入渴望（元）	aspirations	105 384.90	54 775.80	7 000	360 000

变量类型	变量名称	变量的描述和定义	变量符号	均值	标准差	最小值	最大值
控制变量	性别	家庭决策者性别，男 =1，女 =0	gender	0.94	0.24	0	1
	年龄	家庭决策者年龄（岁）	age	47.61	10.61	22	74
	健康状况	家庭决策者健康状况，非常好 =7，好 =6，比较好 =5，一般 =4，比较差 =3，差 =2，非常差 =1	health	5.63	1.48	1	7
	受教育水平	家庭决策者教育年限（年）	edu	8.00	2.95	0	18
	社会经历	家庭决策者社会经历，普通农户 =0；村委会干部、党员、苹果经纪人、其他 =1	socstatus	0.23	0.42	0	1
	家庭规模	家庭人口数量（口）	pop	4.36	1.34	1	10
	拥有汽车	是否拥有汽车（是 =1，否 =0）	car	0.30	0.46	0	1
	借贷情况	2015 年是否借款（是 =1，否 =0）	debt	0.65	0.48	0	1
	土地面积	家庭土地面积（亩）	area	7.96	5.95	1	95
	帮助人数	遇到困难能帮忙人数（位）	assi	20.44	30.06	0	350
	住所距离	家庭住所距离最近车站（米）	bus	330.15	433.62	5	5 000
	村庄	村庄虚拟变量，甲村 =0，乙村 =1	village	0.50	0.50	0	1
工具变量	农药投入	农药投入金额（元）	pesticide	3 368.69	1 818.47	150	12 500

本部分分析农民绝对收入、收入渴望对其幸福感分布在不同位置上的异质性影响，而不仅仅分析农民绝对收入、收入渴望对其幸福感条件期望的影

响。使用无条件分位数回归模型，分析农民绝对收入对收入渴望分布在收入
渴望的 0.10 分位点、0.25 分位点、0.50 分位点、0.75 分位点和 0.90 分位
点的影响，模型估计结果如表 6 - 8 所示。

表 6 - 8　　　　　　收入渴望对绝对收入的无条件分位数回归结果

（被解释变量：农民收入渴望）

变量	0.10 分位点	0.25 分位点	0.50 分位点	0.75 分位点	0.90 分位点
income	0.3080 ***	0.5319 ***	0.8812 ***	1.5609 ***	1.8420 ***
	(0.0530)	(0.0620)	(0.0737)	(0.1170)	(0.2216)
gender	0.4713	- 0.4978	0.3201	- 0.1496	1.3314
	(0.9311)	(0.8777)	(0.9115)	(1.3260)	(1.1761)
age	- 0.0097	0.0081	- 0.0340 *	- 0.0353	- 0.0891 *
	(0.0196)	(0.0205)	(- 0.0199)	(0.0315)	(0.0500)
health	0.1805	0.2209	- 0.0662	- 0.1351	- 0.1560
	(0.1389)	(0.1400)	(0.1376)	(0.2015)	(0.3115)
edu	0.2473 ***	0.2358 ***	0.0734	- 0.0107	0.0743
	(0.0720)	(0.0688)	(0.0709)	(0.1086)	(0.1394)
socstatus	0.2318	0.5517	0.7713	1.4477	2.5200 *
	(0.3753)	(0.4231)	(0.4877)	(0.8786)	(1.3571)
pop	0.2504	0.2466	0.1889	0.0415	- 0.0618
	(0.1533)	(0.1515)	(0.1595)	(0.2770)	(0.4146)
car	0.1806	0.4736	0.4072	0.1389	- 0.8411
	(0.3584)	(0.4033)	(0.4637)	(0.7873)	(1.2306)
debt	0.3023	0.0329 *	0.2998	0.6648	2.1373 **
	(0.3934)	(0.3929)	(0.4299)	(0.6819)	(0.9726)
area	0.0879 ***	0.1319 ***	0.1923 ***	0.2630 *	0.3486 *
	(0.0331)	(0.0440)	(0.0710)	(0.1588)	(0.1988)
assi	- 0.0012	0.0006	0.0113 *	0.0101	- 0.0225
	(0.0038)	(0.0044)	(0.0058)	(0.0093)	(0.2004)
bus	0.00006	- 0.0007	- 0.0009 **	0.0004	- 0.0009
	(0.0003)	(0.0004)	(0.0004)	(0.0008)	(0.0009)

续表

变量	0.10 分位点	0.25 分位点	0.50 分位点	0.75 分位点	0.90 分位点
village	− 0.2997 （0.3830）	− 0.4389 （0.4126）	0.2038 （0.4293）	− 0.0792 （0.7272）	0.4151 （1.0097）
常数项	− 1.3999 （1.9347）	− 1.1367 （1.8926）	3.8616 ** （1.8633）	5.0127 * （2.9080）	9.4561 ** （4.3815）
样本量	611	611	611	611	611
调整的 R^2	0.1595	0.2708	0.3912	0.3876	0.2717

注：*** 、** 和 * 分别代表在 1%、5% 和 10% 的显著性水平（双尾）；括号中数字为稳健标准误。

从农民绝对收入对其收入渴望的估计结果来看，收入渴望的 0.10 分位点至 0.90 分位点，农民绝对收入对收入渴望均具有显著正向影响，并且绝对收入的估计系数随着收入渴望分位点的上升而增加，即随着收入渴望的增加而增加。表明农民绝对收入对其收入渴望的增强作用随着收入渴望的增加而趋强。

在分析绝对收入、收入渴望对农民幸福感的影响以及收入渴望在绝对收入对农民幸福感影响中的调节作用方面：首先，对绝对收入、收入渴望变量进行中心化处理，并将两者中心化后的乘积作为交互项，这种处理方式便于模型结果的解释和降低变量间的多重共线性。其次，采用 OLS 回归模型，探讨收入渴望在绝对收入对幸福感影响中的调节作用。最后，采用无条件分位数回归模型，探讨绝对收入、收入渴望对农民幸福感的影响。同时使用两种统计方法：一是出于稳健性检验的需要；二是有助于深入探讨家庭决策者幸福感在其不同的分位点处，绝对收入、收入渴望及两者的交互项对幸福感的影响。模型结果如表 6-9 所示。

表 6-9　　　　绝对收入、收入渴望对农民幸福感影响的估计结果

（被解释变量：农民幸福感）

变量	OLS		无条件分位数回归		
	模型 1	模型 2	0.25 分位点	0.50 分位点	0.75 分位点
income	0.1665 *** （0.0233）	0.2002 *** （0.0251）	0.1380 *** （0.0251）	0.1652 *** （0.0254）	0.1851 *** （0.0331）
aspirations	− 0.0524 *** （0.0153）	− 0.0522 *** （0.0155）	− 0.0303 * （0.0163）	− 0.0397 ** （0.0164）	− 0.0388 ** （0.0179）

变量	OLS		无条件分位数回归		
	模型1	模型2	0.25 分位点	0.50 分位点	0.75 分位点
income × aspirations	—	-0.0063 ***	-0.0047 **	-0.0064 ***	-0.0049 *
		(0.0020)	(0.0020)	(0.0021)	(0.0029)
gender	-0.0628	-0.0487	-0.2664	0.3130	0.0886
	(0.2176)	(0.2149)	(0.2246)	(0.2558)	(0.279)
age	0.0300 ***	0.0300 ***	0.0177 ***	0.0212 ***	0.0290 ***
	(0.0060)	(0.0059)	(0.0063)	(0.0057)	(0.0070)
health	0.2224 ***	0.2127 ***	0.1144 **	0.1481 ***	0.2537 ***
	(0.0434)	(0.0432)	(0.0454)	(0.0423)	(0.0458)
edu	0.0319 *	0.0270	-0.0067	0.0074	0.0632 ***
	(0.0191)	(0.0194)	(0.0219)	(0.0211)	(0.0231)
socstatus	-0.0004	-0.0092	-0.1792	0.1017	0.2382
	(0.1380)	(0.1378)	(0.1364)	(0.1318)	(0.1796)
pop	-0.0329	-0.0388	0.0137	-0.0275	-0.1260 **
	(0.0407)	(0.0406)	(0.0460)	(0.0447)	(0.0508)
car	0.1956	0.1735	0.2196 *	0.2747 **	0.0063
	(0.119)	(0.1198)	(0.1191)	(0.1318)	(0.1703)
debt	-0.1955 *	-0.1888 *	-0.1576	-0.1688	-0.1126
	(0.1137)	(0.1125)	(0.1138)	(0.1219)	(0.1510)
area	0.0092	0.0075	0.0065	0.0051	0.0055
	(0.0078)	(0.0078)	(0.0063)	(0.0098)	(0.0129)
assi	0.0037 **	0.0035 **	0.0005	-0.0002	0.0077 ***
	(0.0015)	(0.0015)	(0.0013)	(0.0014)	(0.0020)
bus	-0.00005	-0.00005	-0.00005	-0.0002	-0.0001
	(0.0001)	(0.0001)	(0.0001)	(0.0001)	(0.0002)
village	0.0833	0.1016	-0.0054	-0.1024	0.3038 **
	(0.1157)	(0.1149)	(0.1217)	(0.1227)	(0.150)
常数项	1.9194 ***	2.1269 ***	3.2008 ***	3.4596 ***	3.2514 ***
	(0.5612)	(0.5648)	(0.5898)	(0.5511)	(0.6526)
样本量	611	611	611	611	611
R²	0.2339	0.2435	0.1133	0.1629	0.2017
调整的 R²	—	—	0.0910	0.1418	0.1815

注：*** 、** 和 * 分别代表在 1%、5% 和 10% 的显著性水平（双尾）；括号中数字为稳健标准误。

模型 1 的结果表明，绝对收入对农民幸福感的影响系数在 1% 的水平显著为正，即绝对收入越高，农民幸福感越高。收入渴望的系数在 1% 的水平显著为负，即收入渴望对农民幸福感具有负向影响。收入渴望具有决策主体以未来收入为导向的特征，收入渴望越高，对农民幸福感的抑制作用越强。

模型 2 在模型 1 的基础上加入绝对收入与收入渴望的交叉项。结果表明，绝对收入与收入渴望交互项对农民幸福感的影响系数在 1% 的水平显著为负，且交互项的引入改善了模型的拟合优度，即收入渴望在绝对收入对幸福感的影响中存在显著的负向调节作用。表明随着收入渴望提高，绝对收入对农民幸福感的促进作用边际递减。

从农民幸福感的 0.25 分位点、0.50 分位点和 0.75 分位点回归结果看，绝对收入对农民幸福感的影响系数在农民幸福感的各分位点上均显著为正，且随着幸福感分位点的上升，绝对收入影响系数值逐渐增大，表明绝对收入对农民幸福感的促进作用随着农民幸福感的提高而增强，即存在"马太效应"。这一研究结论与宾德、科德针对英国居民的研究结论不同，主要原因在于中国农村居民的整体收入远低于英国居民，绝对收入即使对于幸福感很高的居民而言仍然具有重要意义。收入渴望对农民幸福感的影响系数在农民幸福感的各分位点上均显著为负，且影响系数随着幸福感分位点的上升而波动，0.50 分位点上的系数比 0.25 分位点和 0.75 分位点上的系数值要小，表明与幸福感较低和较高的农民相比，幸福感处于中等位置的农民的收入渴望对其幸福感的抑制作用更强。从绝对收入和收入渴望交互项对农民幸福感的影响系数看，交互项系数在农民幸福感的 0.25 分位点、0.50 分位点和 0.75 分位点上均显著为负，即收入渴望负向调节绝对收入对农民幸福感的促进作用。

从农民自然特征看，年龄对农民幸福感具有正向促进作用，且随着幸福感分位点的上升，系数值逐渐增大，表明年龄对农民幸福感的促进作用随着幸福感的提高而增强；农民健康状况对其幸福感的促进作用与年龄对农民幸福感的促进作用类似。从农民社会特征看，教育对幸福感分位数较高的农民具有显著促进作用；家庭人口规模仅对幸福感分位数较高的农民具有显著抑制作用，家庭人口规模在其他分位点上的系数均为不显著的负值，但从整体看其系数值越来越小，表明农户的家庭成员越多，家庭决策者的幸福感不一定越强，可能因为家庭成员越多，家庭决策者所承担的责任越大；是否拥有汽车对幸福感 0.25 分位点和 0.50 分位点上的农民具有显著的促进作用，对于幸福感 0.75 分位点上的农民影响不显著，且系数较小；遇到困难能帮忙的人数变量仅在幸福感 0.75 分位点上显著为正，表明对幸福感较高的群体而言，遇到困难能帮助的人越多，其幸福感提升越快。

农民收入渴望越高，其幸福感越低，农民收入渴望会抑制绝对收入对农民幸福感的促进作用，即随着收入渴望的提高，绝对收入对农民幸福感的促进作用趋弱。因此，收入渴望过高或收入渴望提高过快，会对农民幸福感产生不利影响。如果提升农民的幸福感成为政府施政的重要目标，那么政府应该合理引导农民收入渴望的增长，注重培育农民的理性发展观、理性市场行为观和理性收入的价值观导向。

第四节　本章小结

古典经济学集大成者亚当·斯密认为，人类经济行为的核心价值追求在于提升社会和谐、改进人类福祉。对人类幸福的关注是乡村建设绕不开的命题，成为推动乡村振兴、实现共同富裕进程中的精神支撑。幸福感作为反映民生的重要综合指标，在中国城乡收入差距较大、区域发展不平衡背景下，农民作为收入较低、社会地位处于劣势且数量庞大的社会群体，其幸福感尤为值得关注。

绝对收入是人们获得幸福的物质基础；而通过与周围人的收入状况进行比较而获得的自我感知则是人们能否获得幸福的心理基础。绝对收入及以此为基础的社会比较是影响居民幸福感的两项重要因素。本章基于社会比较视角，研究绝对收入对农民幸福感的影响，探索社会比较在绝对收入对幸福感的影响中的作用，以及解释村庄间农民幸福感存在差异的原因。

收入渴望是决策主体以未来可能实现的收入为导向，识别能够激发和引导其行为的最佳收入选择的能力，这种能力随着决策主体的自身收入经历和周围人收入的变化而变化，但却具有相对稳定性。基于收入渴望视角，探讨绝对收入对农民幸福感的影响，有助于厘清绝对收入与幸福感间的关系，进而清晰解释"收入—幸福悖论"；有助于清晰回答经济发展成果在城乡间分配严重不平衡的情境中，农民的幸福感为何高于城市居民。

建设生态宜居的美丽乡村，只有从广大人民群众的需求出发，扎实稳步地推进改革建设，着力改善群众反映的最强烈最突出的问题，才能实现"生态宜居，美丽乡村"的宏伟目标。提升农民收入进而提升"幸福感"是基本民生的重要内容，也是夯实乡村振兴基础的关键。

| 第七章 |

数字乡村建设前沿探索*

本章首先在以往研究基础上系统界定数字乡村的概念；其次分析在当前背景下数字乡村建设的战略意义；再次梳理近年来有关数字乡村的政策文件，描绘其建设发展历程及建设成果；最后运用多种方法挖掘数字乡村领域的研究前沿、趋势、研究现状及研究热点。

第一节　数字乡村概念界定

党的二十大报告中提出，要加快发展数字经济，促进数字经济和实体经济深度融合。这是以习近平同志为核心的党中央对发展数字经济作出的重大战略部署，也为新时代全面推动数字乡村建设、以数字技术助力建设宜居宜业和美乡村指明了前进方向。数字乡村作为数字中国的重要内容，受到学术界的广泛关注。

根据《数字乡村发展战略纲要》，数字乡村是指伴随着网络化、信息化和数字化在农业农村经济社会发展中的应用，以及农民现代信息技能的提高而内生的农业农村现代化发展和转型进程。它用以实现乡村社会治理、生活服务、精神文化、经济发展等方面数字化转型的发展进程和现实形态，既是

　　* 尤亮，马千淇，田祥宇. 数字乡村研究前沿及三维度热点解读——基于新世纪以来 CNKI 与 Web of Science 的文献计量分析 [J]. 统计学报，2023，4（3）：80－94.

乡村振兴的战略方向，也是建设数字中国的重要内容，更是解决"三农"问题的历史机遇和时代要求。

从治理系统论的视角来说，数字乡村是以数字技术引领的农业农村现代化综合体，是关系到我国乡村治理能力提升和治理体系优化的系统性工程（曾亿武等，2021；王薇等，2021）。从投入产出的经济视角来看，数字乡村是数字经济的重要方面，通过将数字技术嵌入乡村建设，实现资源和要素的整合与配置，从而提高农民收入，赋能乡村振兴，最终实现共同富裕（田祥宇，2023）。从可持续发展的视角来看，数字乡村是借助现代化的信息技术塑造出数字化、智能化环境，以健全和完善数字环境为前提，尽可能使得农村居民可以充分享受到数字经济带来的福利（崔凯和冯献，2020）。

具体来说，数字乡村是以新一代信息通信技术作为农业生产经营的新工具、农村生活幸福的新驱动、乡村生态保护的新手段，以信息化赋能农业生产、经营、管理、服务等环节，不断提高乡村数字化、网络化和现代化水平（郭顺义等，2021），从而增强乡村内生发展动力，引发乡村社会的巨大变革，最终实现乡村振兴和共同富裕。

事实上，数字乡村的题中之义不仅是农村经济以及乡村治理体系的数字化，而且包含乡村社会结构和社会关系的深刻调整与重构，由此引发在城乡政治、经济、社会和文化等深层结构中的巨大变革，激发出乡村振兴的内生动力（师曾志等，2019）。但值得注意的是，数字乡村在一定程度上极具本土化内涵，不同于国外的"数字乡村"研究，国内对"数字乡村"的研究更加侧重于以建成社会主义现代化强国为目的，如何把握数字技术带来的历史性机遇。而国外对"数字乡村"的研究更加侧重于由信息技术引起的城乡不平衡、地区不平衡带来的负面影响（Hoque and Soarrw，2015）。与此同时，数字乡村也不同于乡村数字化、智慧乡村。虽然三者均同样以数字技术为依托，但乡村数字化是把数字技术看作实现数字技术与农村经济、治理、文化、社会、生态深度融合的乡村转型发展手段和路径，属于"过程"的范畴，但数字乡村却属于"结果"的范畴（白永秀等，2022）。而智慧乡村更加强调的是人们对数据作出一种体现自主意识和发展价值偏好的智慧反应，更侧重于解决数字技术与人类意识的可行性如何进行深度结合的问题（吴越菲，2022）。相比之下，数字乡村是以现代信息网络为重要载体，将现代信息技术作为重要推动力，从而重构农村经济发展的一种手段、过程和状态（王胜等，2021）。

第二节 数字乡村建设的战略意义

一、建设数字乡村有利于缩小城乡"数字鸿沟"

数字乡村建设是助力数字中国建设的必然选择。党的二十大报告提出，加快建设数字中国，加快发展数字经济。由于城乡"数字鸿沟"的存在，农村地区的数字化建设是数字中国建设的基础与前提，也是数字中国建设的痛点和难点。数字乡村建设将有效提升农村的数字基础设施水平、缩小城乡"数字鸿沟"，全面推动农业农村现代化建设。数字乡村建设是助力数字中国建设的必然选择，也是数字中国建设的"最后一公里"。

二、数字乡村建设将全面助力乡村振兴战略目标的实现

党的二十大报告提出，要全面推进乡村振兴，全面建设社会主义现代化国家，最艰巨最繁重的任务仍然在农村。实施乡村振兴战略的总要求是产业兴旺、生态宜居、乡风文明、治理有效、生活富裕。《数字乡村发展行动计划（2022—2025年)》中关于数字乡村建设重点任务的部署与乡村振兴战略的总要求是相互契合的，因而数字乡村建设是实现乡村振兴的重要抓手，数字乡村建设将为乡村振兴提供新动能。

（一）数字乡村建设有利于统筹农村基础设施和公共服务布局

农村基础设施建设和公共服务统筹是实现乡村振兴目标的有力支撑。近年来，我国农村地区的基础设施建设取得了重大进展，农村的公共服务水平也得到了有效提升，但与实现乡村振兴的目标要求还存在较大差距。基础设

施薄弱、公共服务不足仍制约着我国广大乡村的发展。随着数字乡村建设的提出和推进，其重要内容就是要加快乡村信息基础设施建设、深化信息惠民服务，如大幅提升乡村网络设施水平、完善信息终端和服务供给、加快农村基础设施数字化转型、深入推动乡村教育信息化、完善民生保障信息服务等。数字乡村战略的实施将有效完善农村基础设施建设和公共服务布局，促进乡村振兴战略目标的实现。

（二）数字乡村建设有利于强化农业科技支撑、加快建设农业强国

数字乡村建设的一个重要方面就是要推动数字农业的发展，数字农业作为一种新型的农业生产方式，可将数字、信息作为一种生产要素用于农业生产的各个环节，对于加快农业生产经营的精准化、管理服务的智能化、绿色发展的可持续化具有重要意义，在农业强国的建设过程中也发挥了重要作用。首先，数字农业的发展强化了农业科技和装备支撑，在数字农业的发展过程中会促进农业智能机器人、农业传感器、智慧冷链物流体系等建设，使我国的农业科技和装备水平不断提升。其次，数字农业促进了设施农业的发展。设施农业的核心是采用人工技术手段优化动植物的生长环境，是一种新的生产技术体系。数字农业依托先进的技术和设备，为设施农业的发展提供了技术支持。最后，数字农业有利于农业强国的建设。农业的创新能力和竞争力是农业强国的重要标志，而数字农业的发展促进了农业创新能力和竞争力的提升。

（三）数字乡村建设有利于健全农村金融服务体系

农村金融服务有效供给不足导致的融资难、融资贵等问题是制约农业农村发展的重要因素，也是实施乡村振兴战略过程中的一大难题。数字普惠金融的发展将有效解决农村金融服务有效供给不足的问题，促进农村金融服务体系的健全。完善的数字基础设施和农村居民金融素养的提升是促进农村地区数字普惠金融发展的关键，数字乡村建设将促进农村数字基础设施的完善和农村居民金融素养的提升，有效推动农村金融服务体系的完善，促进农村数字普惠金融的发展。一方面，数字乡村建设推动了农村地区信息基础设施

的建设、改造和升级，提升了农村地区的网络覆盖率和网络传输速度，加快了乡村信息基础设施建设和完善，为数字普惠金融发展奠定了基础。另一方面，数字乡村建设促进了农业农村信息社会化服务体系建设，拓展了农村居民获得信息的渠道，提升了农村居民的金融素养，加快了农村地区数字普惠金融的发展。

（四）数字乡村建设有利于巩固拓展脱贫攻坚成果

数字乡村建设过程中建立的统一大数据平台，可以将各项数据纳入，通过数据分析可以有效识别脱贫地区发展的关键领域和薄弱环节，在实现资源精准投入、提升资源利用效率的同时，也可以进行有效监测，防止返贫的发生。此外，数字乡村建设的过程中促进了农村电商、网络直播等新模式和新业态的发展，这在拓展农产品销售渠道、提升特色农产品知名度、促进农村地区特色产业发展的同时，也有利于拓宽农民增收致富渠道。

第三节　数字乡村建设发展历程

全面建成小康社会和全面建设社会主义现代化强国，最艰巨最繁重的任务在农村，最广泛最深厚的基础在农村，最大的潜力和后劲也在农村。伴随着互联网的快速发展，大数据、区块链、云计算、物联网等数字技术为乡村振兴提供了新动力与新途径，推进数字乡村建设是实现乡村振兴的关键环节，是构建数字中国的迫切需要，也是提升国家治理效能的重要途径。近年来，国家高度重视数字乡村建设，在建设新局面的过程中，我国结合乡村现状和人民对美好生活的需求，不断出台多项政策，全面推进数字乡村建设，为乡村振兴助力。

一、政策梳理

2018 年 1 月 2 日，中央一号文件《中共中央　国务院关于实施乡村振兴战略的意见》首次提出"数字乡村"概念，对实施乡村振兴战略进行了全面部署，但是农业农村信息化建设并非起步于此，而是在改革开放之初就开始了探索。1979年，我国引进了第一台用于农业科学计算统计分析的大型计算机，初步为农业农村信息化奠定了基础。1992年，农业部首次提出了对信息体系和信息服务工作的规划指导和统筹协调，不断完善信息基础设施的建设。

2019年5月16日，中共中央办公厅、国务院办公厅印发的《数字乡村发展战略纲要》提出分四个阶段实施数字乡村战略，明确了战略目标和10大重点任务，开启了城乡融合发展和现代化建设新局面；提出要将数字乡村作为数字中国建设的重要方面，加快信息化发展，整体带动和提升农业农村现代化发展，注重构建以知识更新、技术创新、数据驱动为一体的农村经济发展政策体系。根据《数字乡村发展战略纲要》的战略目标，我国数字乡村建设分为以下四个阶段。

1. 到2020年，数字乡村建设取得初步进展

2019年1月3日，中央一号文件《中共中央 国务院关于坚持农业农村优先发展做好"三农"工作的若干意见》，明确要求深入推进"互联网＋农业"发展。

2020年1月2日，中央一号文件《关于抓好"三农"领域重点工作确保如期实现全面小康的意见》，明确提出要加强现代农业设施建设，加快现代信息技术在农业领域的应用，推动传统农业向现代农业、智慧农业的转型，提出开展国家数字乡村试点。

2020年1月20日，农业农村部、中央网络安全和信息化委员会办公室印发《数字农业农村发展规划（2019—2025年)》，要求以产业数字化、数字产业化为发展主线，着力建设基础数据资源体系，加强数字生产能力建设。

2020年4月9日，中共中央、国务院在《关于构建更加完善的要素市场化配置体制机制的意见》中明确指出，将数据作为与土地、资本、劳动力、技术并列的第五大生产要素，表明数据在传统产业的广泛应用势必会带来生产力和生产关系的变革。

2020年9月18日，中央网信办等七部门发布《关于国家数字乡村试点地区名单的公示》，确定了拟作为国家数字乡村试点地区名单，数字乡村将进入全面推进阶段。

2020年11月3日，中国共产党第十九届中央委员会第五次全体会议通过《中共中央关于制定国民经济和社会发展第十四个五年规划和二〇三五年远景目标的建议》，明确提出把数字乡村作为重点，把乡镇建成数字乡村的中心，把乡村建设摆在社会主义现代化建设的重要位置。

2. 到2025年，数字乡村建设取得重要进展

2021年1月4日，中央一号文件《中共中央　国务院关于全面推进乡村振兴加快农业农村现代化的意见》，要求加快推进农业现代化，大力实施乡村建设行动，明确提出实施数字乡村建设发展工程，加强农村普惠金融、社会治理等数字化智能化建设。

2021年7月23日，中央网信办等七部委组织编制《数字乡村建设指南1.0》，提出了数字乡村总体参考架构，具体包括信息基础设施、公共支撑平台、数字应用场景、建设运营管理和保障体系建设等内容。

2022年1月26日，中央网信办等十部门印发《数字乡村发展行动计划（2022—2025年）》，从八个方面部署了26项重点任务，并设立农村基础设施数字化改造提升工程等七项重点工程。

2023年中央一号文件指出聚焦于数字化场景应用研发推广、农业农村大数据应用、智慧农业发展等"深入实施数字乡村发展行动"，同时推进"数商兴农"工程、"'互联网＋'农产品出村进城工程"，为进一步加强数字乡村建设、全面推进乡村振兴指明了方向。

2023年4月，中央网信办等五部门联合印发《2023年数字乡村发展工作要点》，要求各地以数字化赋能农村产业发展、乡村建设和乡村治理，整体带动农业农村现代化发展。

3. 到2035年，数字乡村建设取得长足进展

城乡"数字鸿沟"大幅缩小，农民数字化素养显著提升。农业农村现代化基本实现，城乡基本公共服务均等化基本实现，乡村治理体系和治理能力现代化基本实现，生态宜居的美丽乡村基本实现。

4. 到21世纪中叶，全面建成数字乡村

进一步解放和发展数字化生产力，注重构建以知识更新、技术创新、数据驱动为一体的农村经济发展政策体系，建立层级更高、结构更优、可持续性更好的乡村现代化经济体系和灵敏高效的现代乡村社会治理体系；培育信息时代新农民，走中国特色社会主义乡村振兴道路，让农业成为有奔头的产业，让农民成为有吸引力的职业，让农村成为安居乐业的美丽家园，助力乡村全面振兴，全面实现农业强、农村美、农民富。

二、建设成效

《中国数字乡村发展报告（2022年）》全面总结回顾了2021年以来数字乡村建设取得的新进展新成效，该报告表明，全方位推进数字乡村建设实现了良好开局，2021年全国数字乡村发展水平达到39.1%。

一是乡村数字基础设施建设加快推进。农村网络基础设施实现全覆盖，农村通信难问题得到历史性解决。截至2022年6月，农村互联网普及率达到58.8%，与"十三五"初期相比，城乡互联网普及率差距缩小近15个百分点。

二是智慧农业建设快速起步。数字育种探索起步，智能农机装备研发应用取得重要进展，智慧大田农场建设多点突破，畜禽养殖数字化与规模化、标准化同步推进，数字技术支撑的多种渔业养殖模式相继投入生产，2021年农业生产信息化率为25.4%。

三是乡村数字经济新业态新模式不断涌现。农村寄递物流体系不断完善，农村电商继续保持乡村数字经济"领头羊"地位，乡村新业态蓬勃兴起，农村数字普惠金融服务可得性、便利性不断提升。

四是乡村数字化治理效能持续提升。"互联网＋政务服务"加快向乡村延伸覆盖，2021年全国六类涉农政务服务事项综合在线办事率达68.2%，

以数据驱动的乡村治理水平不断提高。

五是乡村网络文化发展态势良好。乡村网络文化阵地不断夯实，网络文化生活精彩纷呈，中国农民丰收节成风化俗，数字化助推乡村文化焕发生机。

六是数字惠民服务扎实推进。"互联网＋教育""互联网＋医疗健康""互联网＋人社"、线上公共法律与社会救助等服务不断深化，利用信息化手段开展服务的村级综合服务站点共 48.3 万个，行政村覆盖率达到 86.0%。

七是智慧绿色乡村建设迈出坚实步伐。农业绿色生产信息化监管能力全面提升，乡村生态保护监管效能明显提高，农村人居环境整治信息化得到创新应用。

八是数字乡村发展环境持续优化。政策制度体系不断完善，协同推进的体制机制基本形成，标准体系建设加快推进，试点示范效应日益凸显。

经过持续推动，"数字革命"正在农村这片广阔沃土引发一场深刻的社会变革，为全面推进乡村振兴、建设农业强国、加快农业农村现代化持续提供新的动能。

第四节　国内外研究前沿及热点①

为全面准确地揭示国内外关于数字乡村的研究前沿与进展，本书以中国知网（CNKI）和 Web of Science 核心合集数据库作为分析数据库，在中国知网的高级检索中选择"学术期刊"类文献，主题词设定为"数字乡村"，时间跨度选择为 2000~2022 年，期刊来源仅选择 CSSCI 来源期刊，检索时间为 2023 年 1 月 6 日，共检索得到 296 篇中文期刊，剔除会议综述、书评等无关文献后得到 278 篇有效文献，将其作为本书的研究样本，并将其以 Referworks 形式导出。在 Web of Science 核心合集数据库中，选取以数字乡村为主题的期刊论文，检索字段 TS =（"digital villages" or "digital rural" or "digital

---

① 资料来源：尤亮，马千淇，田祥宇. 数字乡村研究前沿及三维度热点解读——基于新世纪以来 CNKI 与 Web of Science 的文献计量分析 [J]. 统计学报，2023（3）：80 - 94.

country" or "digital countryside"），引文索引为 Social Science Citation Index
（SSCI），出版日期定义为 2000 年 1 月 1 日至 2022 年 12 月 31 日，检索时间
为 2023 年 2 月 22 日。文献类型选择论文，语言选择 English，共筛选出
5 189 条文献，在文献清洗的过程中，剔除与数字乡村主题明显无关的文献，
并将其以 Referworks 形式导出，经 CiteSpace 6.1 R6 软件处理和转化，最终
得到有效数据 449 条。

一、研究前沿和趋势

突现分析能够对某一个研究领域中的关键节点进行分析，通过找到较为
活泼或使用频率较高的关键词，进一步挖掘出当前活跃或前沿主题，了解未
来的前沿和发展趋势（童磊和严靖舒，2022）。追踪过去数字乡村主题的发
展趋势有助于更好地把握未来的研究方向，为拓宽未来研究领域提供指导。
基于此，本书在关键词聚类的基础上，通过突现分析方法对数字乡村进行前
沿分析，确定国内外数字乡村未来的发展趋势。

如图 7 - 1 所示，中文数字乡村主题的关键词出现频率较高的有"服务
模式""大数据""互联网 +""公共服务""乡村文化""农家书屋""公共
文化""乡村"8 个突现关键词。其中，"服务模式"的突现时间段最长，从
2014 年开始，到 2019 年截止，这就表明，在这个时间段内，学者们更加关
注农村数字化带来的服务红利。而"大数据""互联网 +""公共服务"都
在 2019 年开始，截至 2020 年，可以从侧面反映出在这阶段学者们致力于探

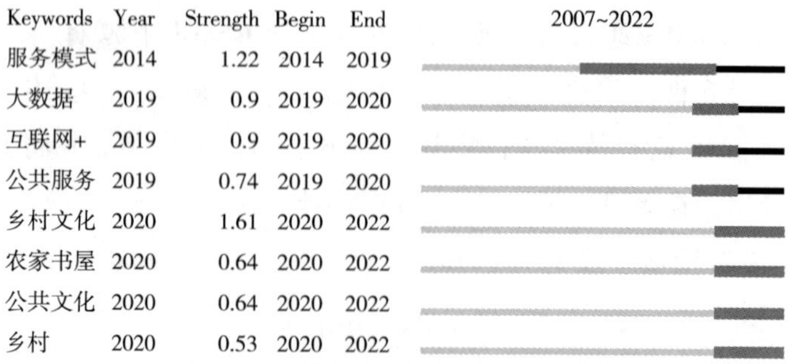

Keywords	Year	Strength	Begin	End	2007~2022
服务模式	2014	1.22	2014	2019	
大数据	2019	0.9	2019	2020	
互联网+	2019	0.9	2019	2020	
公共服务	2019	0.74	2019	2020	
乡村文化	2020	1.61	2020	2022	
农家书屋	2020	0.64	2020	2022	
公共文化	2020	0.64	2020	2022	
乡村	2020	0.53	2020	2022	

图 7 - 1　中文数字乡村关键词突现图

索更加具体的数字化形式。值得注意的是，"乡村文化""农家书屋""公共文化"是近些年爆发的新型关键词，开始于 2020 年截止于 2022 年，在一定程度上可以反映学者们越来越注重将数字技术与传统乡村文化结合起来，其关注点从物质层面转向更加高级的精神层面。

英文文献数字乡村关键词突现分析如图 7 - 2 所示，2013~2022 年国外数字乡村主题的关键词突现词共有 8 个，分别是 "digital divide""internet use""diffusion""network""mobile phone""developing countries""social media""online"。与国内数字乡村突现词较为集中相比，英文数字乡村关键词突现时间分布更加均匀，在各个时间段均有涉及。根据爆发区间将国外数字乡村主题的爆发进程分为三个阶段。爆发前期包含的关键词有"digital divide""internet use"。事实上，"digital divide" 是英文研究数字乡村主题最早的爆发词，在 2013 年爆发，2015 年结束。而后出现的爆发词为 "internet use"，2015 年爆发，2017 年结束，这表明在前期英文文献学者初步关注到了城乡互联网使用的差异和数字鸿沟。爆发中期关键词为"diffusion""network""mobile phone"，均在 2016 年爆发，持续时间最长的为 "diffusion"，至 2019 年结束，这表明这时学者们更加重视数字化工具弥合数字鸿沟的技术扩散效应。最后，爆发后期的关键词包括 "developing countries""social media""online"，爆发期最长的为 "social media"，从 2017 年持续至 2020 年，近期爆发的关键词为 "online"，2020 年爆发，2022 年结束，表明了在此阶段学者们更加关注数字技术带给人们生活的改变。

Keywords	Year	Strength	Begin	End	2013~2022
digital divide	2013	5.34	2013	2015	
internet use	2015	2.51	2015	2017	
diffusion	2016	3.6	2016	2019	
network	2016	3.29	2016	2017	
mobile phone	2016	3.14	2016	2018	
developing country	2014	3.4	2017	2018	
social media	2017	2.86	2017	2020	
online	2020	2.53	2020	2022	

图 7 - 2　英文数字乡村关键词突现图

二、研究领域现状分析

（一）高被引文献的研究领域分析

在中文文献方面（见表 7-1），学者们着重关注数字乡村建设的推进与探索。截至 2022 年 12 月 31 日，中文被引量最高的文献发表于《中国农村经济》，共被引 204 次。夏显力等（2019）从生产、产业和经营体系三个方面系统阐释了我国农业高质量发展的痛点和堵点，在此基础上，提出数字乡村可以为农业高质量发展提供新动能。中文被引量排名第二的是殷浩栋等（2020）发表在《改革》上的文章，其被引频次达到 121 次。此文认为数字技术带给了农村社会新的发展机遇，详尽阐述了农村数字化转型的现实表征、影响机理与推进策略。位居第三的中文文献被引次数达到 117 次（王胜等，2021），被《改革》杂志收录。此文探究了数字乡村建设的作用机理和面临的现实挑战以及推进数字乡村建设的策略选择。其余被引频次较高的文献的研究重点主要包括数字乡村建设的评价体系（张鸿等，2020）及实践症候（陈潭和王鹏，2020；刘俊祥和曾森，2020；沈费伟和袁欢，2020；曾亿武等，2021）与优化路径和模式（吕普生，2020；李翔和宗祖盼，2020）。从中文高被引文献得知，国内关于数字乡村的探索侧重于理论层面论述我国数字乡村的现实困境和数字乡村赋能乡村振兴的作用机理，一定程度上可以丰富我国数字乡村理论的系统性，但拓宽理论研究范式的同时，从实践层面检验数字乡村成果同样重要。

表 7-1　　　　数字乡村中文研究被引频次分析（TOP10）

序号	作者	文献名称	期刊名称	被引频次
1	夏显力、陈哲、张慧利和赵敏娟（2019）	农业高质量发展：数字赋能与实现路径	中国农村经济	204
2	殷浩栋、霍鹏和汪三贵（2020）	农业农村数字化转型：现实表征、影响机理与推进策略	改革	121
3	王胜、余娜和付锐（2021）	数字乡村建设：作用机理、现实挑战与实施策略	改革	117

续表

序号	作者	文献名称	期刊名称	被引频次
4	吕普生（2020）	数字乡村与信息赋能	中国高校社会科学	95
5	陈潭和王鹏（2020）	信息鸿沟与数字乡村建设的实践症候	电子政务	92
6	刘俊祥、曾森（2020）	中国乡村数字治理的智理属性、顶层设计与探索实践	兰州大学学报（社会科学版）	91
7	张鸿、杜凯文和靳兵艳（2020）	乡村振兴战略下数字乡村发展就绪度评价研究	西安财经大学学报	81
8	沈费伟和袁欢（2020）	大数据时代的数字乡村治理：实践逻辑与优化策略	农业经济问题	81
9	曾亿武、宋逸香、林夏珍和傅昌銮（2021）	中国数字乡村建设若干问题刍议	中国农村经济	80
10	李翔和宗祖盼（2020）	数字文化产业：一种农村经济振兴的产业模式与路径	深圳大学学报（人文社会科学版）	80

在英文文献方面（见表 7-2），截至 2022 年 12 月 31 日英文文献最高被引频次达到 134 次（Leong et al.，2016），该文章以中国淘宝村为例采用定性分析方法，阐述了农村电子商务系统如何促进农村地区的可持续发展。排名第二的英文文献被引频次达到 128 次（Aker et al.，2016），该文指出发展中国家农村地区的信息通信技术可以降低信息服务成本，解决农户和交易者的信息和市场的约束，但值得注意的是，提供的信息服务应该是高质且可信的。排名第三的英文文献被引频次为 125 次（Venkatesh and Sykes，2013），该文以印度村庄为例，实证检验了发展中国家数字鸿沟倡议是国家社会经济发展的重要途径。其余高被引文献关注的重点主要集中在：数字农业技术对国民经济和个人生活的潜在影响（Prieger，2013；Rotz et al.，2019）、农业数字红利的有限性和社会伦理问题（Deichmann et al.，2019）、数字健康（Hirko et al.，2020）、通信基础设施空间模式（Philip et al.，2017）、数字排斥（Park，2017）。从英文高被引文献得知，英文文献的研究视角和研究内容更加丰富，不仅关注信息技术带给农村地区的数字福利，而且也没有忽视数字红利的有限性和社会伦理问题，比如农业劳动中的种族剥削、技术仅能带给贫穷国家数字红利等。

表 7 - 2   数字乡村英文研究被引频次分析（TOP10）

序号	作者	文献名称	期刊名称	被引频次
1	Leong et al. (2016)	The Emergence of Self-Organizing E-Commerce Ecosystems in Remote Villages of China：A Tale of Digital Empowerment for Rural Development	Mis Quarterly	134
2	Aker et al. (2016)	The Promise（and pitfalls）of ICT for Agriculture Initiatives	Agricultural Economics	128
3	Venkatesh and Sykes（2013）	Digital Divide Initiative Success in Developing Countries：A Longitudinal Field Study in a Village in India	Information Systems Research	125
4	Deichmann et al. (2016)	Will Digital Technologies Transform Agriculture in Developing Countries？	Agricultural Economics	122
5	Rotz et al. (2019)	Automated Pastures and the Digital Divide：How Agricultural Technologies are Shaping Labour and Rural Communities	Journal of Rural Studies	120
6	Hirko et al. (2020)	Telehealth in Response to the COVID-19 Pandemic：Implications for Rural Health Disparities	Journal of the American Medical Informatics Association	119
7	Philip et al. (2017)	The Digital Divide：Patterns, Policy and Scenarios for Connecting the 'final few' in Rural Communities across Great Britain	Journal of, Klerkx Rural Studies	110
8	Park (2017)	Digital Inequalities in Rural Australia：A Double Jeopardy of Remoteness and Social Exclusion	Journal of Rural Studies	105
9	Prieger (2013)	The Broadband Digital Divide and the Economic Benefits of Mobile Broadband for Rural areas	Telecommunications Policy	105
10	Eastwood et al. (2019)	Managing Socio-Ethical Challenges in the Development of Smart Farming：From a Fragmented to a Comprehensive Approach for Responsible Research and Innovation	Journal of Agricultural & Environmental Ethics	95

（二）基于"三生"维度的数字乡村研究领域现状分析

数字乡村既是社会经济的发展模式，也是农村未来发展方向的先进形态。当前，数字乡村建设以一种工程化的态势席卷世界各地，数字科技成为各国迈入强国的必经之路。但农村数字化具有高度的区域特色，英文的数字乡村文献大多集中于数字不平等背景下因势利导的数字化转型，而我国数字乡村是基于我国社会主义初级阶段的基本国情作出的重要选择。本书在梳理中英文数字乡村文献的演进趋势和差异的基础上，进一步细化我国数字乡村领域的研究现状。事实上，我国数字乡村的内涵十分丰富，但本质仍是以数字技术作为重要载体，推动三农在生产、生活、生态方面的数字化转型，实现"数字"落地，"乡村"起飞。

1. 生产视角

农业的高质量发展主要表现在其产业体系完备、产能结构合理、资源配置趋优、市场竞争力能力增强和各类市场活动主体活力十足（张务锋，2018）。在人们的刻板印象中，数字技术往往代表着复杂烦琐，但实际上数字化转型可以带给农民更大的便利性，提高农业的生产效率。本部分基于中文检索到的数字乡村文献，借助 CiteSpace 软件绘制得到生产视角下的数字乡村的热点关键词共现知识图谱（见图 7-3）。除数字乡村检索词以外，高频关键词主要包括"乡村振兴""数字赋能""数字经济""数字技术""产业兴旺""产业融合""产业发展""农村金融""数字金融"等。这些关键词说明国内学者数字乡村在生产方面的概念更多集中于农业数字化层面进行探讨，事实上，农业数字化不仅是对我国经济、社会、技术发展趋势的积极顺应，更是贯彻落实数字中国、乡村振兴战略的重大举措。进一步地，根据生产视角数字乡村主题词中的高频关键词，将数字乡村在农业生产维度分为两个子主题，分别是数字农业的为农服务和促产共生、农业产业的数字"金融田"。

（1）数字农业的促产共生和为农服务。数字农业是一个新兴领域的新兴概念，主要表现在信息技术和互联网技术与农业生产领域的结合，不仅是数

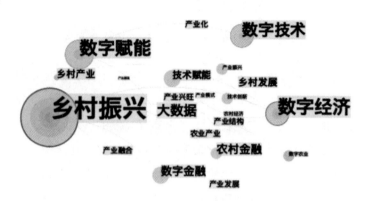

图 7 - 3　生产视角下数字乡村的热点关键词共现知识图谱

字技术向农村渗透的体现，也是传统农业向现代化农业发展模式的转变过程。由于信息技术作为生产要素的介入，融合至农业的耕、种、管、收等各个环节，不仅带来了农业生产技术的革新发展，而且促进了农业生产效率和发展质量的提升（沈琼，2016）。与此同时，数字时代悄然改变了传统农业"靠天吃饭"的生产方式，实现了"人定胜天"。传统农业是以"人"为核心的经验判断，便导致了农业生产整体效率低下、波动性大、农产品质量无法控制等问题，而数字农业依托数字化设备，如无人航拍、田间摄像头、温度湿度监控等，以实时数据帮助农业生产决策的管控和精准实施（徐旭初等，2022）。

当然，农业技术的演进离不开农业信息化的强力支撑，农业信息化是农业高质量发展的必经之路（朱秋博等，2019）。在生产环节上，现代数字信息技术在以种植业和畜牧业为主的农业地区得到了广泛的推广和使用，如应用物联网进行轮作休耕、"四情监测"、农业精准作业和动植物远程诊疗等（王胜等，2021），通过人工智能和云计算可以快速获取农业生产信息，从而为农业生产提供高精准、全方位的决策建议，推动农业生产的降本增效和高质量发展。在经营管理环节上，梅亮等（2014）提出，在数字时代，没有一个产业可以独立地创造价值，必须与更多产业和更好的生产经营管理体系共生，才能在产业联结中找到新的增长空间。数字乡村通过建立农产品全产业链中心，将生产经营管理体系与数字信息技术进行深度融合，例如，运用北斗定位、地面移动式监测平台等物联网设备，可以快速获取湿度、温度、光照情况以及土壤含水量等数据，对农作物的生长进行人工科学管理，从而提高农产品经营管理效率。此外，借助二维码技术，可实现生产有记录、信息可查询、流向可跟踪、质量可追溯、产品可召回、责任可追究的产业共生（夏显力等，2019）。

随着数字信息技术的快速发展，在农业产业内部生产效率提高的过程中，我们还应该注重外部公共服务的配套与衔接，加强农业数字化生产的人才支撑，推动数字农业"为农服务"的发展进程。城乡分离是经济现代化的标志，自新中国成立以来，我国逐渐建立起农村发展以农业产业为主、城市发展以工业发展为主的城乡差别化的政策制度体系，并且提倡农业反哺工业，以农助工，基于此，我国逐渐形成以城市为中心，公共服务供给从城市向农村扩散的"差序格局"（曲延春，2015）。面对农村公共服务呈现分散化、不完善的状态，《中共中央　国务院关于实施乡村振兴战略的意见》指出，加快信息化在农村经济、文化、社会、生态文明和党的建设等公共治理领域的全覆盖，实现城乡基本公共服务均等化。具体来说，通过大数据平台和益农信息社将"互联网＋公共服务"推向农村，使得政府不仅可以及时了解农业农村的基本状况，而且可以促进农民更快更好地把握农村政策，实现了上下联动（夏显力等，2019）。此外，方堃等（2019）进一步指出，数字乡村可以使用互联网公共服务平台，利用云端整合信息，为村民提供政务、公益服务、便民服务、养老服务等，同时，进一步提高公共服务的公开性、精准性和高质性，做到"办事不出门""数据多跑腿，农民少跑路"。

（2）深耕农业产业的数字"金融田"

长期以来，农村地区一直承担着我国社会经济发展的调节器，并为中国社会经济发展提供源源不断的动力。在现代生活中，金融服务已经成为人们日常生活中必不可少的组成部分，对农业生产和农民福利改善具有重大的基础意义。然而，我国存在的"金融排斥"和"金融抑制"仍是亟待解决的现实问题。金融排斥的概念是指处于弱势地位的群体没有机会和能力获得金融服务和金融产品（Leyshon and Thrift，1993）。金融抑制则是指由于政府过多管制金融政策抑制了经济社会的发展（徐旭初等，2021），在贫困的农村地区的金融抑制、贫困群体的金融排斥尤为明显。大量研究结果表明，导致金融抑制或金融排斥的主要原因是金融成本高、资本回报率较低等。

农村金融改革中诸多问题均指向金融普惠性问题。而普惠金融与乡村振兴密切相关，2018年中央一号文件就指出普惠金融的重点要放在乡村，服务乡村振兴是普惠金融的应有之义。随着信息技术的发展、普及和应用，大数据、人工智能、生物识别、区块链等信息技术及数字技术与传统农村金融、农村普惠金融日益结合，深刻改变了农村金融的发展方式，催生了农村的数字"金融田"。一般来说，借助数字化信息技术，可以减少金融服务中的信息不对称，改善金融排斥群体金融服务的可得性和便利性（张勋等，2019），缓解区域资源扭曲配置等问题（史依铭和严复雷，2023）。具体而言，由于农业自身的脆弱性和风险性，农民的收入和储蓄水平一直在底层徘徊，因此我国农民长期以来一直受到征信问题的制约，农村地区普遍面临着资金供给严重不足的现实问题。随着数字乡村中对农村金融的重视以及电子支付（微信、支付宝支付）、网络购物等数字金融形式在农村地区普及和推广，金融机构可以通过大数据判断借款方的征信和信用情况，避免了由于农村难以提供征信情况所导致的无法向金融机构借款的问题。同时，利用互联网的渠道，可以极大降低金融服务的成本和数字金融服务门槛。已有研究表明，近年来，我国越来越多经营主体通过网络贷款方式获取涉农贷款额，网上的农业保险业务也持续增多（何宏庆，2020），数字技术也逐渐贯穿农业保险价值链的全流程。这不仅切实解决了农业生产的融资困境，而且在农业生产上发挥了"稳定器"的作用，但仍存在相关法律制度不健全、金融主体素养不高、数字金融风险隐蔽等问题（何宏庆，2019）。

综合来看，数字普惠金融是在遵循市场规律的基础上，为农村金融服务对象提供机会平等、成本可负担的金融服务，一般包含数字支付、数字信贷、数字授信、数字理财和数字保险（徐旭初等，2022）。基于"普"与"惠"的理念，数字普惠金融一方面可以通过缓解流动性约束和提升支付的便利性提高居民的消费水平（易行健和周丽，2018），另一方面可以打破传统金融的经营方式，以低成本、可持续的方式为弱势群体提供多方位的金融服务，缓解了农业生产的融资困境，有助于缩小城乡收入差距（宋晓玲，2017），推动经济持续健康增长（Kapoor，2013）和农村经济社会的现代化发展。

2. 生活视角

自党的十九大报告提出乡村振兴战略以来，提升乡村生活品质就成了乡村振兴的重要目标。从生活维度研究数字乡村有助于从农民视角了解数字化迁徙带来的农村文化样态改变和农民生活数字化的变迁。生活视角下数字乡村的热点关键词共现知识图谱如图7-4所示，主要的关键词有"乡村治理""数字治理""乡村文化""城乡融合""文化振兴""农民收入""数字人文"等。这些关键词说明数字技术的快速发展为农村数字化生活的转型奠定了坚实基础，数字化深刻形塑着当代农村形态和农民的生活方式，比如乡村治理的数字化转型。事实上，数字乡村的建设实质上是国家以信息化和科层化的手段对乡村社会实行改造（韩瑞波，2021），但我国学者依然高度关注着农村文化的乡土性与信息技术的数字性的结合方式，说明在重视数字乡村物质潜力释放的过程中，也没有忽视乡村文化的精神价值和人文内核。结合生活视角数字乡村的热点关键词，将数字乡村在生活维度分为两个子主题，分别是乡村治理的数字化转型研究和乡村文化的数字化转型研究。

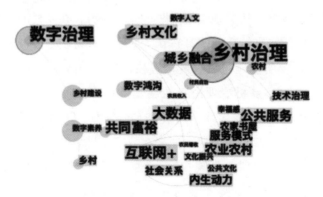

图7-4　生活视角下数字乡村的热点关键词共现知识图谱

（1）乡村治理的数字化转型研究。随着第四次工业革命的纵向走深，人工智能、大数据、云计算、物联网等新一代数字技术加速了社会生产力的释放，促进了数字经济的兴起。治理理论与数字经济逐步融合渗透，催生了新的数字治理理论，成为一种新的公共管理范式（徐旭初等，2022）。随着工业化、信息化的渗透，城市的虹吸效应加剧了农村人口的空心化，乡村治理面临着村民参与不足、村级组织行政化等一些治理困境，而乡村数字化治理可以结合各地治理情景，探索数字化治理模式，不仅解决了乡村治理系统的单向性，而且消解了乡村数字信息传播的局限性（胡卫卫和申文静，2022），成为实现乡村振兴和共同富裕重要的驱动力量。

在数字时代，乡村治理的数字化不仅是政府关注的重心，也引起了学者们的广泛讨论。学术界对乡村治理的数字化研究主要从以下三个维度展开。从"理论之维"的角度而言，数字技术作为乡村治理变革的媒介和契机是乡村社会治理的重要创新与应用拓展（韩瑞波，2021）。将信息技术嵌入乡土社会中不仅可以用数字技术重构分散化的乡村社会（郑永兰和周其鑫，2022），还可以借助信息化、智能化、数字化的手段，优化既有的乡村治理模式。具体而言，对乡村治理的技术赋能可以体现在重塑村民与村干部的组织关系，公开村庄政务、村务、财务信息（丁波，2022），提升农民的信息素质，优化政府的管理组织服务，增强村庄的公共服务供给（方堃等，2019），完善政策设计和管理体系等（夏显力等，2019），这种创新的治理模式增强了村民在集体事务中的话语权，实现了跨时空的主客体互动，从而提升了地区治理的效能。从"现实之困"的角度而言，在乡村治理数字化转型的过程中，刘曦绯和高笑歌（2021）认为数字治理易使主体过度依赖数字技术手段，仅注重专项治理和绩效量化考核，从而陷入"表面数字化"的陷阱。此外，当前数字乡村治理由于数字基础设施欠完善（江维国和胡敏，2021）、数字建设存在坏账欠账（佟林杰和张文雅，2021）以及农民主体地位弱化（周梦冉，2022）等问题，使得在数字乡村治理实践中更加容易滑入"数字形式主义"的陷阱，出现权利失范、绩效内卷的技术异化现象。从"未来之路"的角度来看，鉴于乡村社会的复杂性，我们要更加明确乡村治理的数字化不是数字技术与乡村社会的简单叠加，而是数字治理理念与乡村治理理念的有机结合，形成改善村民生活形态的交互群治管理体系，通过数字技术手段，实现治理精准化、参与民主化、服务高效化和决策科学化，以此实现更高位阶的乡村善治和现代化转型。

此外，乡村与城市之间仍存在较大的数字鸿沟，公共服务的均等化可以显著降低乡村治理成本。当前仍有一些发展较慢的村庄，公路、电力、水利等基础设施建设十分缓慢，成为国家信息发展的"洼地"（赵旱，2020）。对于我国农村长期面临的公共服务分散化、碎片化、区隔化（方堃等，2019），我们更应以数字化整合为核心，瞄准乡村治理过程逻辑的复杂性，建立共建共治共享的体系。

（2）乡村文化的数字化转型研究。乡村文化是农民在长期生产生活实践中形成的带有乡土性的物质文明和精神文明总和，构成了农民安身立命的基础和终极价值关怀，具有极强的地域性和自发性。不仅是助推乡村振兴的内生动力，也是实现乡村振兴的价值指引。乡村文化的数字化是指用数字技术赋能乡村文明，唤醒乡村沉睡的文化资源，激活广大农村地区的文化活力。不仅需要重视数字技术对传统乡村文化的重塑和改造，也要重视虚拟乡村文化的建设与发展。

受城乡二元体制的影响，各项资源不断流向城市，导致乡村文化的发展困境加剧。但数字化可以加速城乡文化资源的流动，弥补乡村文化资源的匮乏。在当前"万众皆媒"的时代，数字技术可以为农村居民打开通往外界社会的窗口（甘小立和汪前元，2021），比如通过微博、短视频等新媒介深度参与信息交流，极大地丰富农民的精神生活（汪连杰，2018），形塑农民文化生活的新秩序。此外，新媒介在农村社会的嵌入，可以增强大众的社会参与意识（潘忠党，2012），使农民在深度卷入的过程中获得数字赋权。在新媒介赋权下，乡村文化的数字化建设不仅是传统乡村文化的延伸，更是乡村记忆打破时空边界的重新部落化。除此之外，数字文化产业作为一种正在兴起的农村经济类型是数字经济时代传统文化转型升级的必然趋势。目前，关于乡村文化产业的研究主要集中在乡村旅游、节庆演出、古村落开发、乡村文创等方面，从乡村文化的数字化转型角度切入的并不多。吴承忠（2019）认为，文化产业的发展需要良好的经济基础、宽松的社会文化氛围以及大量的人才。但基于我国当前国情，仍然存在乡村文化建设与乡村社会变迁并不适配、乡村公共文化服务体系活力不足和农民文化主体性不足、通信基础设施薄弱、人口流失等问题，但数字乡村建设可以通过数字技术赋能，弥补乡村文化发展在资本、市场和人才上的短板问题，解决乡村文化市场规模小、创意不足、传播范围有限等问题（李翔和宗祖盼，2020）。

利用数字化手段发展乡村文化日益成为发展趋势。数字化概念可以极大地拓展乡村文化的内涵与外延，突破乡村文化资源的有限性，推动乡村文化与经济的全面融合。事实上，乡村文化的数字化转型不仅可以成为推动民族文化传统业态升级换代的加速器，还可以成为民族文化高质量发展的新引擎（李翔和宗祖盼，2020）。

3. 生态视角

"皮之不存，毛将焉附"，农村经济无法脱离乡村生态而独立发展。乡村生态不仅是乡村文明的基本特征，更是农村经济的重要载体。"绿水青山就是金山银山"的生动实践让人们意识到生态环境保护和经济社会发展的和谐共生关系。从生态视角解析数字乡村热点关键词可以发现，"乡村性""数字技术""乡村发展""数字地理""数字县域""垃圾分类"等是学者们在研究数字乡村生态问题时的重要关键词。进一步地，根据既有文献和生态视角下数字乡村的热点关键词共现知识图谱（见图7-5），我们将数字乡村与农村生态分为两个子主题，分别是数字乡村的绿色化研究和数字乡村的在地化研究。

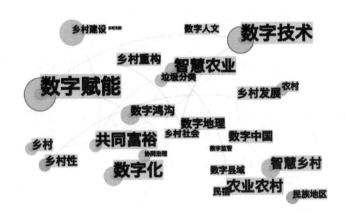

图7-5　生态视角下数字乡村的热点关键词共现知识图谱

（1）数字乡村的绿色化研究。在全面推动乡村振兴的道路上，绿色发展理念至关重要。绿色发展不仅是对可持续发展的继承与创新，更是新时代实现乡村振兴的内在需求和重要支撑。当前，我国农村地区面临着数字赋能带来的巨大发展机遇，但如何释放农村地区的"绿色红利"，是乡村振兴的基本着力点。在绿色发展理念的时代背景下，数字乡村对生态环境的影响如下。

关于数字化建设对生态环境的影响可以分为增长效应和抑制效应（张荣博和钟昌标，2022）。沈费伟和叶温馨（2021）认为，数字化建设可以有效解决乡村发展过程中的环境破坏问题，推动乡村环境绿色化、低碳化。一方面，技术水平和通信技术的提升可以减少企业对实际场地的需求（张三峰和魏下海，2019），便于企业进行资源整合，提升产品生产效率，减少资源浪费和环境污染的情况（许宪春等，2019），进而改善生态环境的治理格局。另一方面，互联网覆盖率的提升可以显著降低区域空气污染程度，提升能源的利用效率（Ozcan and Apergis，2018），同时，互联网的普及可以实现生态环境监管的精准化和智能化（Granell et al.，2016），打造立体式、多维度的生态环境全要素综合体系（韩晶和陈曦，2022），从而实现物质文明和生态文明的双赢局面。与此相反，不少学者认为数字化建设对生态环境具有抑制效应。王子敏和李婵娟（2016）发现，在利润最大化的驱动下，互联网虽然整体上可以降低人均能耗，但在互联网自身发展过程中，相关设施性能的优化和改善往往会耗费大量资源，从而增强了对能源的掠夺效应。李广昊和周小亮（2021）指出，数字经济建设对环境污染的改善作用具有非对称性，其治污效用仅仅只存在于城市规模较大、创新能力较强的大城市中。基于我国的现实国情，李晓华（2019）认为，我国当前数字经济水平较低、基础设施和软环境存在较大的发展空间，数字化建设难以在生产领域实现能源效率的提高，短期内或许有利于我国经济的绿色化发展，长期却会加剧能源消耗，形成能源的回弹效应（樊轶侠和徐昊，2021）。

在数字乡村的建设过程中，如何解决乡村传统产业的绿色化转型和过分依赖资源的传统开发模式，减轻生态环境的巨大压力，是当前农村经济面临的重大难题。乡村的发展不仅要经济生态化，更要生态经济化，这就要求我们不仅要加快推动农村经济生产方式的绿色化变革，更要在遵循人与自然和谐共生的原则上，挖掘当地生态资源潜在的经济效益，为农村地区经济生态化的长效维持提供支撑和前提。

（2）数字乡村的"在地性"研究。正如费孝通（2016）提出，在地性是指乡土社会的生活是具有地方性的。数字乡村是建立在乡土社会的基础上，通过信息技术打破地域性的空间阻隔，将农村地区打造为宜居休闲的整合性区域。但乡村社会具有浓厚的乡土色彩，数字技术的"数字性"势必会与乡村社会的"乡土性"短兵相接，最后可能会出现"水土不服"的现象（郑永兰和周其鑫，2022）。随着现代技术的持续渗透，传统乡村不再是固定的实体，而是呈现出地理空间相互交织并且具有动态性和延展性的社会关系（吴越菲，2022）。在乡村技术领域不断数字化的同时，数字技术也在不断地空间化、地方化（Leszczynski，2015），最终实现"乡土性"与"数字性"的耦合共振。

乡村性是描述乡村地域空间的重要概念，是揭示农村内部差异、识别农村地域空间的综合指标（Woods，2010）。沈费伟和陈晓玲（2021）认为，乡村性可以综合反映当地的综合发展水平，不仅是用于判断乡村转型的微观特征，更是乡村地域空间价值得以彰显的重要体现。目前，国际上流行以社会表征的方法来定义"乡村性"，比如以当地村民认为的乡村性形象或标志、社会变化对农村环境的改变等，但其操作性和可行性仍存在较大的困难。进一步地，李红波和张小林（2015）认为，乡村性难以界定的原因在于乡村整体发展动态演变性、组成要素的不整合性、乡村与城市之间的相对性。事实上，乡村具有地方性、复杂性、特殊性等特征，现代信息技术融入乡村的实践，不仅是对乡村社会简单的技术叠加和应用，更是信息技术与当地乡村环境相互交融形成的良性循环系统。

数字乡村的在地性研究旨在强调乡村性的价值，而乡村性又凸显了人与自然和谐相处的深刻内涵。在推进乡村振兴战略的过程中，需要构建乡村资源的在地性机制，发现原有的乡村价值，使数字技术为乡村环境、乡村文化服务，"因地制宜"地考虑乡村发展的在地性、自然景观的在地性以及人文情怀的在地性，从而达到乡村数字化持续连贯的发展价值。

三、研究热点

研究热点是学术领域共同关注的话题，本书采用关键词聚类的方法进行研究热点分析。具体来说，本章对中文 2007～2022 年和英文 2013～2022 年文献的关键词进行聚类，以期对 21 世纪以来数字乡村领域的研究热点进行分析。

（一）国外研究热点

在英文关键词聚类网络图谱中，关于数字乡村的关键词共有 337 个，图 7-6 显示了 2013～2022 年 Web of Science 核心数据集中以数字乡村为关键词的聚类时区图。其中，Q 值 = 0.4197 > 0.3，S 值 = 0.7652 > 0.5，这表示聚类结构显著且合理。在图 7-6 中显示的 8 个聚类团体分别是"Developing countries""Rural broadband""Depopulation""Smart farming""Digital literacy""Social media""Technology diffusion""Fourth industrial"。在英文文献方面，其研究范围更加广泛化，包括不同发展中国家和发达国家的经验，比如西班牙、罗马尼亚、印度等。此外，英文文献的研究领域更加具体化和细致化，早期英文文献的关注重点主要是数字鸿沟和数字不平等问题，然后学者的研究重心逐渐向数字工具如何弥合数字鸿沟转移，比如智能手机、农村宽带、互联网使用、信息与通信技术等，近年来其关注重心主要转移到智慧农业、数字转型、电子商务和收入差距等议题。

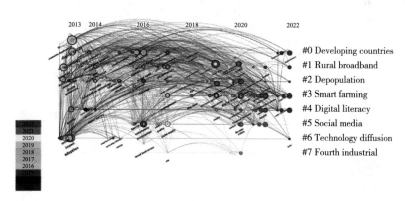

图 7-6　英文数字乡村关键词聚类时区图

（二）国内研究热点

中文文献关于数字乡村的关键词包括 193 个，为了进一步提高研究领域的精确度，借助 CiteSpace 6.1 关键词聚类的功能，将关键词之间联系较为紧密的关键词进行汇总形成聚类，并从时间维度展现数字乡村领域的热点主题及变化趋势，得到图 7-7 所示的关键词时区图。在关键词聚类中，CiteSpace 可以根据网络结构和聚类的清晰度提供模块值（Q 值）和平均轮廓值（S 值）两个指标。对于所生成的聚类网络的稳定性可以用 Q 值衡量。当 Q 值大于 0.3 时，表示聚类结果比较显著，聚类结果较好；反之，当 Q 值小于 0.3 时则认为聚类结果不显著。衡量聚类的清晰度一般是通过 S 值度量。当 S 值大于 0.5 则表示聚类内部的匹配程度高，聚类比较合理，反之则表示聚类内部匹配程度低（陈悦等，2015）。在本书研究中，Q 值 = 0.5241，S 值 = 0.8736，表明数字乡村聚类图谱的聚类结构十分显著，结果具有可信性。

图 7-7 中的数字乡村关键词聚类知识图谱结果显示，共有 7 个聚类团体，分别是数字乡村、乡村振兴、数字治理、数字经济、数字技术、"互联网 +"和乡村文化。早期我国对数字乡村主题的关注度不高，此时学者们关注的重心主要是县域经济发展和乡村结构转型，而后研究重心向乡村治理、公共服务、乡村振兴、内生动力等转移。近年来，学者们热衷于将研究视角微观化和研究方法多样化，研究重心转移到电子商务、人的异化、数字素养和扎根理论等。

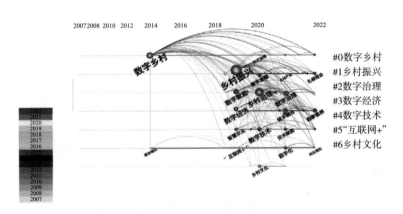

图 7-7　中文数字乡村关键词聚类时区图

综上所述，中英文文献对数字乡村主题的研究偏好既有共同点，也存在明显的差异。中英文献都高度关注农村地区的数字化转型、数字技术和数字素养等方面，但中英文文献在研究背景和研究内容上存在显著的差异。在研究背景方面，中文数字乡村文献大多是以国家战略需求为导向的学术探索，所以在早期，数字乡村文献寥寥无几，自 2018 年数字乡村正式提出后，研究主题才逐步广泛化和多元化。但是，英文数字乡村文献多是为了解决农村地区劳动力外流的人口困境，着力探讨如何利用数字化工具改善农村生活条件，从而促进农村地区的可持续发展。在研究内容方面，中文数字乡村文献大多探讨数字乡村的实现路径，寻求城乡协同发展的科学范式，而英文文献研究数字乡村较早，其研究领域和研究方向更加细致化和具体化，相对深入地构建了数字乡村研究的基础构架。

第五节　总结与展望

一、研究结论

本章首先界定了数字乡村的概念，分析了在当前大背景下数字乡村建设的战略意义；其次系统梳理了近年来有关数字乡村的政策文件来描绘其建设发展历程及建设成果；最后运用多种方法挖掘数字乡村领域的研究前沿、趋势、研究现状及研究热点。本章通过使用 CiteSpace 6.1 R6 软件，采用系统综述和文献计量的方法对中英文数字乡村文献进行分析，有以下发现和结论。

第一，从突现分析法的前沿分析来看，中文数字乡村文献从关注数字红利到具体的数字化形式再到乡村传统文化的数字化，呈现出从物质层面向精神层面转变的趋势。而英文数字乡村研究关键词突现的时间分布更加均匀。研究范围整体呈现出从宏观到微观的变化趋势，从关注数字鸿沟和技术扩散到重视数字化生活方式的改变。

第二，从高被引文献的分析部分来看，中文数字乡村探索侧重于从理论层面论述我国数字乡村的现实困境及数字乡村赋能乡村振兴的作用机理，缺少计量层面的检验成果。而国外文献研究视角和研究内容更加丰富，侧重于数字福利及其有限性的研究。

第三，本章从"三生"维度探讨数字乡村对农村地区的影响，结合影响力较高的文献，对现有研究领域进行细化分析，在生产维度将其分为数字农业的促产共生和为农服务与深耕农业产业的数字"金融田"两个子主题；在生活维度可以将其分为乡村治理的数字化转型研究和乡村文化的数字化转型研究两个子主题；在生态维度可以将其分为数字乡村的绿色化研究和在地化研究两个子主题。

第四，从关键词聚类来看，中英文数字乡村的研究热点既存在共识也存在差异。中文数字乡村关键词聚类包含数字乡村、乡村振兴、数字治理、数字经济、数字技术、"互联网＋"和乡村文化。而数字乡村的英文文献呈现出研究范围广泛化和研究领域细致化的趋势，聚类团体包括发展中国家、农村宽带、人口下降、智慧农业和数字素养等。

二、未来展望

展望一：近年来，我国关于数字乡村的学术文献和规划政策均呈现显著增长的趋势，说明数字乡村对我国经济社会发展的意义非同小可。但目前我国关于数字乡村的文献大多是国家战略导向下理论与实践层面的定性研究，基于微观视角的评价机制体系和实证分析的定量研究少有涉及，这就需要我国学者不断拓宽数字乡村的研究视角，从不同视角挖掘数字乡村的潜力以及带来的社会挑战，营造良好的数字乡村环境，推进乡村振兴的全面实现。

展望二：当前，国外关于数字乡村已取得卓有成效的研究成果，其丰富的国际经验值得我们学习。我国乡村具有其特殊性和复杂性，结合国际经验和我国基本国情，可以使得研究结论更加具有针对性和实用性。数字乡村的推进不能仅仅是"数字性"与"乡村性"的简单叠加，而应将信息技术与当地乡村环境相互交融形成良性循环系统，基于此，在破解数字乡村建设困境时，应立足社会学、经济学、人类学、政治学等交叉学科，深化研究内容，引导数字乡村的实践活动，助推乡村振兴与共同富裕的有效衔接。

展望三：在注重数字乡村理论基础的同时，还应注重定量与定性方法的结合，扎根农村现实生活场景，运用实证数据和科学计量分析模型，设计出更权威的数字乡村评价体系，切实反映数字乡村建设进程和政策绩效，以此发现乡村数字化转型过程中存在的问题，实现理论与实践的双向互动，为全国数字乡村的建设与发展提供指导，从而推动数字中国的建设进程。

第六节　本章小结

本章首先界定了数字乡村的概念，即数字乡村是以新一代信息通信技术作为农业生产经营的新工具、农村生活幸福的新驱动、乡村生态保护的新手段，以信息化赋能农业生产、经营、管理、服务等环节，不断提高乡村数字化、网络化和现代化水平，从而增强乡村内生发展动力，引发乡村社会的巨大变革，最终实现乡村振兴和共同富裕。其次分析了在当前大背景下数字乡村建设的战略意义，建设数字乡村有利于缩小城乡"数字鸿沟"并将全面助力乡村振兴战略目标的实现。最后系统梳理了近年来有关数字乡村的政策文件来描绘其建设发展历程及建设成果，可以发现国家高度重视数字乡村建设，在建设新局面的过程中，我国结合乡村现状和人民对美好生活的需求，不断出台多项政策，全面推进数字乡村建设，为乡村振兴助力。经过持续推动，我国数字乡村建设取得多项进展，"数字革命"正在农村这片广阔沃土引发一场深刻的社会变革，为全面推进乡村振兴、建设农业强国、加快农业农村现代化持续提供新的动能。

参考文献

［1］白永秀，张佳，王泽润．乡村数字化的内涵特征、理论机制与推进策略［J］．宁夏社会科学，2022（5）：111－119.

［2］保罗·萨缪尔森、威廉·诺德豪斯．经济学（第18版）［M］．萧琛，译，北京：人民邮电出版社，2008.

［3］蔡浩，居敏．泰州市区农村水利工程管护的现状分析及对策思考［J］．江苏水利，2012（10）：22－23.

［4］陈婵，陈琛凝，石露，等．农村基础设施建设文献综述研究［J］．中国乡镇企业会计，2013（4）：232－233.

［5］陈凌云．上海与西安农村基础设施建设机制比较及其建议［J］．新西部（理论版），2013（22）：16－17.

［6］陈胜云．我国农村基础设施投资区域差异研究［D］．泰安：山东农业大学，2015：8－19.

［7］陈潭，王鹏．信息鸿沟与数字乡村建设的实践症候［J］．电子政务，2020（12）：2－12.

［8］陈薇琼．乡村振兴战略背景下农村基础设施建设的现状与对策［J］．山西能源学院学报，2021（3）：73－75.

［9］陈悦，陈超美，刘则渊，等．CiteSpace知识图谱的方法论功能［J］．科学学研究，2015（2）：242－253.

［10］褚雅君．农田水利设施建设存在问题及解决途径［J］．山西水土保持科技，2018（2）：30－31.

［11］创新投融资体制机制加大建设和管护投入全面补齐农村基础设施建设短板——国家发展改革委有关负责人就《国务院办公厅关于创新农村基础设施投融资体制机制的指导意见》答记者问［J］.财经界，2017（8）：1－3.

［12］崔凯，冯献.数字乡村建设视角下乡村数字经济指标体系设计研究［J］.农业现代化研究，2020（6）：899－909.

［13］崔淑君.农田水利基础设施的运行管护及保障措施［J］.河南水利与南水北调，2017（4）：26－27.

［14］崔友平，刘承礼，赵超，等.百年中国共产党经济思想创新研究［J］.经济与管理评论，2021（4）：5－17.

［15］戴旭宏，唐新.财政支农视角下的农业基础设施管护模式创新——基于四川省的实证分析［J］.财经科学，2012（11）：117－124.

［16］邓晓兰，鄢伟波.农村基础设施对农业全要素生产率的影响研究［J］.财贸研究，2018，29（4）：36－45.

［17］邓运山.现代化视野下中国共产党的乡村改造思想及实践研究（1921－1937）［D］.长沙：湖南大学，2012.

［18］丁波.数字治理：数字乡村下村庄治理新模式［J］.西北农林科技大学学报（社会科学版），2022（2）：9－15.

［19］樊丽明，石绍宾.公共品供给机制：作用边界变迁及影响因素［J］.当代经济科学，2006（1）：63－68＋126.

［20］樊轶侠，徐昊.中国数字经济发展能带来经济绿色化吗？——来自我国省际面板数据的经验证据［J］.经济问题探索，2021（9）：15－29.

［21］方堃，李帆，金铭.基于整体性治理的数字乡村公共服务体系研究［J］.电子政务，2019（11）：72－81.

［22］费孝通.江村经济［M］.戴可景，译.北京：北京大学出版社，2012：3.

［23］费孝通.乡土中国［M］.北京：北京大学出版社，2016：23.

［24］冯道杰，程恩富.从"塘约经验"看乡村振兴战略的内生实施路径［J］.中国社会科学院研究生院学报，2018（1）：22－32.

［25］冯虎.无锡市农村公路养护管理问题研究［D］.上海：华东政法

大学，2017.

[26] 冯娟娟，弓剑芳，田祥宇. 中国乡村基础设施投资公平性测度与评价 [J]. 宏观经济研究，2019（2）：143 – 160.

[27] 甘小立，汪前元. 互联网使用能提高农村居民幸福感吗？——基于信息获取视角的一个实证检验 [J]. 产经评论，2021（4）：129 – 142.

[28] 甘阳. 《江村经济》再认识 [J]. 读书，1994（10）：51.

[29] 高强. 脱贫攻坚与乡村振兴有效衔接的再探讨——基于政策转移接续的视角 [J]. 南京农业大学学报（社会科学版），2020（4）：49 – 57.

[30] 郗清攀. 乡村振兴战略背景下乡镇政府公共服务能力研究 [D]. 长春：东北师范大学，2019.

[31] 戈国莲，刘磊. 乡村振兴背景下我国乡村公共基础设施投资测算与建设研究 [J]. 农业经济问题，2022（10）：133 – 144.

[32] 弓剑芳. 精准扶贫视角下农村基础设施投资的公平性研究 [D]. 太原：山西财经大学，2018.

[33] 贡蓝溪. 中国农村基础设施建设融资机制创新引入 PPP 模式的研究 [D]. 昆明：云南财经大学，2016.

[34] 关安荣. 天津市农村公共基础设施管理机制研究 [C]. 天津：天津大学，2016.

[35] 关于深化农村公共基础设施管护体制改革的指导意见 [J]. 交通财会，2019（12）：80 – 83.

[36] 官皓. 收入对幸福感的影响研究：绝对水平和相对地位 [J]. 南开经济研究，2010（5）：56 – 70.

[37] 管立杰. 农村基础设施 PPP 模式中利益相关者的冲突与协调研究 [D]. 泰安：山东农业大学，2020.

[38] 郭红东，等. 影响农户参与专业合作经济组织行为的因素分析——基于对浙江省农户的实证研究 [J]. 中国农村经济，2004（5）：11 – 16.

[39] 郭瑞萍，苟娟娟. 农村基础设施"民办公助"模式农民满意度研究——以甘肃省某镇的个案调查为例 [J]. 西北大学学报（哲学社会科学版），2013（1）：129 – 132.

［40］郭顺义，杨子真，等．数字乡村：数字经济时代的农业农村发展
新范式［J］．北京：人民邮电出版社，2021：20．

［41］郭晓鸣，张克俊，虞洪，等．实施乡村振兴战略的系统认识与道
路选择［J］．农村经济，2018（1）：11－20．

［42］郭晓鸣，张克俊，虞洪，等．乡村振兴的战略内涵与政策建议
［J］．当代县域经济，2018（2）：12－17．

［43］郭雨婷．基于扎根理论的农村基础设施满意度及提升路径研究
［D］．郑州：郑州大学，2020．

［44］国务院办公厅关于创新农村基础设施投融资体制机制的指导意见
［J］．中华人民共和国国务院公报，2017（7）：38－42．

［45］韩晶，陈曦．数字经济赋能绿色发展：内在机制与经验证据［J］．
经济社会体制比较，2022（2）：73－84．

［46］韩瑞波．技术治理驱动的数字乡村建设及其有效性分析［J］．内
蒙古社会科学，2021，42（3）：16－23．

［47］韩瑞波．敏捷治理驱动的乡村数字治理［J］．华南农业大学学报
（社会科学版），2021（4）：132－140．

［48］韩小伟．改革开放以来中央单位定点扶贫研究［D］．长春：吉林
大学，2020．

［49］郝宏桂，晏阳初．"乡村建设"理论与实践的历史启示［J］．民
国档案，2006（4）：7．

［50］郝文武．平等与效率相互促进的教育公平论［J］．教育研究，
2007（11）：25－29．

［51］何宏庆．数字金融：经济高质量发展的重要驱动［J］．西安财经
学院学报，2019（2）：45－51．

［52］何宏庆．数字金融助推乡村产业融合发展：优势、困境与进路
［J］．西北农林科技大学学报（社会科学版），2020（3）：118－125．

［53］何平．我国精准扶贫战略实施的法治保障研究［J］．法学杂志，
2017（1）：50－58．

［54］何仁伟．城乡融合与乡村振兴：理论探讨、机理阐释与实现路径

［J］. 地理研究，2018（11）：2127 – 2140.

［55］何阳，娄成武. 后扶贫时代贫困问题治理：一项预判性分析［J］. 青海社会科学，2020（1）：109 – 117.

［56］贺雪峰. 关于实施乡村振兴战略的几个问题［J］. 南京农业大学学报（社会科学版），2018（3）：19 – 26，152.

［57］洪名勇，张安琪. 农民视角下的乡村振兴：选择、困境与策略［J］. 农业经济问题，2022（7）.

［58］洪银兴，刘伟，高培勇，等. "习近平新时代中国特色社会主义经济思想"笔谈［J］. 中国社会科学，2018（9）：4 – 73，204 – 205.

［59］胡春萍，吴建南，王颖迪. 相对收入、收入满意度与主观幸福感［J］. 西安交通大学学报（社会科学版），2015（3）：85 – 94.

［60］胡皓然，韦洪发. 乡村振兴助力共同富裕的现实审视与政策创新［J］. 农村经济，2022（8）：21 – 31.

［61］胡绍雨. 促进农村公共基础设施供给的财政政策研究［J］. 财政科学，2019（9）：94 – 103.

［62］胡卫卫，申文静. 技术赋能乡村数字治理的实践逻辑与运行机制——基于关中 H 村数字乡村建设的实证考察［J］. 湖南农业大学学报（社会科学版），2022（5）：61 – 67，75.

［63］黄群. 梁漱溟乡村建设理论及其现代意义［J］. 贵州社会科学，2009（7）：134.

［64］黄鑫权. 新时代乡村振兴问题研究［D］. 贵阳：贵州师范大学，2020.

［65］黄征. 农村小型农田水利设施管护困境及突破策略——基于苏南二镇的实地调查［J］. 中国农村水利水电，2016（3）：84 – 87.

［66］黄祖辉. 准确把握中国乡村振兴战略［J］. 中国农村经济，2018（4）：2 – 12.

［67］惠恩才，赵军蕊. 我国农村基础设施建设项目融资模式研究［J］. 长春大学学报，2014（5）：585 – 591.

［68］霍军亮，吴春梅. 乡村振兴战略下农村基层党组织建设的理与路

[J]. 西北农林科技大学学报（社会科学版），2019（1）：69 – 77.

[69] 江维国，胡敏，李立清. 数字化技术促进乡村治理体系现代化建设研究 [J]. 电子政务，2021（7）：72 – 79.

[70] 姜翔程，乔莹莹. "三权分置" 视野的农田水利设施管护模式 [J]. 改革，2017（2）：108 – 115.

[71] 柯善北. 农村公共基础设施：怎样管，如何护？[J]. 中华建设，2020（4）：8 – 9.

[72] 赖海榕. 乡村治理的国际比较——德国、匈牙利和印度经验对中国的启示 [J]. 经济社会体制比较，2006（1）：93 – 99.

[73] 李广昊，周小亮. 推动数字经济发展能否改善中国的环境污染——基于 "宽带中国" 战略的准自然实验 [J]. 宏观经济研究，2021（7）：146 – 160.

[74] 李红波，张小林. 乡村性研究综述与展望 [J]. 人文地理，2015（1）：16 – 20，142.

[75] 李纪才. "合乎比例的不平等" 与 "比值相等" ——柏拉图、亚里士多德的公平思想 [J]. 上海行政学院学报，2009（6）：17 – 23.

[76] 李玲. 我国农村基础设施供给的多元主体研究 [D]. 成都：电子科技大学，2013.

[77] 李萍萍，安伟，袁建华，等. 我国乡村基础设施投资地区差异实证分析 [J]. 农业科学研究，2015（2）：60 – 64，81.

[78] 李芊，李梅. 政府购买农村基础设施服务的协同管护研究——基于演化博弈分析 [J]. 新疆农垦经济，2021（2）：13 – 22.

[79] 李翔，宗祖盼. 数字文化产业：一种农村经济振兴的产业模式与路径 [J]. 深圳大学学报（人文社会科学版），2020（2）：74 – 81.

[80] 李晓华. 数字经济新特征与数字经济新动能的形成机制 [J]. 改革，2019（11）：40 – 51.

[81] 李杏丽. 我国新农村基础设施项目绩效评价研究 [D]. 长沙：中南林业科技大学，2018.

[82] 李志远，李素英，刘会芬. 论乡村基础设施投资的成本补偿 [J]. 石家庄铁道学院学报（社会科学版），2007（2）：31 – 34.

［83］两部委出台深化农村公共基础设施管护体制改革意见［J］．农村财务会计，2019（12）：49．

［84］林康，陆玉麒，刘俊，等．基于可达性角度的公共产品空间公平性的定量评价方法——以江苏省仪征市为例［J］．地理研究，2009，28（1）：215－224，278．

［85］林万龙．家庭承包制后中国乡村公共产品供给制度诱致性变迁模式及影响因素研究［J］．农业技术经济，2001（4）：49－53．

［86］林万龙．中国农村公共服务供求的结构性失衡：表现及成因［J］．管理世界，2007（9）：62－68．

［87］林振德，赵伟．农村公共基础设施投资区域差异影响因素研究［J］．农村经济，2016（1）：88－94．

［88］刘海巍，徐立峰．普惠金融促进农民农村共同富裕的逻辑机理与实践路径［J］．党政干部学刊，2022（4）：50－56．

［89］刘荷香．加强农村公共基础设施管护长效机制建设［J］．乡音，2021（3）：29．

［90］刘建水，毛世平．村内道路建设与管护情况调查［J］．当代农村财经，2019（2）：13－16．

［91］刘景春．永筑"强县"之基——对农村公共基础设施管护现状的调查与思考［J］．哈尔滨市委党校学报，2010（6）：87－88．

［92］刘俊祥，曾森．中国乡村数字治理的智理属性、顶层设计与探索实践［J］．兰州大学学报（社会科学版），2020（1）：64－71．

［93］刘萍．乡村基础设施供给的影响因素分析［J］．商业现代化，2009（16）：203．

［94］刘天琦．我国乡村财政扶贫资金投入与运行机制的优化问题研究［D］．北京：首都经贸大学，2017．

［95］刘曦绯，高笑歌．乡村数字治理如何跨越"表面数字化"陷阱——基于"公民即用户"视角的分析［J］．领导科学，2021（4）：28－30．

［96］刘玥，王江萍，任亚鹏．双视角下农村基础设施配置评价——基于武汉市21个村庄的调查数据［J］．西南师范大学学报（自然科学版），

2021（6）：75－82.

［97］卢毓俊．农村基础设施建设和村庄整治中存在问题的原因分析［J］．农业经济，2011（7）：22－23.

［98］吕普生．数字乡村与信息赋能［J］．中国高校社会科学，2020（2）：69－79＋158－159.

［99］罗楚亮．绝对收入、相对收入与主观幸福感——来自中国城乡住户调查数据的经验分析［J］．财经研究，2009（11）：79－91.

［100］罗楚亮．收入增长与主观幸福感增长［J］．产业经济评论，2017（2）：5－22.

［101］罗仁福，张林秀，赵启然，等．从农村公共基础设施变迁看未来农村公共投资方向［J］．中国软科学，2011（9）：30－40.

［102］罗志刚．中国城乡关系政策的百年演变与未来展望［J］．江汉论坛，2022（10）：12－18.

［103］马克思．雇佣劳动与资本［M］．沈志远，译．三联书店，1950.

［104］马晓河，刘振中．农村基础设施和公共服务需要明确攻坚方向［J］．中国党政干部论坛，2020（1）：68－70.

［105］毛世平，张琳，何龙娟，等．我国农业农村投资状况及未来投资重点领域分析［J］．农业经济问题，2021（7）：47－56.

［106］梅亮，陈劲，刘洋．创新生态系统：源起、知识演进和理论框架［J］．科学学研究，2014（12）：1771－1780.

［107］潘忠党．互联网使用和公民参与：地域和群体之间的差异以及其中的普遍性［J］．新闻大学，2012（6）：42－53.

［108］裴志军．家庭社会资本、相对收入与主观幸福感：一个浙西农村的实证研究［J］．农业经济问题，2010（7）：22－29.

［109］彭文英，杨燕英，徐丰．城乡统筹背景下农村基础设施建设管理问题研究——以北京市为例［J］．中央财经大学学报，2012（6）：8－12，66.

［110］戚振宇，李金叶．中国共产党农业发展思想的百年演进、逻辑脉络与原创性贡献［J］．学习与探索，2021（6）：98－105.

［111］齐红倩，李志创．中国普惠金融发展水平测度与评价——基于不同

目标群体的微观实证研究 [J]. 数量经济技术经济研究, 2019 (5): 101-117.

[112] 钱文荣, 应一逍. 农村非正式组织能影响公共基础设施供给吗——基于 H 村的个案研究 [J]. 经济学家, 2015 (3): 23-30.

[113] 钱文荣, 应一逍. 农户参与乡村公共基础设施供给的意愿及其影响因素分析 [J]. 中国农村经济, 2014 (11): 39-51.

[114] 曲延春. 差序格局、碎片化与农村公共产品供给的整体性治理 [J]. 中国行政管理, 2015 (5): 70-73.

[115] 曲彦. 乡村基础设施建设财政支出分析 [D]. 长春: 吉林大学, 2016.

[116] 任克军. 加快推进农村基础设施和社会事业建设切实提高农村公共服务水平 [J]. 吉林农业, 2016 (13): 8-12.

[117] 沈费伟, 陈晓玲. 保持乡村性: 实现数字乡村治理特色的理论阐述 [J]. 电子政务, 2021 (3): 39-48.

[118] 沈费伟, 叶温馨. 数字乡村建设: 实现高质量乡村振兴的策略选择 [J]. 南京农业大学学报 (社会科学版), 2021 (5): 41-53.

[119] 沈费伟, 袁欢. 大数据时代的数字乡村治理: 实践逻辑与优化策略 [J]. 农业经济问题, 2020 (10): 80-88.

[120] 沈琼. 用发展新理念引领农业现代化: 挑战、引领、重点与对策 [J]. 江西财经大学学报, 2016 (3): 81-90.

[121] 师曾志, 李堃, 仁增卓玛. "重新部落化"——新媒介赋权下的数字乡村建设 [J]. 新闻与写作, 2019 (9): 5-11.

[122] 石京, 杨朗, 刘力元. 我国铁路投资公平性问题和投融资体制改革的研究 [J]. 铁道工程学报, 2006 (3): 92-96.

[123] 史依铭, 严复雷. "数字红利" 还是 "数字鸿沟"——数字金融发展与我国宏观区域经济 [J]. 统计学报, 2023 (1): 55-72.

[124] 宋圭武, 王渊. 公平、效率及二者关系新探 [J]. 江汉论坛, 2005 (9): 23-26.

[125] 宋晓玲. 数字普惠金融缩小城乡收入差距的实证检验 [J]. 财经科学, 2017 (6): 14-25.

［126］苏畅．补齐农村基础设施短板要形成多元投入格局［N］．农村金融时报，2019 – 03 – 25.

［127］苏毅清，游玉婷，王志刚．农村一二三产业融合发展：理论探讨、现状分析与对策建议［J］．中国软科学，2016（8）：17 – 28.

［128］孙同全．完善农村普惠金融体系　促进农民农村共同富裕［J］．农业发展与金融，2022（5）：9 – 13.

［129］孙玥，黄涛，王艳慧，等．乡村振兴重点帮扶县农村基本公共卫生服务的多维减贫效应［J］．经济地理，2022（6）：144 – 155.

［130］唐国华，孟丁．农村基础设施融资模式的市场化路径构建——以农村公路养护资金筹集为例［J］．财会月刊，2018（15）：170 – 176.

［131］唐任伍，唐堂，李楚翘．中国共产党成立 100 年来乡村发展的演进进程、理论逻辑与实践价值［J］．改革，2021（6）：27 – 37.

［132］唐任伍．乡村建设的历史逻辑、价值内涵和未来图景［J］．人民论坛·学术前沿，2022（15）：18 – 31.

［133］田国强，杨立岩．对"幸福—收入之谜"的一个解答．经济研究，2006（11）：4 – 15.

［134］田祥宇．乡村振兴驱动共同富裕：逻辑、特征与政策保障［J］．山西财经大学学报，2023（1）：1 – 12.

［135］佟林杰，张文雅．乡村数字治理能力及其提升策略［J］．学术交流，2021（12）：118 – 125，187.

［136］童磊，严靖舒．农业保险研究演进脉络梳理及前沿趋势探析——基于文献计量学的可视化分析［J］．中国软科学，2022（3）：67 – 77.

［137］万宝瑞．我国农业三产融合沿革及其现实意义［J］．农业经济问题，2019（8）：4 – 8.

［138］汪连杰．互联网使用、闲暇偏好与农村居民幸福感——基于性别差异视角的分析［J］．哈尔滨商业大学学报（社会科学版），2018（4）：26 – 34.

［139］王程龙．关于乡村公共基础设施建设管护补短板的思考——以农村人居环境基础设施为例［J］．农业农村部管理干部学院学报，2020（4）：

16 – 18.

[140] 王典文，徐鑫，陈渝．从农村安全饮水工程保险看农村基础设施管理新思路 [J]．中国集体经济，2015 (4)：50 – 51.

[141] 王根余，李宏森，高伟．农业"命脉"失管之忧——关于泰州市市区农村水利工程管护情况的现状调查及思考 [J]．农村财政与财务，2013 (8)：38 – 40.

[142] 王光宇．农村基础设施建设项目管理问题与对策建议 [M]．北京：中国农业科学技术出版社，2008.

[143] 王军利．新时期农村道路基础设施建设发展对策研究 [J]．现代国企研究，2016 (8)：193 – 194.

[144] 王鹏．收入差距对我国居民幸福感的影响研究 [D]．成都：西南财经大学，2012.

[145] 王胜，余娜，付锐．数字乡村建设：作用机理、现实挑战与实施策略 [J]．改革，2021 (4)：45 – 59.

[146] 王薇，戴姣，李祥．数据赋能与系统构建：推进数字乡村治理研究 [J]．世界农业，2021 (6)：14 – 22，110.

[147] 王昕，陆迁．农村小型水利设施管护方式与村民满意度——基于泾惠渠灌区 811 户村民数据的实证分析 [J]．南京农业大学学报（社会科学版），2015 (1)：51 – 60，124 – 125.

[148] 王阳，张朕．PPP 模式在农村水利基础设施建设中运用的可行性分析 [J]．中国农村水利水电，2016 (6)：143 – 145.

[149] 王玉婷，赵伟．农村基础设施投资的公平性体系研究 [J]．农村经济与科技，2016 (5)：212 – 215.

[150] 王子敏，李婵娟．中国互联网发展的节能减排影响实证研究：区域视角 [J]．中国地质大学学报（社会科学版），2016 (6)：54 – 63，152.

[151] 魏后凯．新常态下中国城乡一体化格局及推进战略 [J]．中国农村经济，2016 (1)：2 – 16.

[152] 温立平，李长璐．关于当前我国农村小型农田水利设施管护问题的一点思考 [J]．当代农村财经，2018 (9)：45 – 48.

[153] 温忠麟，侯杰泰，张雷．调节效应与中介效应的比较和应用
[J]．心理学报，2005（2）：268 - 274.

[154] 吴承忠．5G智能时代的文化产业创新 [J]．深圳大学学报（人
文社会科学版），2019（4）：51 - 60.

[155] 吴理财．对农民合作"理性"的一种解释 [J]．华中师范大学
学报（人文社会科学版），2004（1）：8 - 9.

[156] 吴平肖．村民参与基础设施管护意愿影响因素研究——基于甘肃
省9个区县的调查 [D]．兰州：甘肃农业大学，2021.

[157] 吴清华，冯中朝，李谷成．农村基础设施供给与管护的国际经验
及其启示——以灌溉设施、农村公路为例 [J]．中国农业大学学报，2015
（4）：248 - 255.

[158] 吴肖．广西农村基础设施管理的现状及对策探究 [J]．企业科技
与发展，2015（14）：5 - 6.

[159] 吴越菲．技术如何更智慧：农村发展中的数字乡村性与智慧乡村
建设 [J]．理论与改革，2022（5）：94 - 108，150.

[160] 奚恺元，王佳艺，陈景秋．撬动幸福：一本系统介绍幸福学的书
[M]．北京：中信出版社，2008.

[161] 夏显力，陈哲，张慧利，赵敏娟．农业高质量发展：数字赋能与
实现路径 [J]．中国农村经济，2019（12）：2 - 15.

[162] 星焱．普惠金融：一个基本理论框架 [J]．国际金融研究，2016
（9）：21 - 37.

[163] 邢淑芬，俞国良．社会比较研究的现状与发展趋势 [J]．心理科
学进展，2005（13）：78 - 84.

[164] 徐旭初，吴彬，金建东．数字赋能乡村：数字乡村的理论与实践
[M]．杭州：浙江大学出版社，2022.

[165] 许君清，黄菊文．引入惩罚性赔偿制度实施水资源管理 [J]．中
国人口·资源与环境，2016（S2）：203 - 206.

[166] 许宪春，任雪，常子豪．大数据与绿色发展 [J]．中国工业经济，
2019（4）：5 - 22.

［167］亚当·斯密. 国富论［M］. 杨敬年，译. 西安：陕西人民出版社，2008.

［168］严宏，田红宇，祝志勇. 乡村公共产品供给主体多元化：一个新政治经济学的分析视角［J］. 农村经济，2017（2）：25–31.

［169］杨朗，石京，陆化普. 道路设施项目投资公平性的评价方法［J］. 清华大学学报（自然科学版），2005（9）：1162–1165.

［170］洋龙. 平等与公平、正义、公正之比较［J］. 文史哲，2004（4）：145–151.

［171］叶静怡，张睿，王琼. 农民进城务工与子女教育期望——基于2010年中国家庭追踪调查数据的实证分析［J］. 经济科学，2017（1）：90–105.

［172］叶兴庆，殷浩栋. 从消除绝对贫困到缓解相对贫困：中国减贫历程与2020年后的减贫战略［J］. 改革，2019（12）：5–15.

［173］易行健，周利. 数字普惠金融发展是否显著影响了居民消费——来自中国家庭的微观证据［J］. 金融研究，2018（11）：47–67.

［174］殷浩栋，霍鹏，汪三贵. 农业农村数字化转型：现实表征、影响机理与推进策略［J］. 改革，2020（12）：48–56.

［175］银温泉，才婉茹. 我国地方市场分割的成因和治理［J］. 经济研究，2001（6）：3–12.

［176］尤亮，霍学喜，杜文超. 绝对收入、社会比较与农民主观幸福感——基于陕西两个整村农户的实证考察［J］. 农业技术经济，2018（4）.

［177］余佶. 我国乡村基础设施：政府、社区与市场供给——基于公共品供给的理论分析［J］. 农业经济问题，2006（10）：21–24.

［178］俞云峰. 农村基础设施投资：浙江实践与长效机制［J］. 中共浙江省委党校学报，2013（3）：16–22.

［179］曾福生，蔡保忠. 农村基础设施是实现乡村振兴战略的基础［J］. 农业经济问题，2018（7）：88–95.

［180］曾亿武，宋逸香，林夏珍，等. 中国数字乡村建设若干问题刍议［J］. 中国农村经济，2021（4）：21–35.

［181］张宝山. 打通农业命脉"最后一公里"［J］. 中国人大，2015（19）：

12 – 13.

[182] 张红宇，杨春华，张海阳，等. 当前农业和农村经济形势分析与农业政策的创新 [J]. 管理世界，2009（11）：74 – 83.

[183] 张鸿，杜凯文，靳兵艳. 乡村振兴战略下数字乡村发展就绪度评价研究 [J]. 西安财经大学学报，2020（1）：51 – 60.

[184] 张慧. 农村基础设施建设问题研究——以山西省阳曲县泥屯镇为例 [D]. 天津：天津师范大学，2016.

[185] 张慧，袁岳. 2005 年中国居民生活质量调查报告 [R]. 北京：社会科学文献出版社.

[186] 张丽娟. 农业基础设施建后管护效率研究——以大足区为例 [D]. 重庆：西南大学，2012.

[187] 张千. 延边州农村基础设施现状、问题及建议 [D]. 延吉：延边大学，2014.

[188] 张琴. 基于土地利用公平性的农村公路社会评价研究 [D]. 西安：长安大学，2010.

[189] 张荣博，钟昌标. 数字乡村建设与县域生态环境质量——来自电子商务进农村综合示范政策的经验证据 [J]. 当代经济管理，2023（2）：54 – 65.

[190] 张三峰，魏下海. 信息与通信技术是否降低了企业能源消耗——来自中国制造业企业调查数据的证据 [J]. 中国工业经济，2019（2）：155 – 173.

[191] 张淑娟. 滨州市村民参与小型农田水利设施管护研究 [D]. 泰安：山东农业大学，2018.

[192] 张维迎. 公有制经济中的委托人—代理人关系：理论分析和政策含义 [J]. 经济研究，1995（4）：10 – 20.

[193] 张文宏. 社会资本：理论争辩与经验研究 [J]. 社会学研究，2003（4）：29 – 33.

[194] 张务锋. 坚持以高质量发展为目标加快建设粮食产业强国 [J]. 人民论坛，2018（25）：6 – 9.

[195] 张勋，万广华，张佳佳，何宗樾. 数字经济、普惠金融与包容性

增长 [J]. 经济研究, 2019 (8): 71-86.

[196] 张岳, 张博, 周应恒. 数字乡村建设对农民收入的影响——基于收入水平与收入结构的视角 [J/OL]. 农林经济管理学报, 2023: 1-11.

[197] 赵伟, 林振德, 刘菲菲, 等. 农村基础设施投资公平性的趋势及其成因 [J]. 农业技术经济, 2017 (2): 93-101.

[198] 赵早. 乡村治理模式转型与数字乡村治理体系构建 [J]. 领导科学, 2020 (14): 45-48.

[199] 赵哲. 我国农村公共产品供给的公平分析 [D]. 南京: 南京师范大学, 2011.

[200] 郑永兰, 周其鑫. 乡村数字治理的三重面向: 理论之维、现实之困与未来之路 [J]. 农林经济管理学报, 2022 (6): 635-643.

[201] 钟小林. 农村公共设施治理转型及策略选择探析 [J]. 江西理工大学学报, 2019 (6): 128-133.

[202] 周立. 乡村建设百年探索与崭新图景 [J]. 人民论坛·学术前沿, 2022 (15): 55-61.

[203] 周梦冉. 乡村数字治理中农民主体性问题研究 [J]. 四川行政学院学报, 2022 (4): 97-104.

[204] 周小川. 践行党的群众路线 推进包容性金融发展 [J]. 求是, 2013 (18): 11-14.

[205] 周业安. 社会角色、个体异质性和公共品资源供给 [J]. 经济研究, 2013 (1): 123-125.

[206] 朱秋博, 白军飞, 彭超, 等. 信息化提升了农业生产率吗? [J]. 中国农村经济, 2019 (4): 22-40.

[207] 朱信凯, 徐星美. 一二三产业融合发展的问题与对策研究 [J]. 华中农业大学学报 (社会科学版), 2017 (4): 9-12.

[208] 朱玉春, 唐娟莉. 农民对农村公共服务投资的意愿分析——基于陕西关中地区 24 个乡镇 102 个村的调查 [J]. 华东经济管理, 2009 (8): 55-60.

[209] 朱玉春, 王蕾. 不同收入水平农户对农田水利设施的需求意愿

分析——基于陕西、河南调查数据的验证 [J]. 中国农村经济，2014（1）：76 - 86.

［210］Aker J C，Ghosh I，Burrell J. The Promise（and Pitfalls）of ICT for Agriculture Initiatives [J]. Agricultural Economics，2016（S1）：35 - 48.

［211］Akerlof A G. The Market for "Lemons"：Quality Uncertainty and the Market Mechanism [J]. The Quarterly Journal of Economics，1970，84（3）：488 - 500.

［212］Aschauer D A. Is Public Expenditure Productive? [J]. Journal of Monetary Economics，1989（23）：177 - 200.

［213］Bernard T，Seyoum Taffesse A. Aspirations：An Approach to Meas-urement with Validation Using Ethiopian Data [J]. Journal of African Economies，2015，23（2）：189 - 224.

［214］Binder M，Coad A. From Average Joe's Happiness to Miserable Jane and Cheerful John：Using Quantile Regressions to Analyze the Full Subjective Well-being Distribution [J]. Journal of Economic Behavior and Organization，2011，79（3）：275 - 290.

［215］Blanchflower D G，Oswald A J. Well-being over Time in Britain and the USA [J]. Journal of Public Economics，2004，88（7 - 8）：1359 - 1386.

［216］Blimpo M P，Harding R，Wantchekon L. Public Investment in Rural Infrastructure：Some Political Economy Considerations [J]. Journal of African Economies，2013.

［217］Boes S，Winkelmann R. The Effect of Income on General Life Satis-faction and Dissatisfaction [J]. Social Indicators Research，2010，95（1）：111 - 128.

［218］Bouchard T J，Loehlin J C. Genes，Evolution，and Personality [J]. Behavior Genetics，2001，31（3）：243 - 273.

［219］Brickman P，Campbell D T. Hedonic Relativism and Planning the Good Society [C] //Appley M H. Adaptation Level Theory：A Symposium. NewYork：Academic Press Inc. ，1971：287 - 305.

［220］Chandra A A, Eric T B. Does public infrastructure affect economic activity?: Evidence from the rural interstate highway system-ScienceDirect ［J］. Regional Science and Urban Economics, 2000, 30 (4): 457 – 490.

［221］Collins R L. For better or worse: The Impact of Upward Social Comparison on Self-evaluations ［J］. Psychological Bulletin, 1996, 119 (1): 51 – 69.

［222］Corcoran K, Crusius J, Mussweiler T. Social Comparison: Motives, Standards, and Mechanisms ［J］. Theories in Social Psychology, 2011: 119 – 139.

［223］Dah O, Bassolet T B. Agricultural infrastructure public financing towards rural poverty alleviation: Evidence from West African Economic and Monetary Union (WAEMU) States ［J］. SN Business & Economics, 2021: 1 – 20.

［224］Deichmann U, Goyal A, Mishra D. Will Digital Technologies Transform Agriculture in Developing Countries? ［J］. Agricultural Economics, 2016, 47 (S1): 21 – 33.

［225］Easterlin R A. Does Economic Growth Improve the Human Lot? Some Empirical Evidence ［C］// David P A, Reder, M. W. Nations & Households in Economic Growth. New York: Academic Press, 1974: 89 – 125.

［226］Easterlin R A. Income and Happiness: Towards a Unified Theory ［J］. Economic Journal, 2001, 111 (473): 465 – 484.

［227］Easterlin R A, Mcvey L A, Switek M, et al. The Happiness-income Paradox revisited ［J］. PNAS, 2010, 107 (52): 22463 – 22468.

［228］Easterlin R A. Will Raising the Incomes of All Increase the Happiness of All? ［J］. Journal of Economic Behavior & Organization, 1995, 27 (1): 35 – 47.

［229］Easterlin Richard A. Will Raising the Incomes of All Increase the Happiness of All? ［J］. Journal of Economic Behavior and Organization, 1995, 27 (1): 35 – 47.

［230］Ferrante F. Education, Aspirations and Life Satisfaction ［J］. Kyklos, 2009, 62 (4): 542 – 562.

［231］Ferrer-i-Carbonell A, Frijters P. How Important is Methodology for the Estimates of the Determinants of Happiness ［J］. Economic Journal, 2004 (114):

641 – 659.

[232] Festinger L. A Theory of Social Comparison Processes [J]. Human Relations, 1954 (7): 117 – 140.

[233] Fox W F, Porca S. Investing in Rural Infrastructure [J]. International Regional Science Review, 2000 (24): 63 – 89.

[234] Gilbert D T, Giesler R B, Morris K A. When Comparisons Arise [J]. Journal of Personality and Social Psychology, 1995, 69 (2): 227 – 236.

[235] Government: Order and Change in World Politics [M]. Cambridge Universtiy Press, 1992.

[236] Graham C, Pettinato S. Happiness, Markets, and Democracy: Latin America in Comparative Perspective [J]. Journal of Happiness Studies, 2001, 2 (3): 237 – 268.

[237] Granell C, Havlik D, Schade S, et al. Future Internet Technologies for Environmental Applications [J]. Environmental Modeling and Software, 2016, 78: 1 – 15.

[238] Hirko K A, Kerver J M, Ford S, et al. Telehealth in Response to the Covid – 19 Pandemic: Implications for Rural Health Disparities [J]. Journal of the American Medical Informatics Association, 2020, 27 (11): 1816 – 1818.

[239] Hoque M R, Sorwar G. ICT Based e-Government Services for Rural Development: A Study of Union Information and Service Center (UISC) in Bangladesh [J]. Electronic Journal of Information Systems in Developing Countries, 2015, 71 (1): 1 – 19.

[240] John Knight, Ramani Gunatilaka. Does Economic Growth Raise Happiness in China? [J]. Oxford Development Studies, 2011, 39 (1): 1 – 24.

[241] Johnson M, Fornell C. A Framework for Comparing Customer Satisfaction across Individuals and Product Categories [J]. Journal of Economic Psychology, 1991, 12 (5): 267 – 286.

[242] Kapoor A. Financial Inclusion and the Future of the Indian Economy [J]. Futures, 2014 (56): 35 – 42.

[243] Knight J, Gunatilaka R. Income, Aspirations and the Hedonic Tread-mill in A Poor Society [J]. Journal of Economic Behavior & Organization, 2012, 82 (1): 67 –81.

[244] Leong C, Pan S L, Newell S, Cui L. The Emergence of Self-Organi-zing E-Commerce Ecosystems in Remote Villages of China: A Tale of Digital Empow-erment for Rural Development [J]. Mis Quarterly, 2016, 40 (2): 475 –484.

[245] Leszczynski A. Spatial Mediation [J]. Progress in Human Geography, 2015, 39 (6): 729 –751.

[246] Leyshon A, Thrift N. The Restructuring of the U. K. Financial Services Industry in the 1990s: A Reversal of Fortune? [J]. Journal of Rural Studies, 1993, 9 (3): 223 –241.

[247] Margolis J. Political Equality and Political Justice [J]. Social Re-search, 1977, 44 (2): 308 –329.

[248] Martin P, Rogers C A. Industrial Location and Public Infrastructure [J]. Journal of International Economics, 1995: 335 –351.

[249] McBride M. Relative-income Effects on Subjective Well-being in the Cross-section [J]. Journal of Economic Behavior & Organization, 2001, 45 (3): 251 –278.

[250] Norman P. Efficient Mechanisms for Public Goods with Use Exclusions [J]. Review of Economics Studies, 2004 (71): 1163 –1188.

[251] Ozcan B, Apergis N. The Impact of Internet Use on Air Pollution: Evidence from Emerging Countries [J]. Environmental Science and Pollution Re-search, 2018, 25 (5): 4174 –4189.

[252] Park S. Digital Inequalities in Rural Australia: A Double Jeopardy of Remoteness and Social Exclusion [J]. Journal of Rural Studies, 2017 (54): 399 –407.

[253] Persky J, Tam M Y. Local Status and National Social Welfare [J]. Journal of Regional Science, 1990 (30): 229 –238.

[254] Philip L, Cottrill C, Farrington J, et al. The digital divide: Pat-

terns, Policy and Scenarios for Connecting the "Final Few" in Rural Communities across Great Britain-ScienceDirect. [J]. Journal of Rural Studies, 2017 (54): 386 – 398.

[255] Prieger J E. The Broadband Digital Divide and the Economic Benefits of Mobile Broadband for Rural Areas [J]. Telecommunications Policy, 2013, 37 (6 – 7): 483 – 502.

[256] Randolph S, Bogetic Z, Hefley D. Determinants of Public Expenditure on Infrastructure Transportation and Communication [R]. The World Bank Policy Research Paper: Washington D. C. , 1996.

[257] Renfu Luo, Linxiu Zhang, Jikun Huang, et al. Elections, Fiscal Reform and Public Goods Provision in Rural China [J]. Journal of Comparative Economics, 2007, 35 (3): 583 – 611.

[258] Rojas M. Heterogeneity in the relationship between income and happiness: A conceptual-referent-theory explanation [J]. Journal of Economic Psychology, 2007, 28 (1): 1 – 14.

[259] Rosenstein-Rodan P. Problems of Industrialization of Eastern and South-Eastern Europe [J]. Economic Journal, 1943 (53): 202 – 211.

[260] Rotz S, Gravely E, Mosby L, et al. Automated Pastures and the Digital Divide: How Agricultural Technologies are Shaping Labour and Rural Communities [J]. Journal of Rural Studies, 2019 (68): 112 – 122.

[261] Salinas-Jiménez M D M, Artés J, Salinas-Jiménez J. Educational Mismatch and Job Aspirations: A Subjective Wellbeing Analysis Using Quantile Regression [J]. International Journal of Manpower, 2016, 37 (1): 115 – 134.

[262] Selten R. Features of Experimentally Observed Bounded Rationality [J]. European Economic Review, 1998, 42 (3 – 5): 413 – 436.

[263] Steel P, Schmidt J, Shultz J. Refining the Relationship between Personality and Subjective Well-being [J]. Psychological Bulletin, 2008, 134 (1): 138 – 161.

[264] Stutzer A. The Role of Income Aspirations in Individual Happiness

[J]. Journal of Economic Behavior & Organization, 2004, 54 (1): 89 – 109.

[265] Suls J, Wheeler L. Handbook of Social Comparison: Theory and Research [J]. Springer Science & Business Media, 2013.

[266] Tversky A, Kahneman D. Judgments under Uncertainty: Heuristics and Biases [J]. Science, 1974 (185): 453 – 458.

[267] UN – ESCAP. What is Good Governance [R]. Department of Economic and Social Affairs, United Nations, 2010.

[268] Veenhoven R. Conditions of Happiness [M]. Dordrecht: Kluwer Academic, 1984.

[269] Venkatesh V, Sykes T A. Digital Divide Initiative Success in Developing Countries: A Longitudinal Field Study in a Village in India [J]. Information Systems Research, 2013, 24 (2): 239 – 260.

[270] Woods M. Performing Rurality and Practising Rural Geography [J]. Progress in Human Geography, 2010, 34 (6): 835 – 846.